AF477519

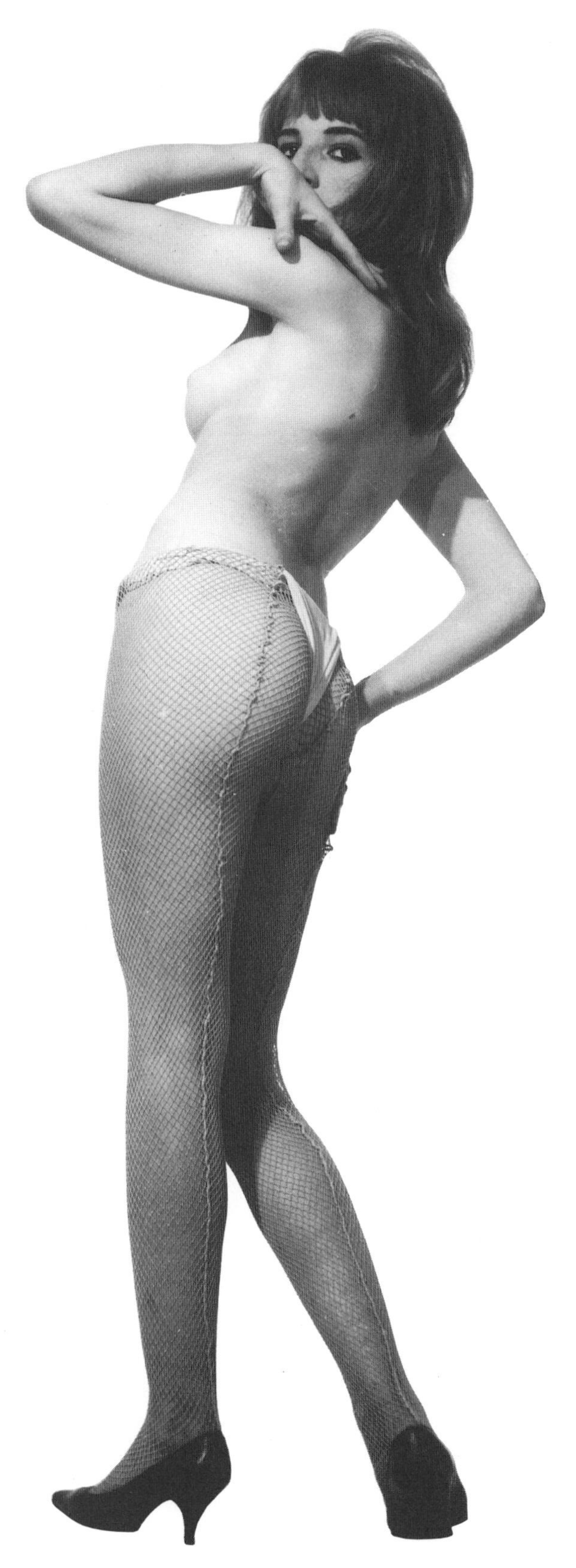

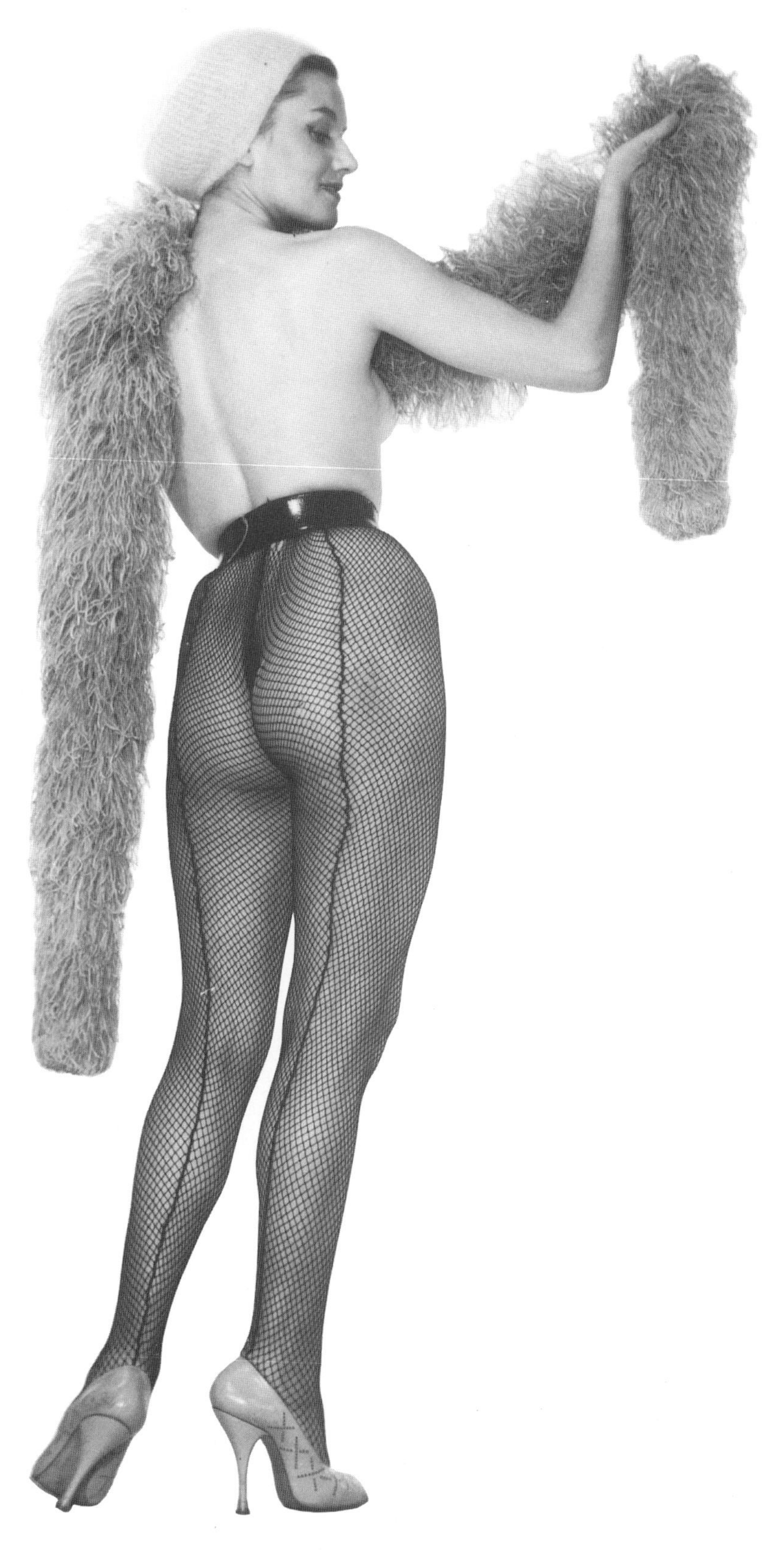

vénus
FRENCH EXOTIC GIRLS

VÉNUS-FRENCH EXOTIC GIRLS

First edition published in Japan March 2000.

Produced and Edited by MAKOTO OHRUI
Coordinated by YOSHIYUKI SASAKI
Book Design by FICTION INC.
Text Translation by IVAN VARTANIAN
Published by GRAPHIC-SHA PUBLISHING CO., LTD.

ISBN4-7661-1134-6

Graphic-sha Publishing Co., LTD.
1-9-12 Kudankita Chiyoda-ku Tokyo, JAPAN
Zip   102-0073
Phone   03-3263-4318
Fax   03-5275-3579
Url   http://www. graphicsha. co. jp/

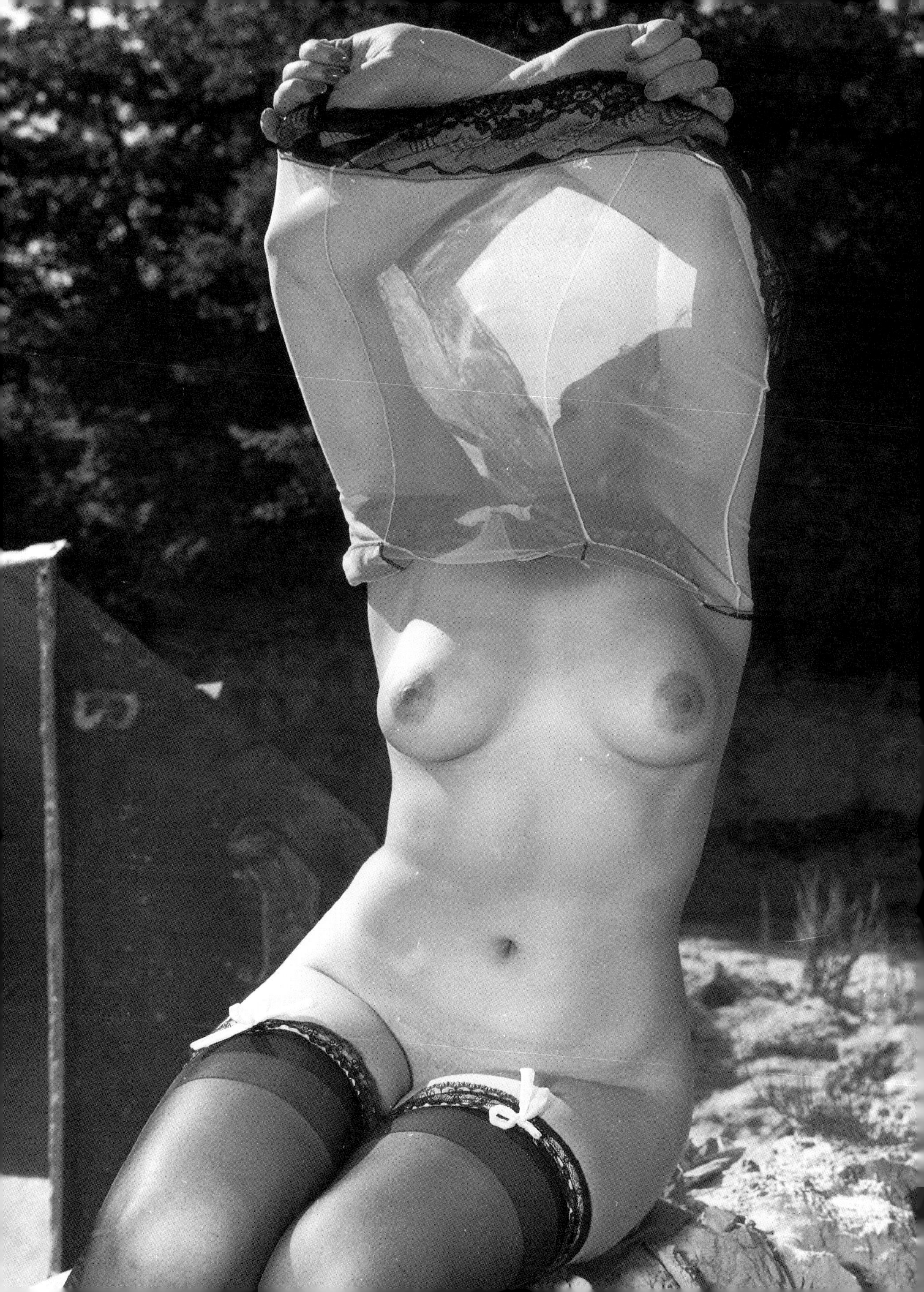

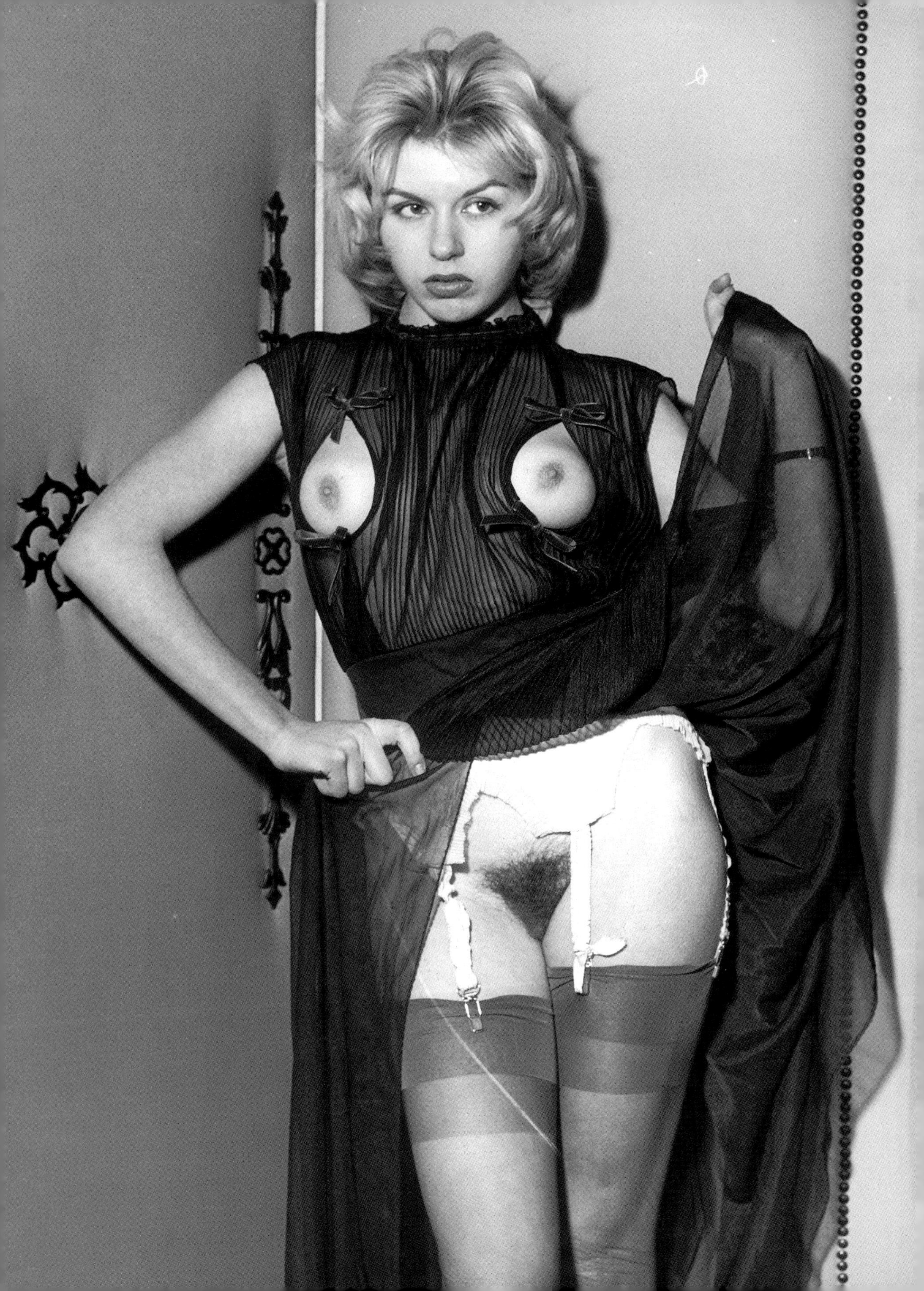

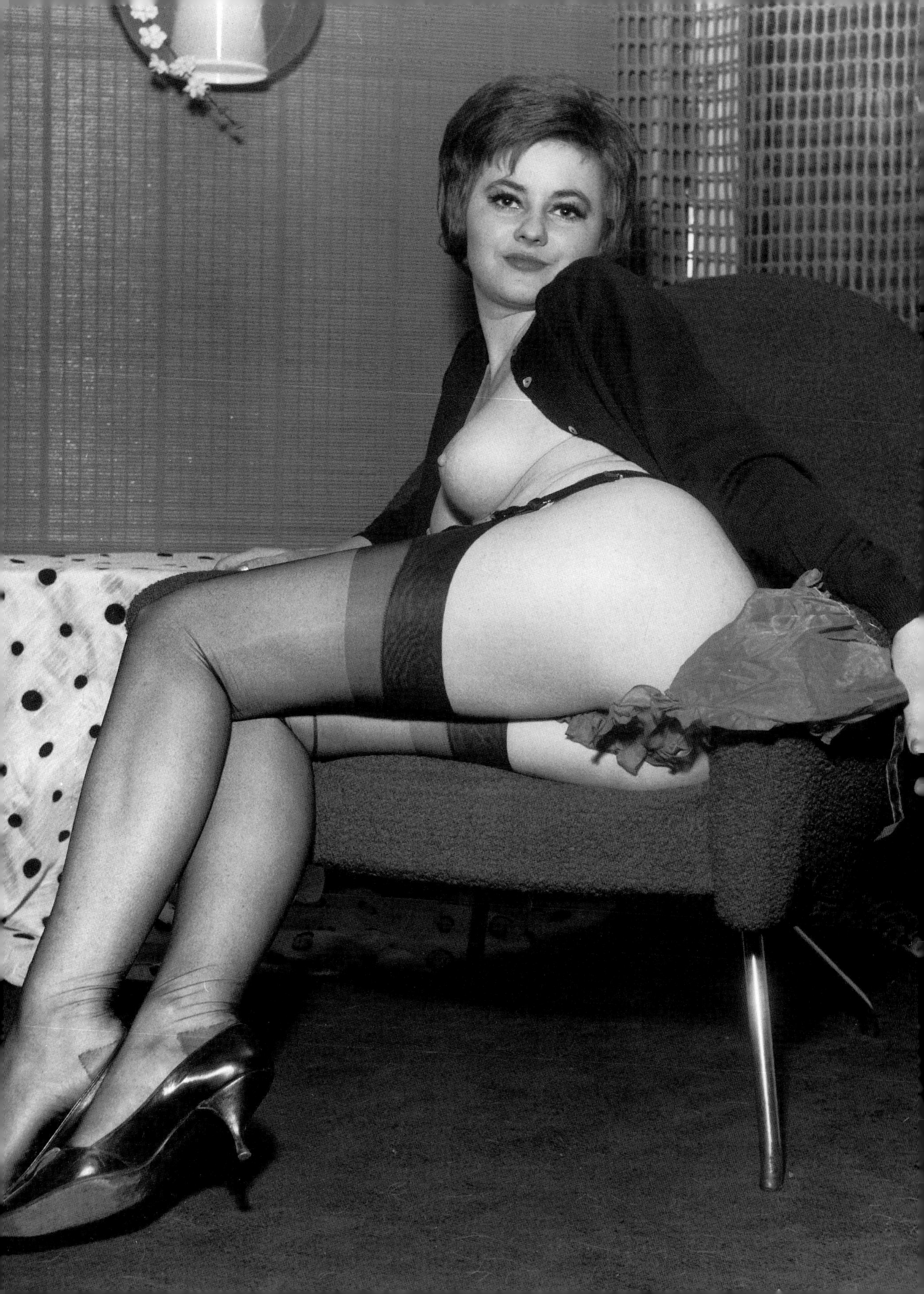

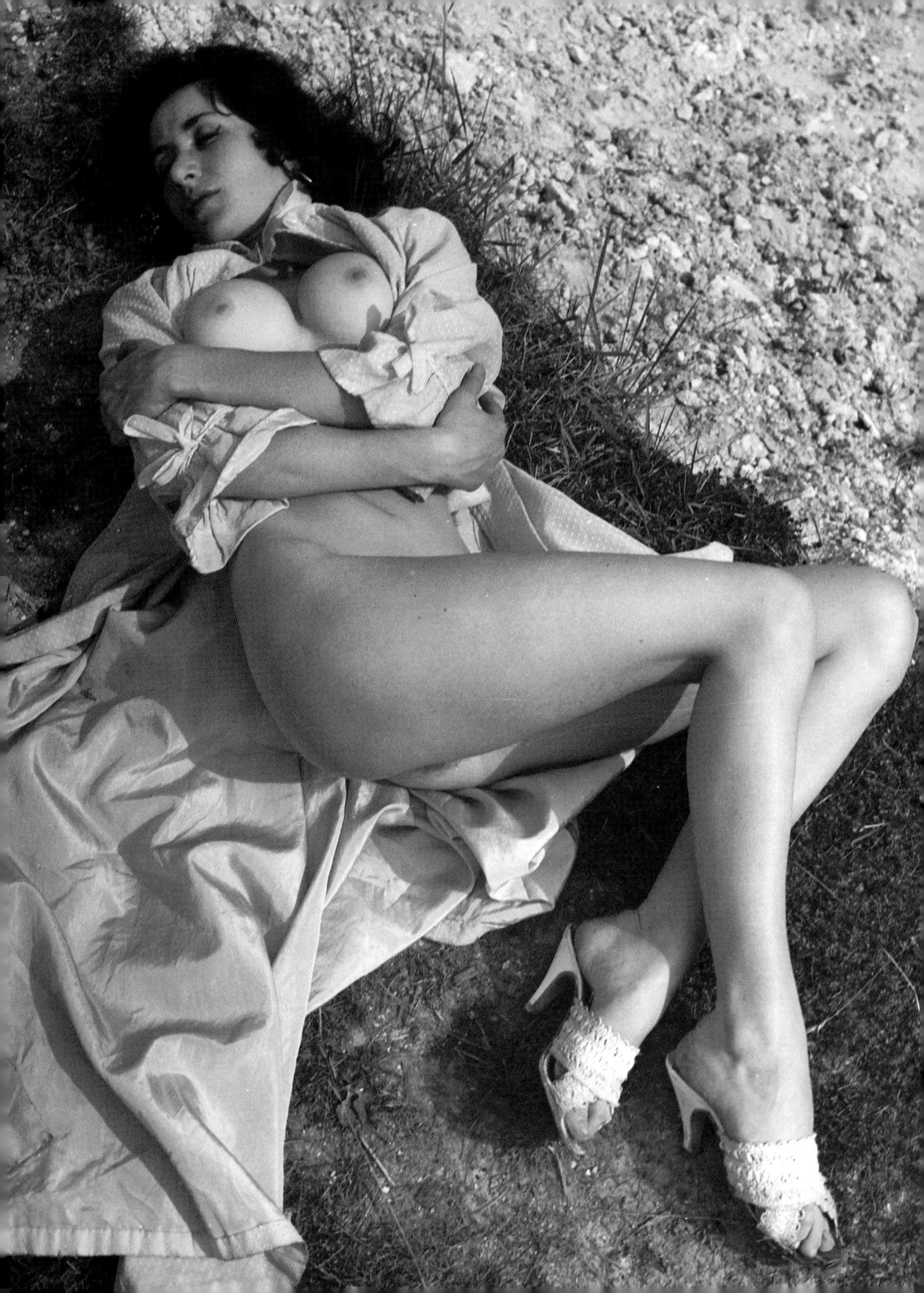

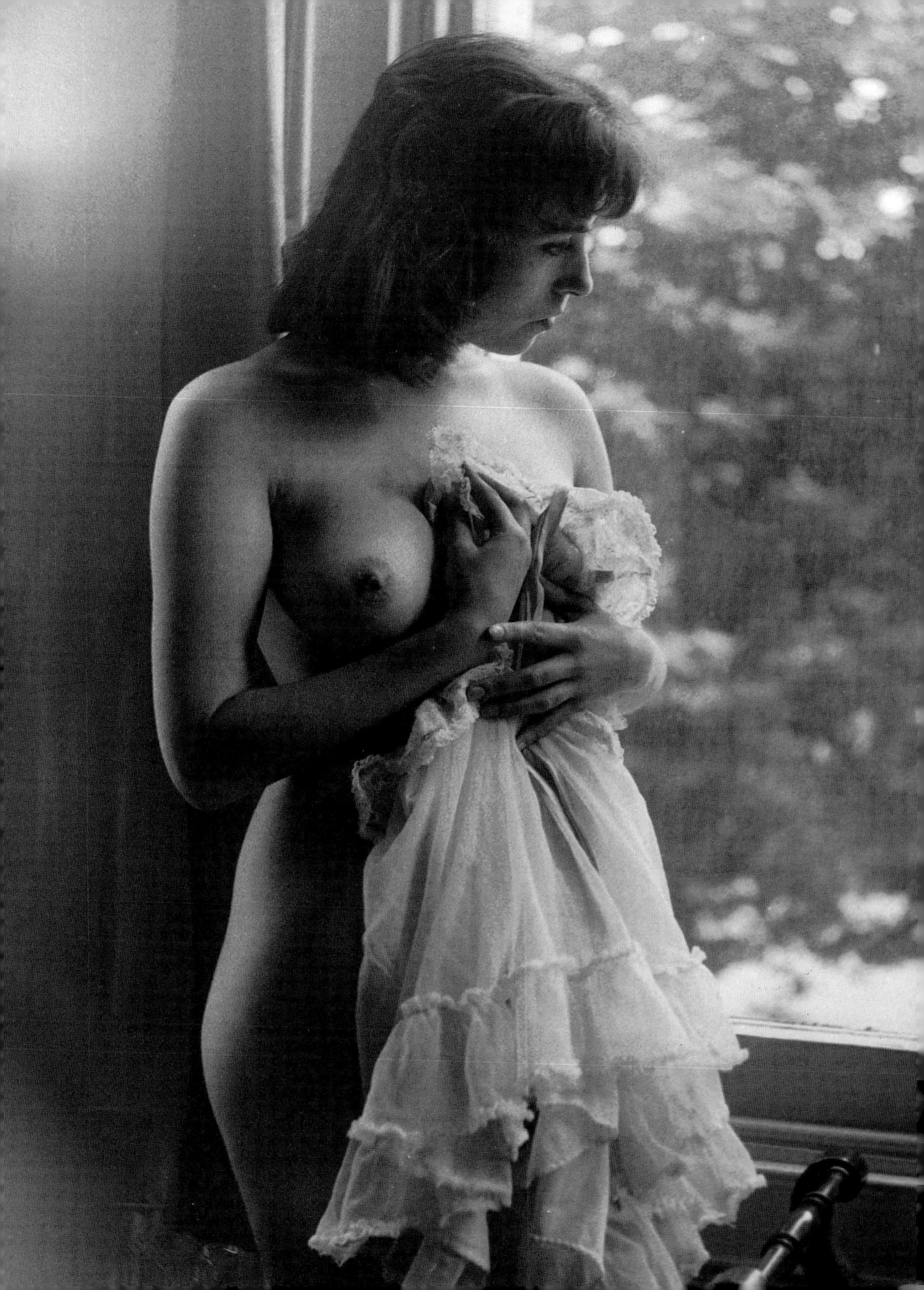

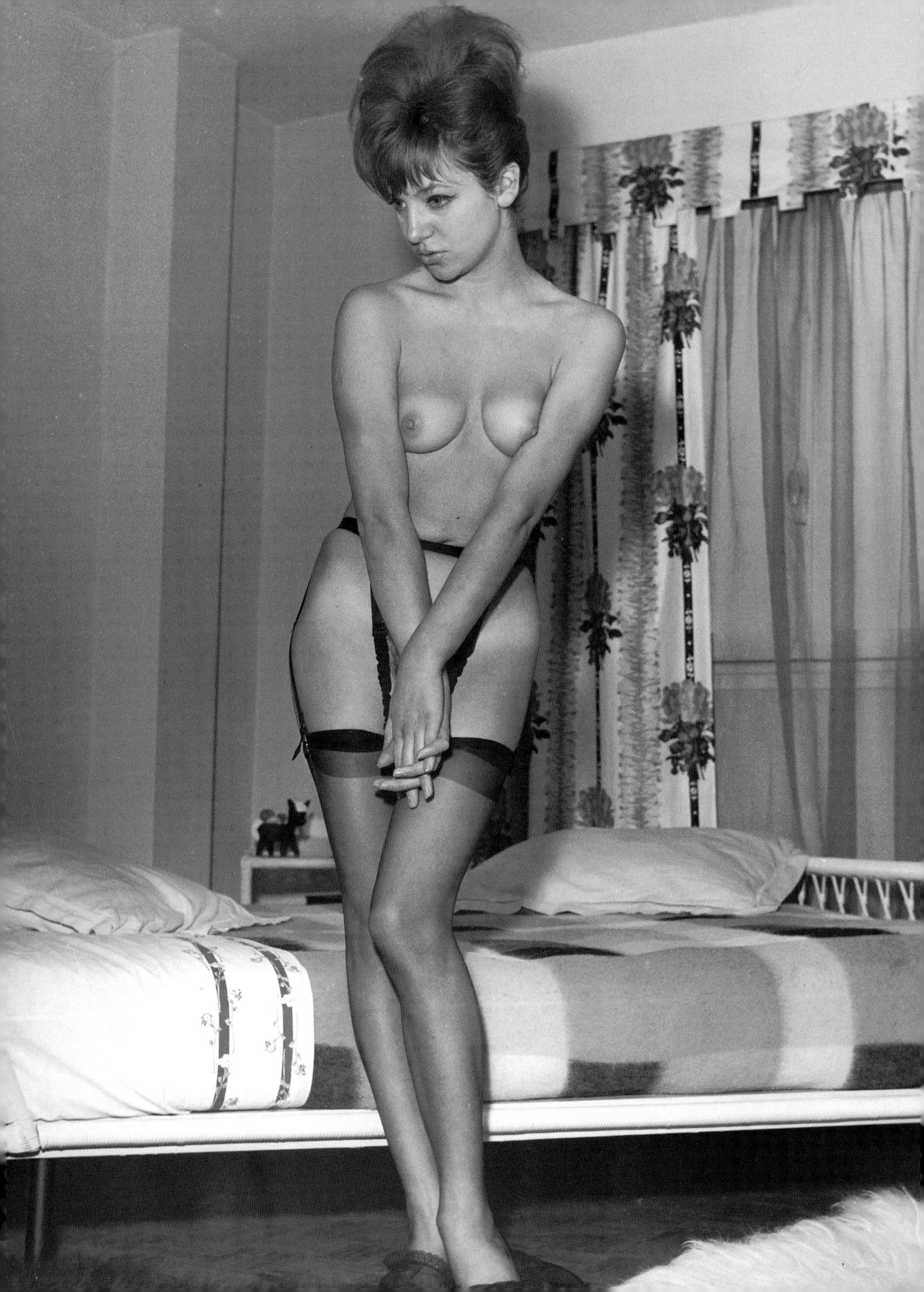

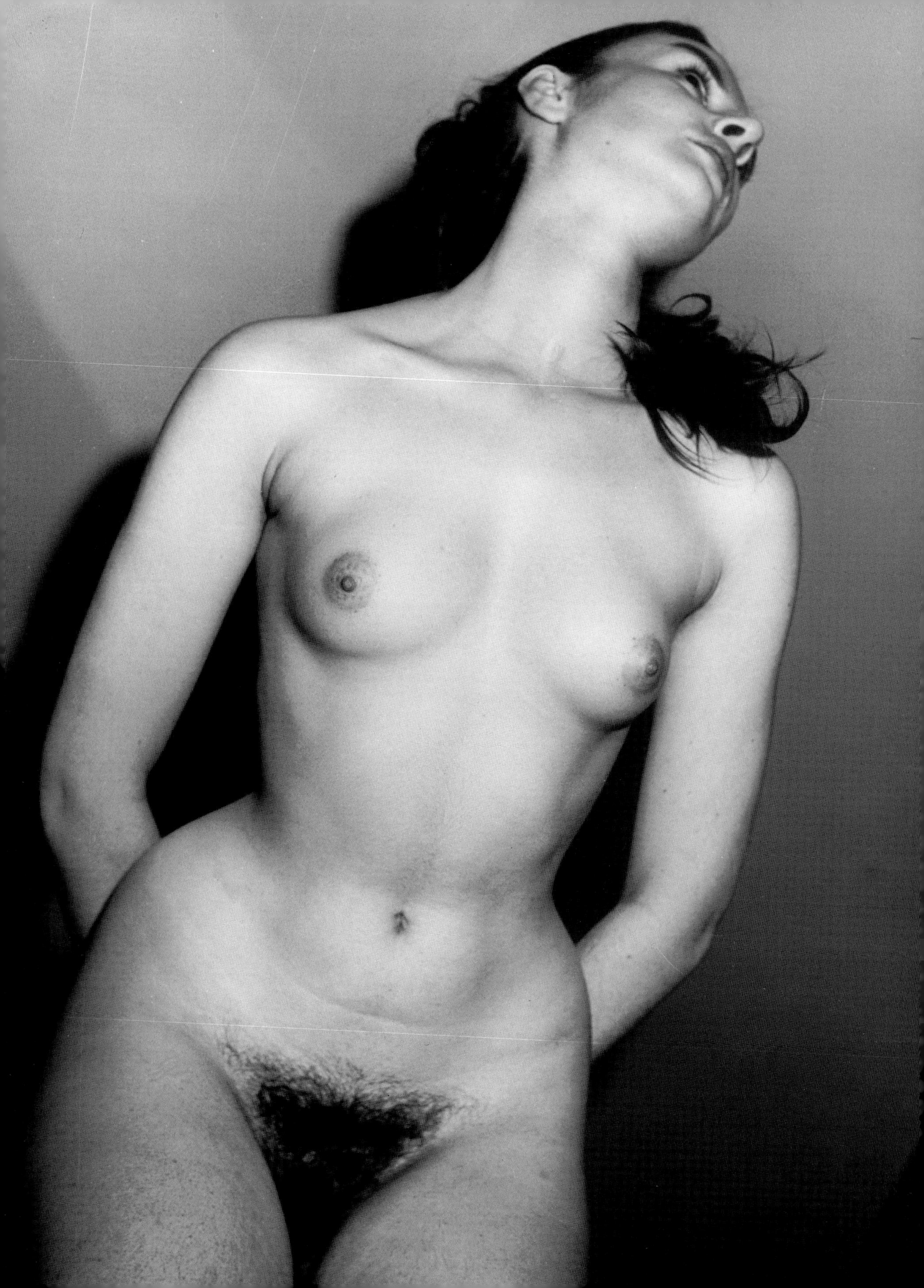

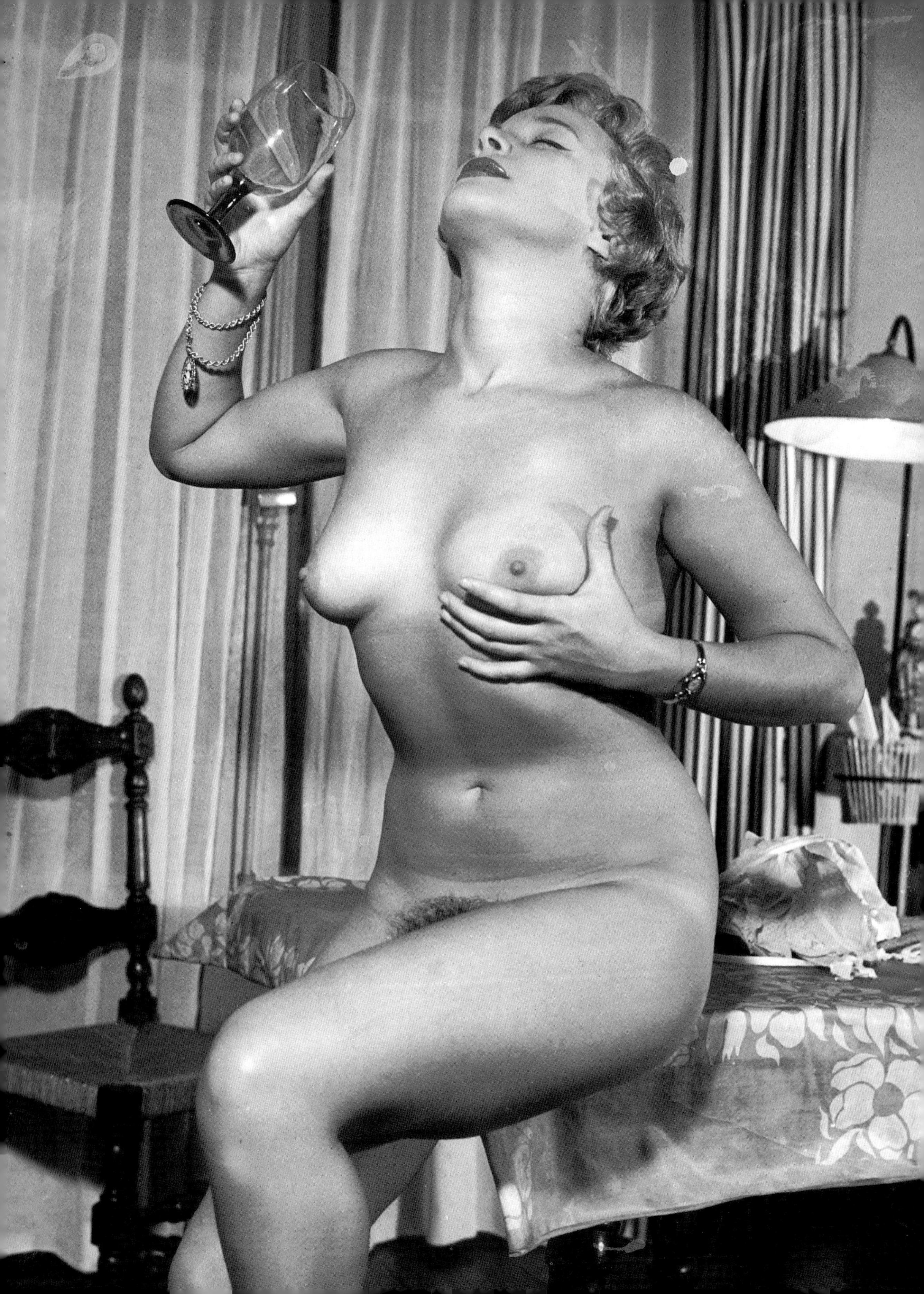

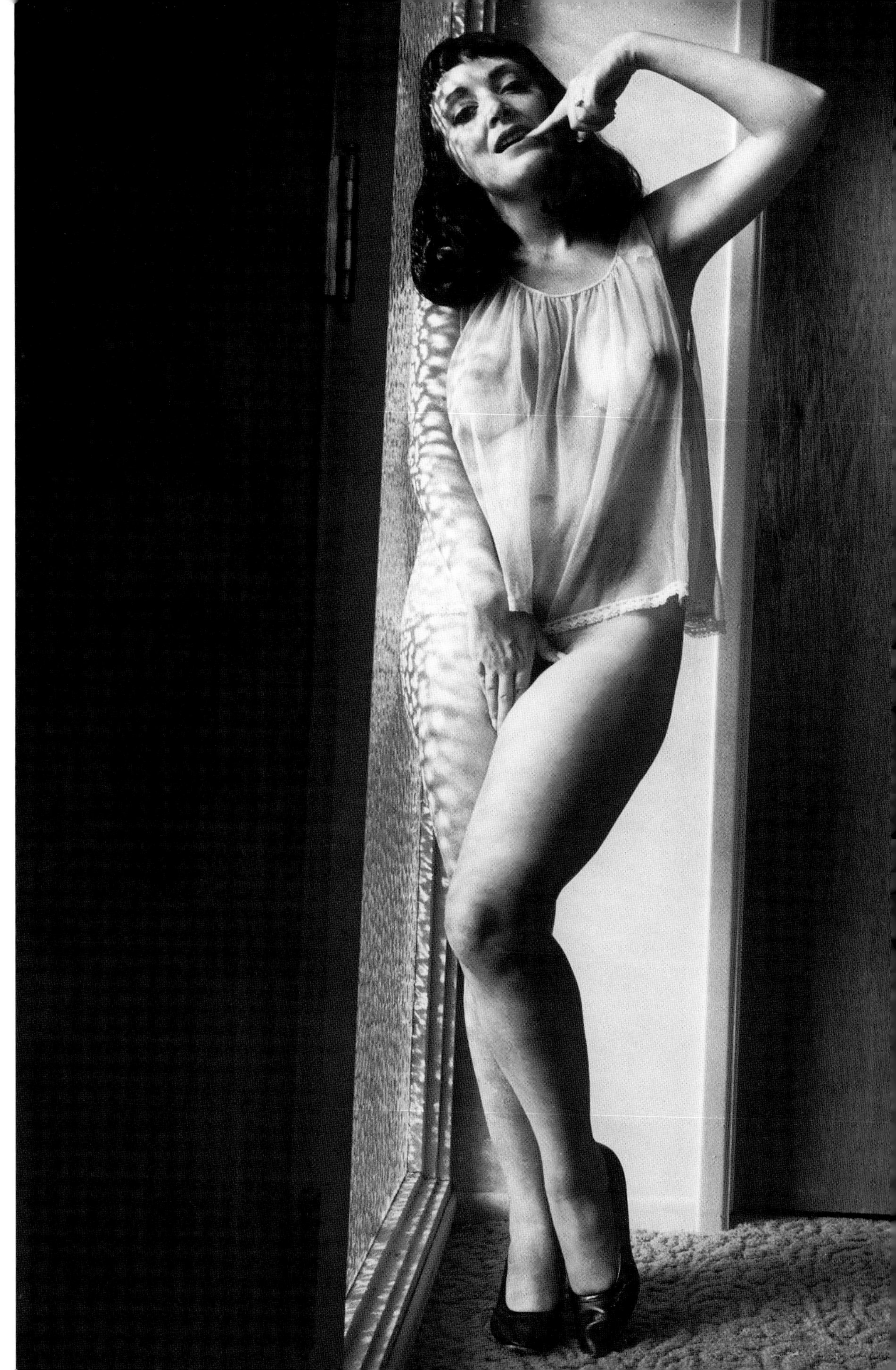

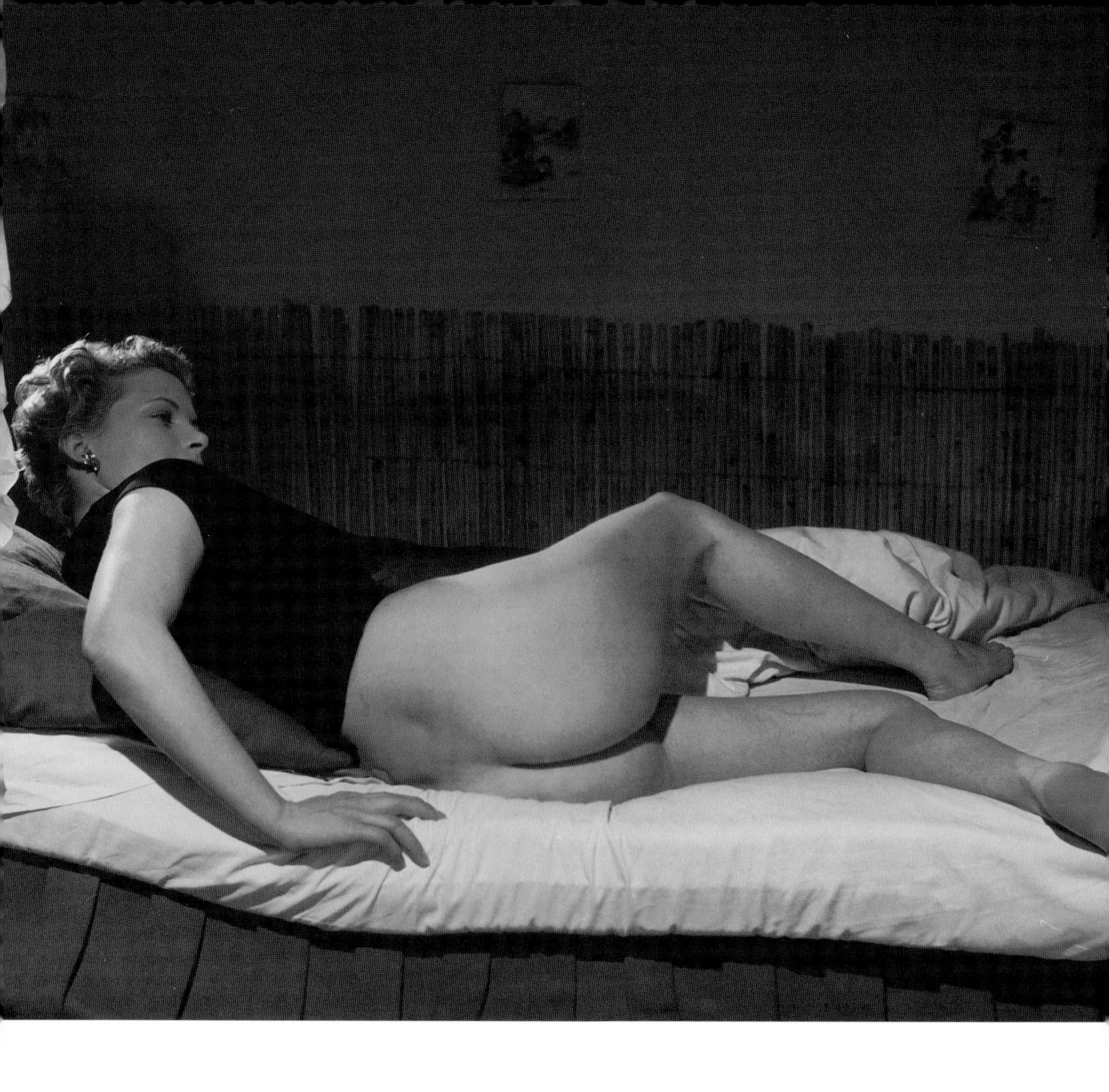

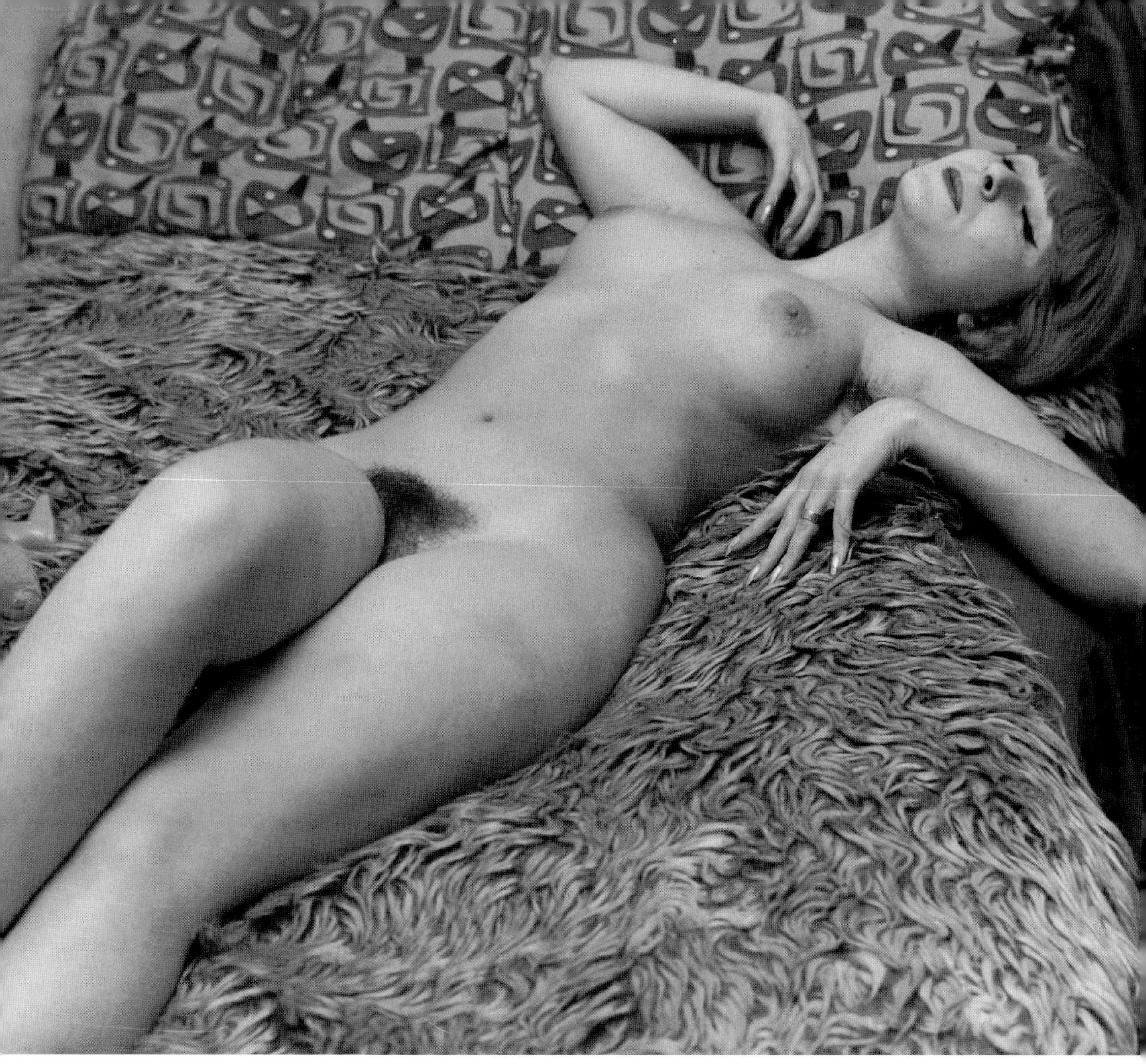

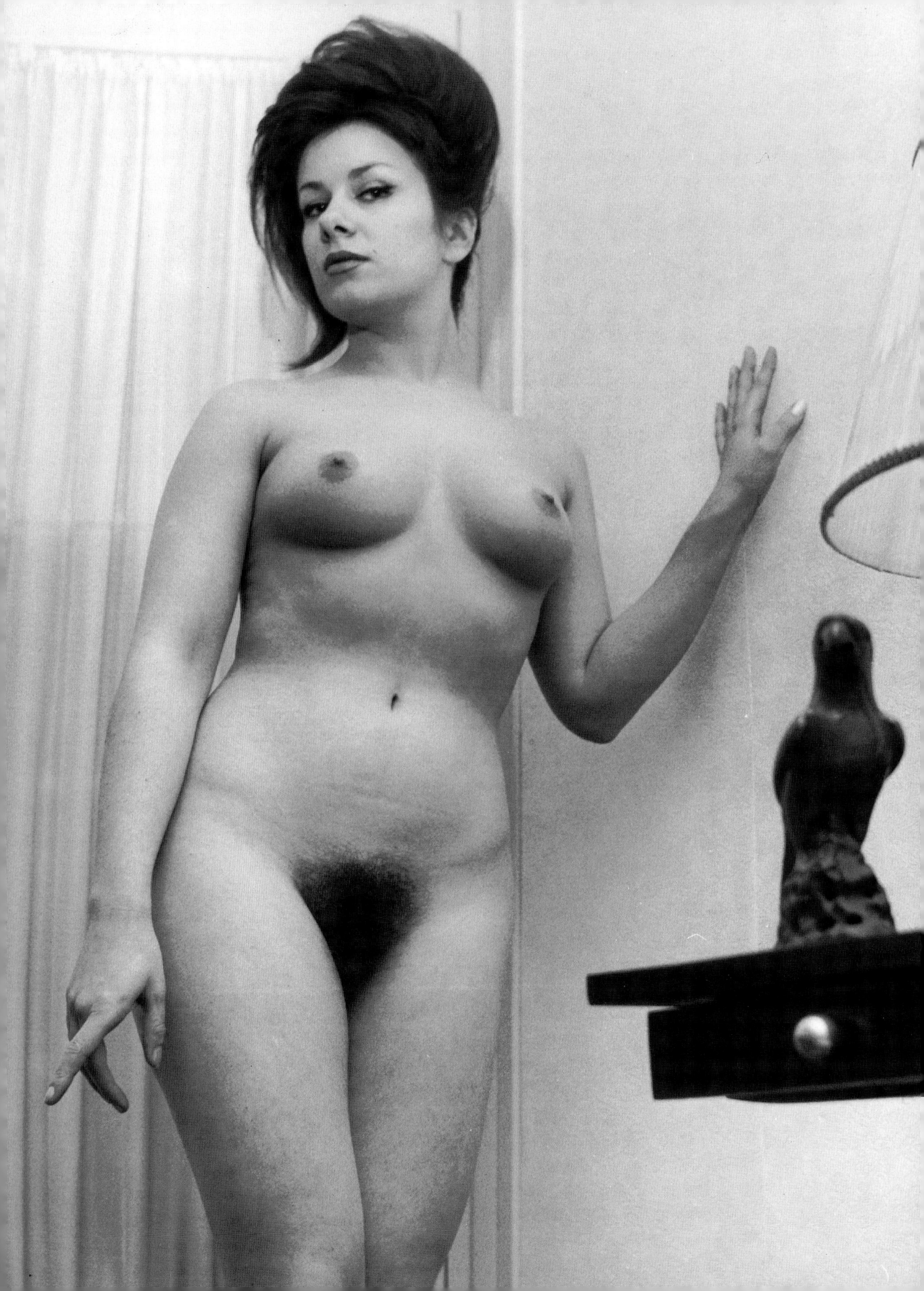

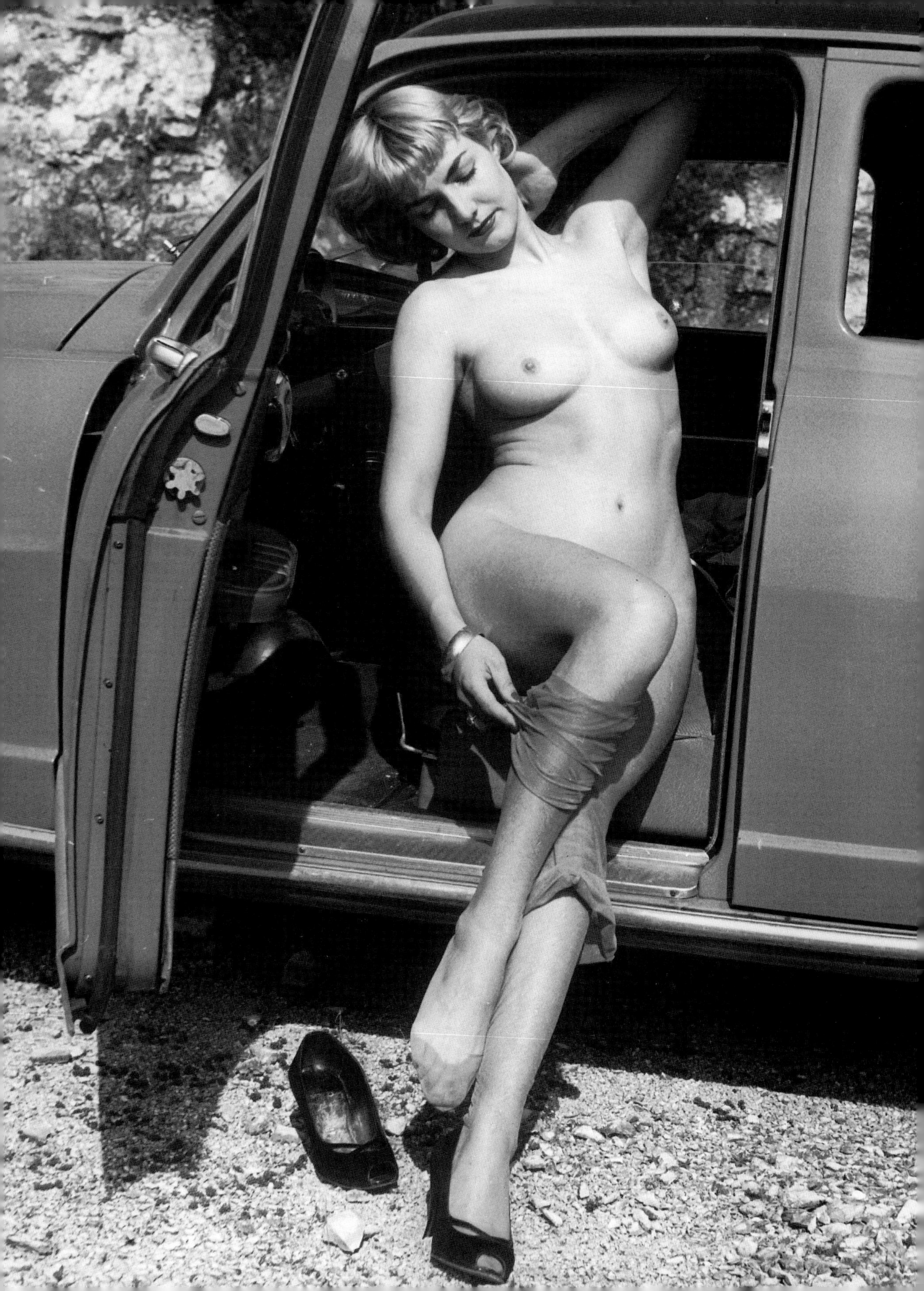

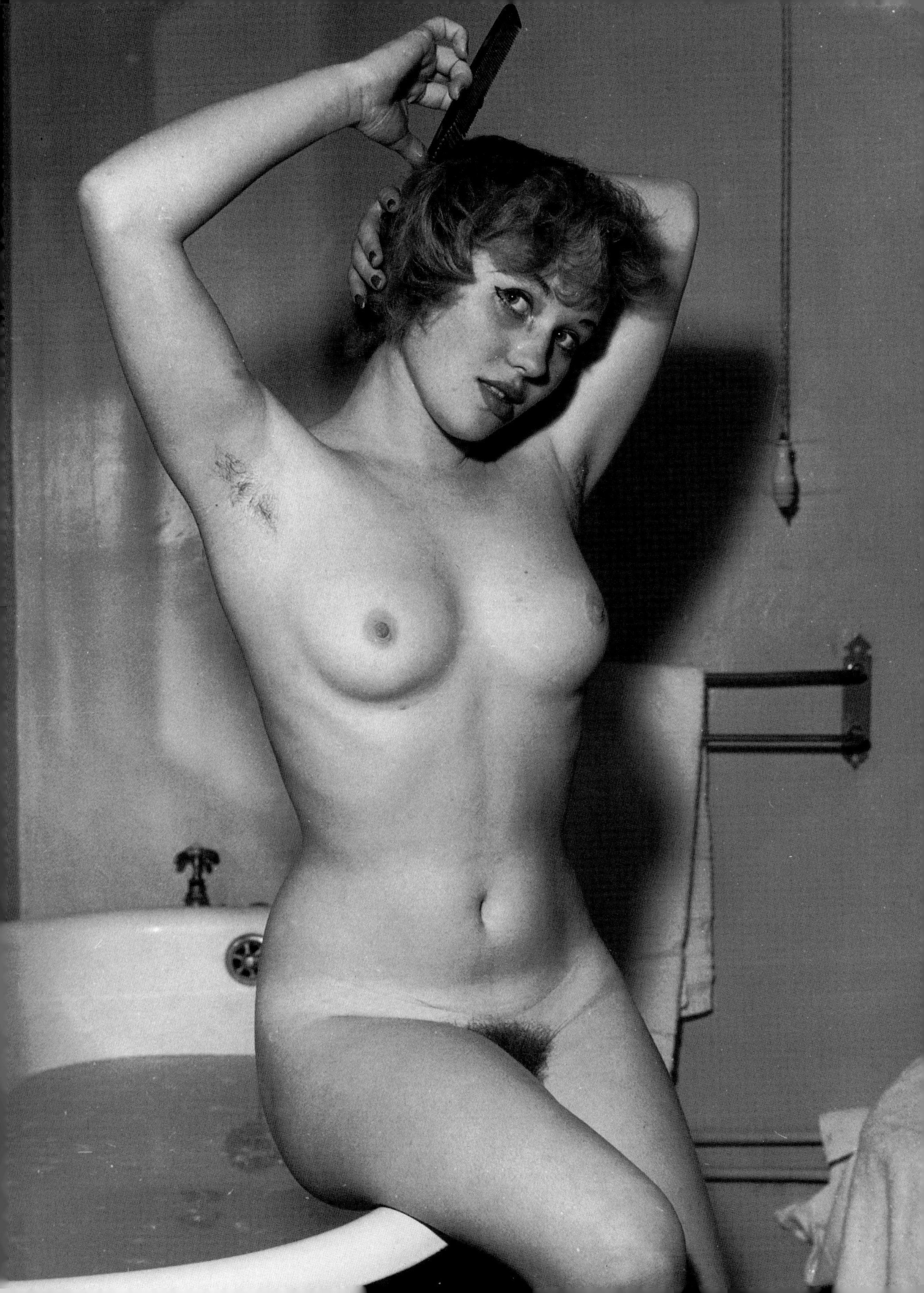

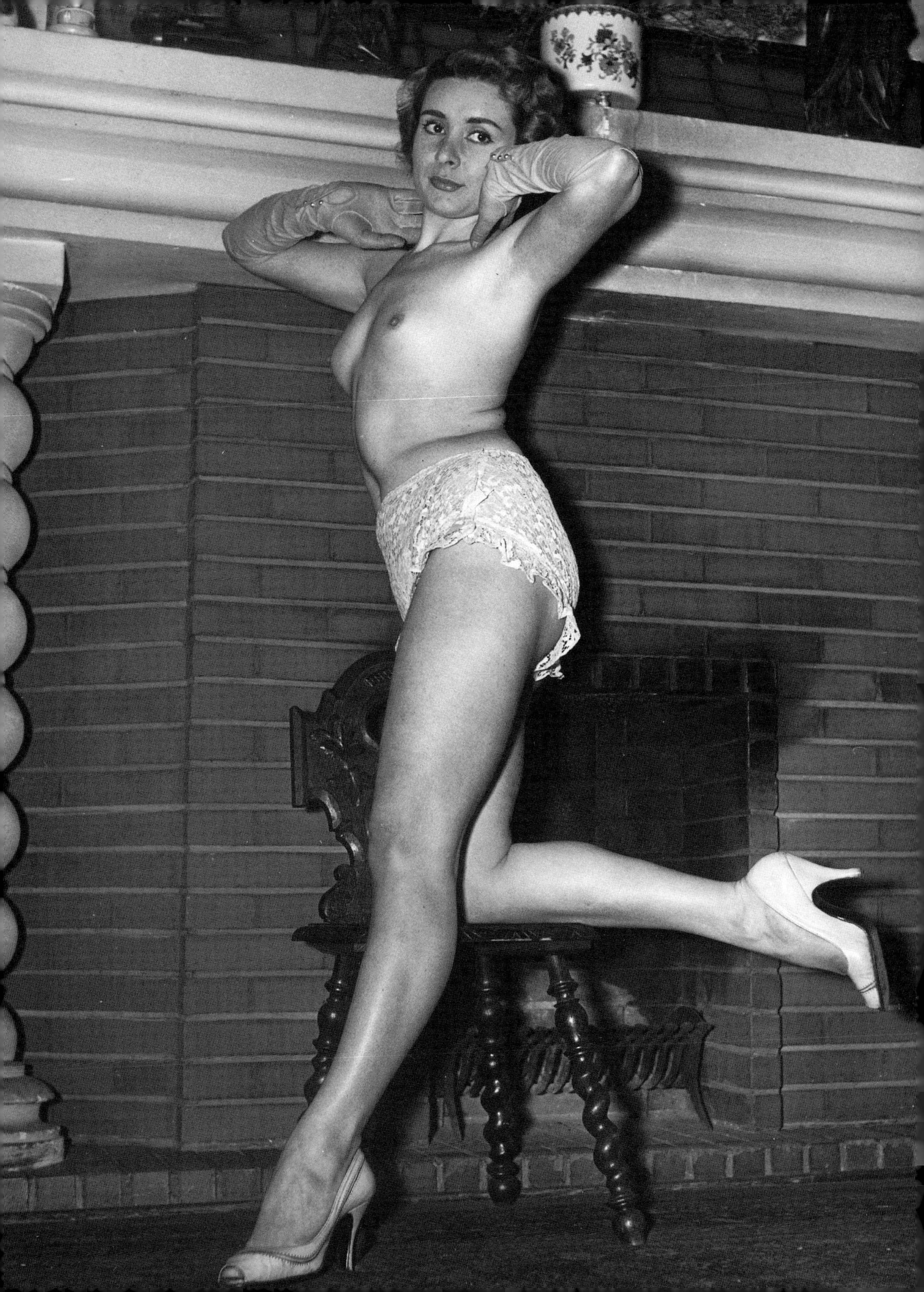

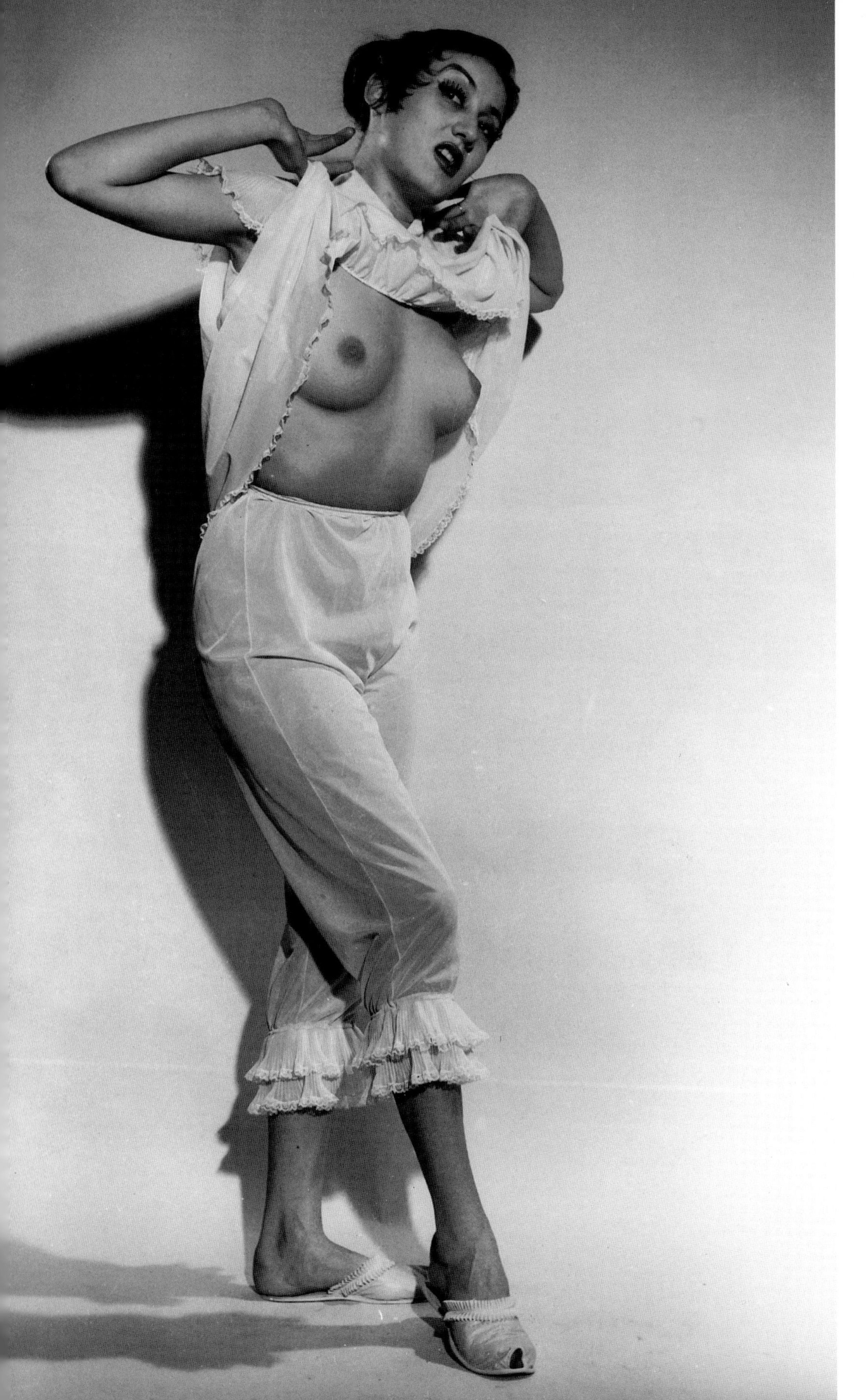

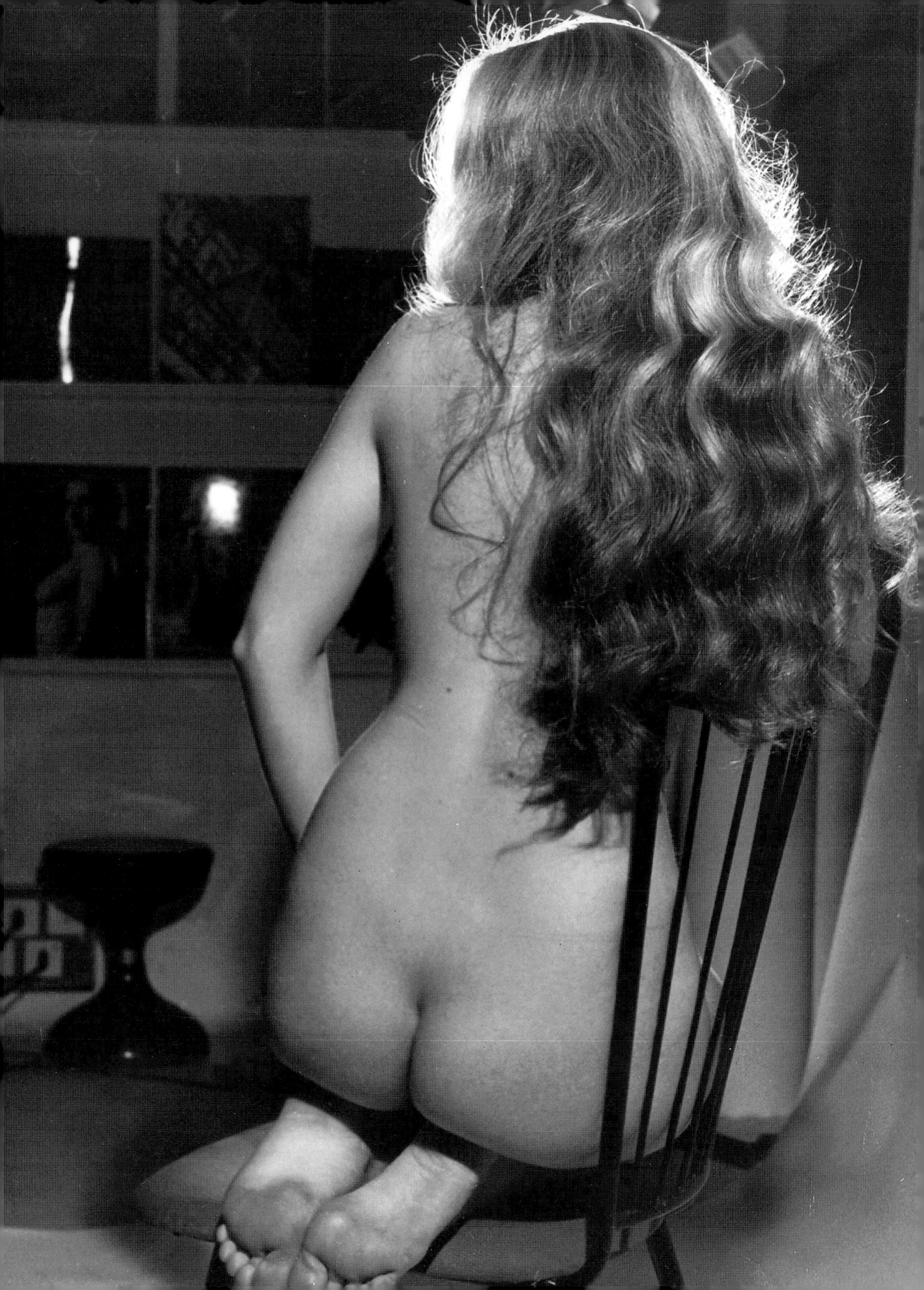

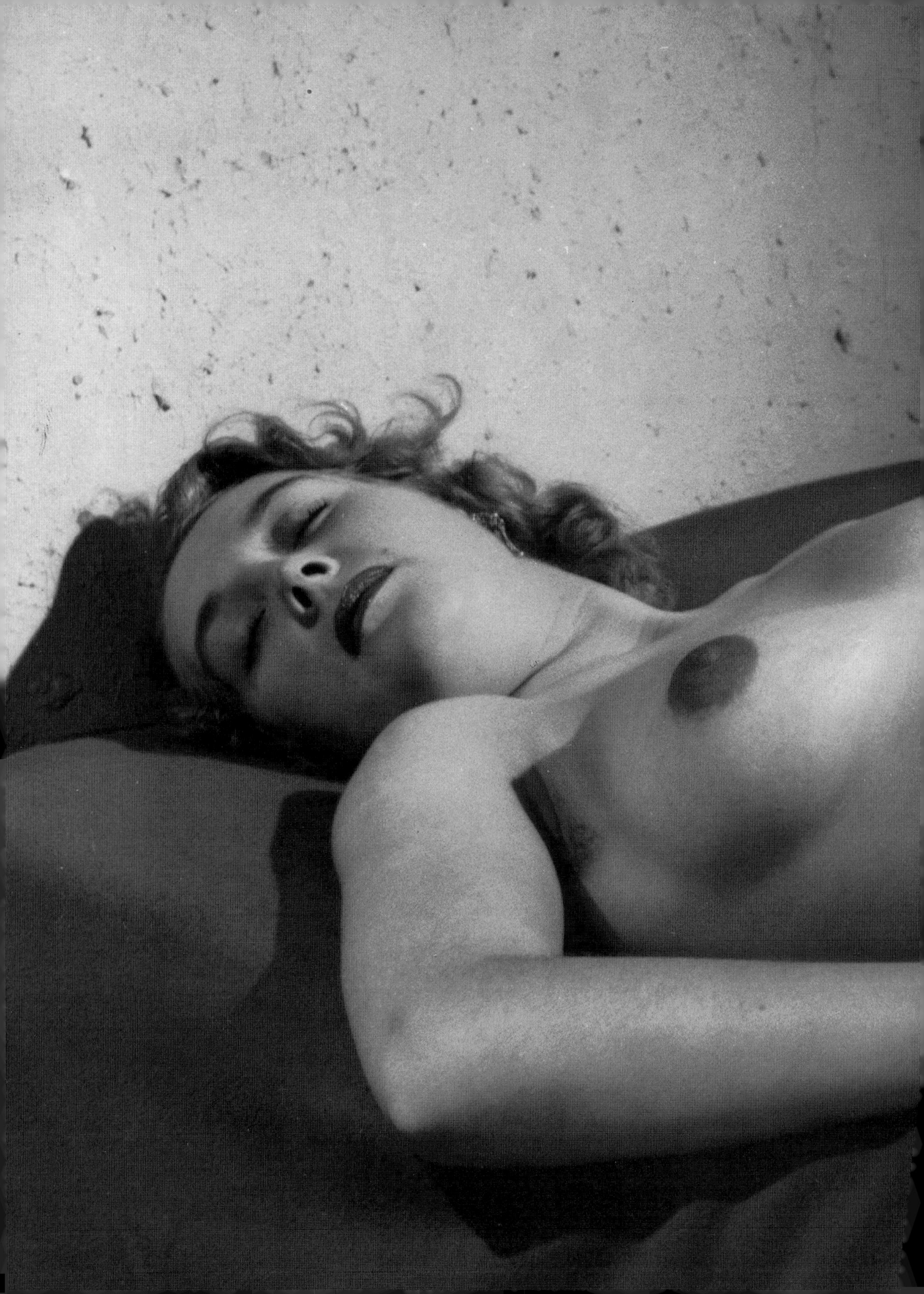

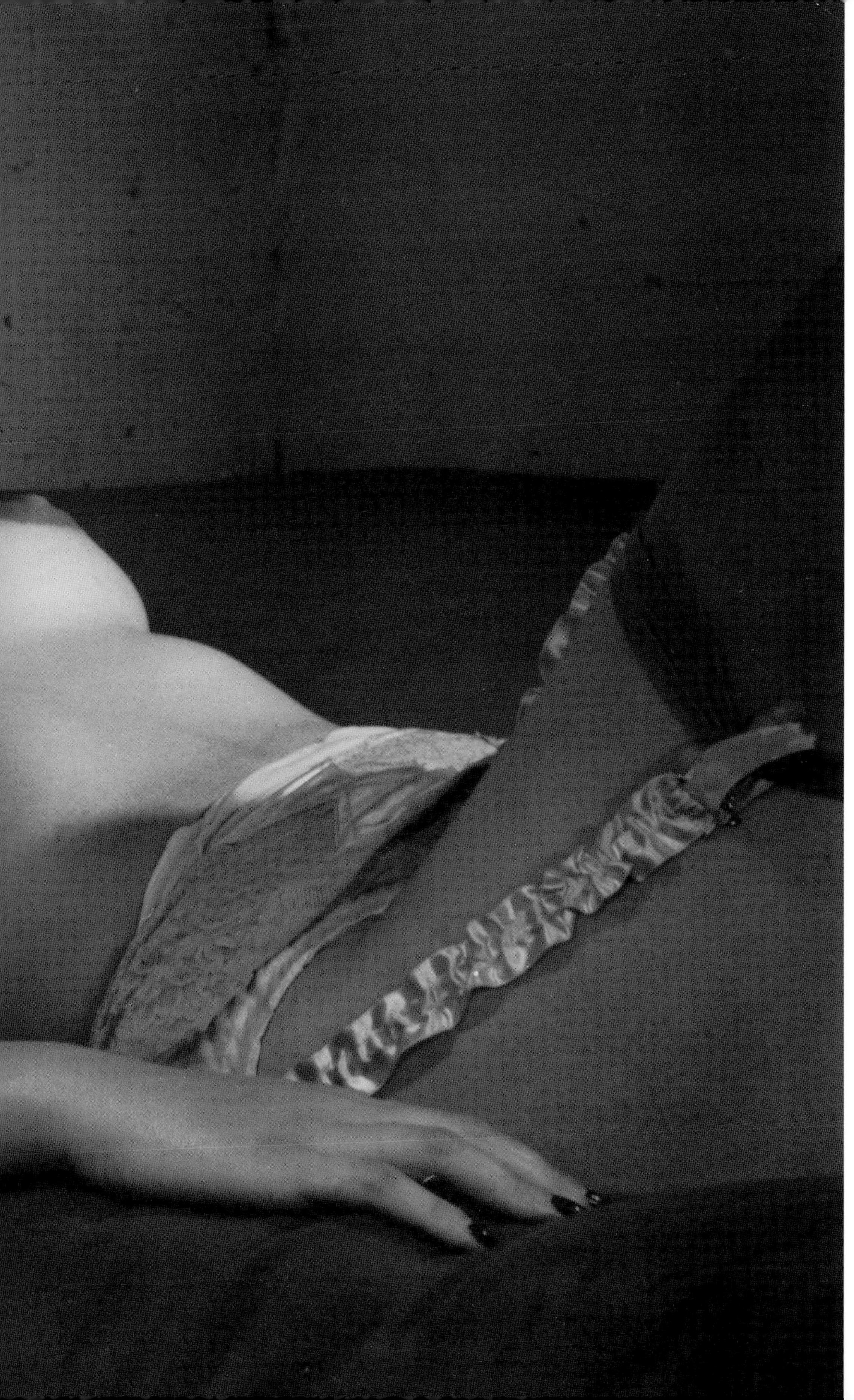

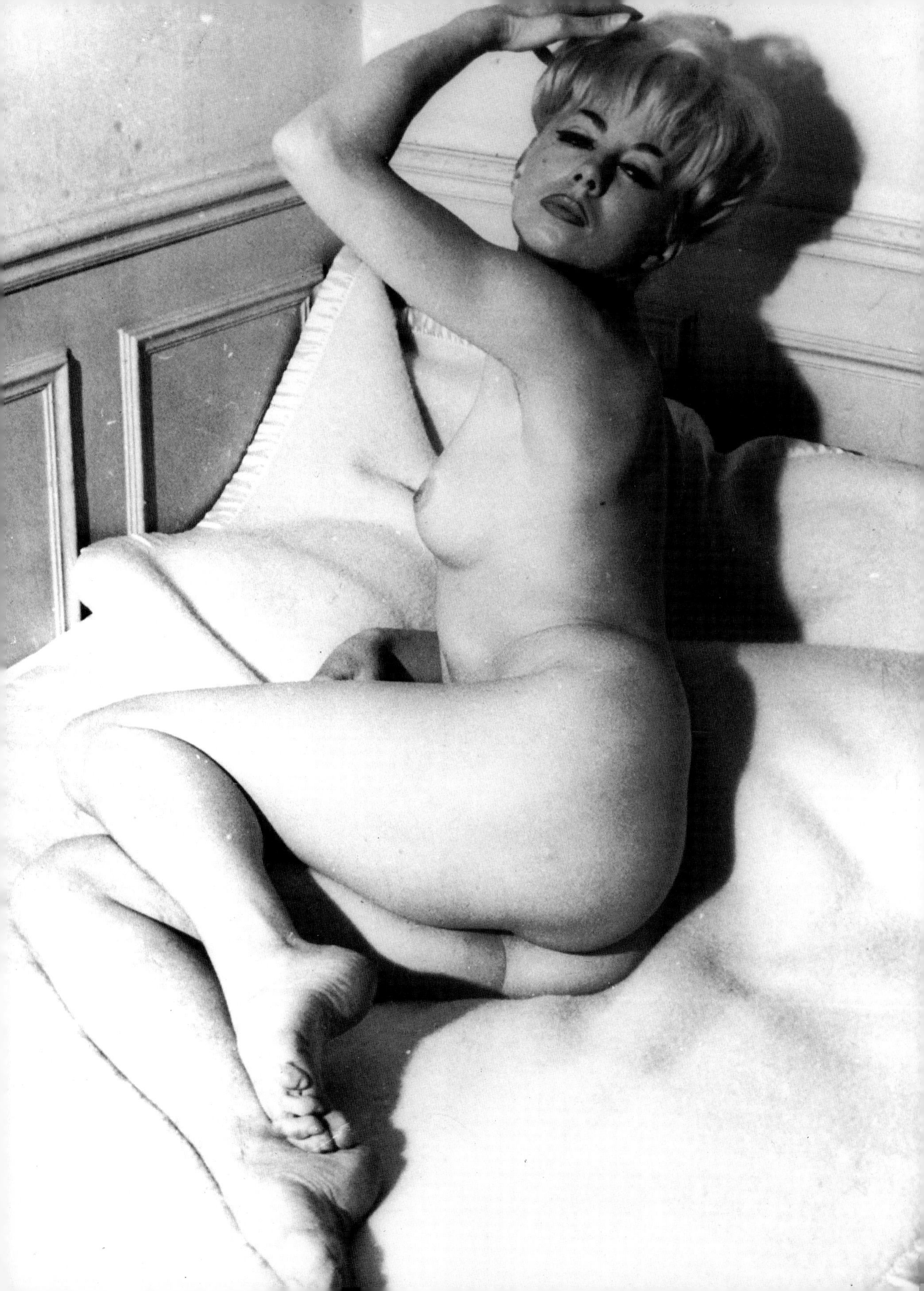

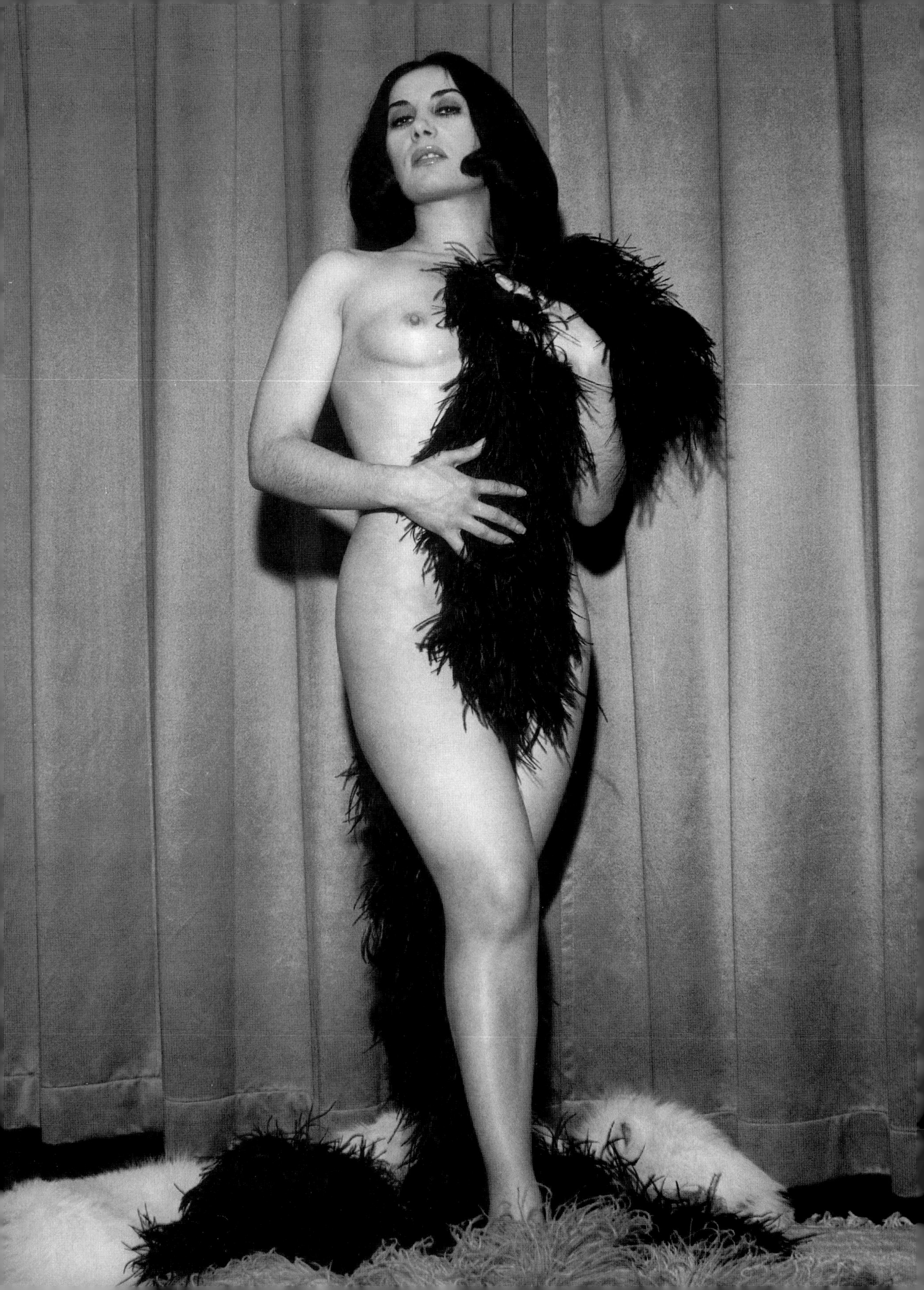

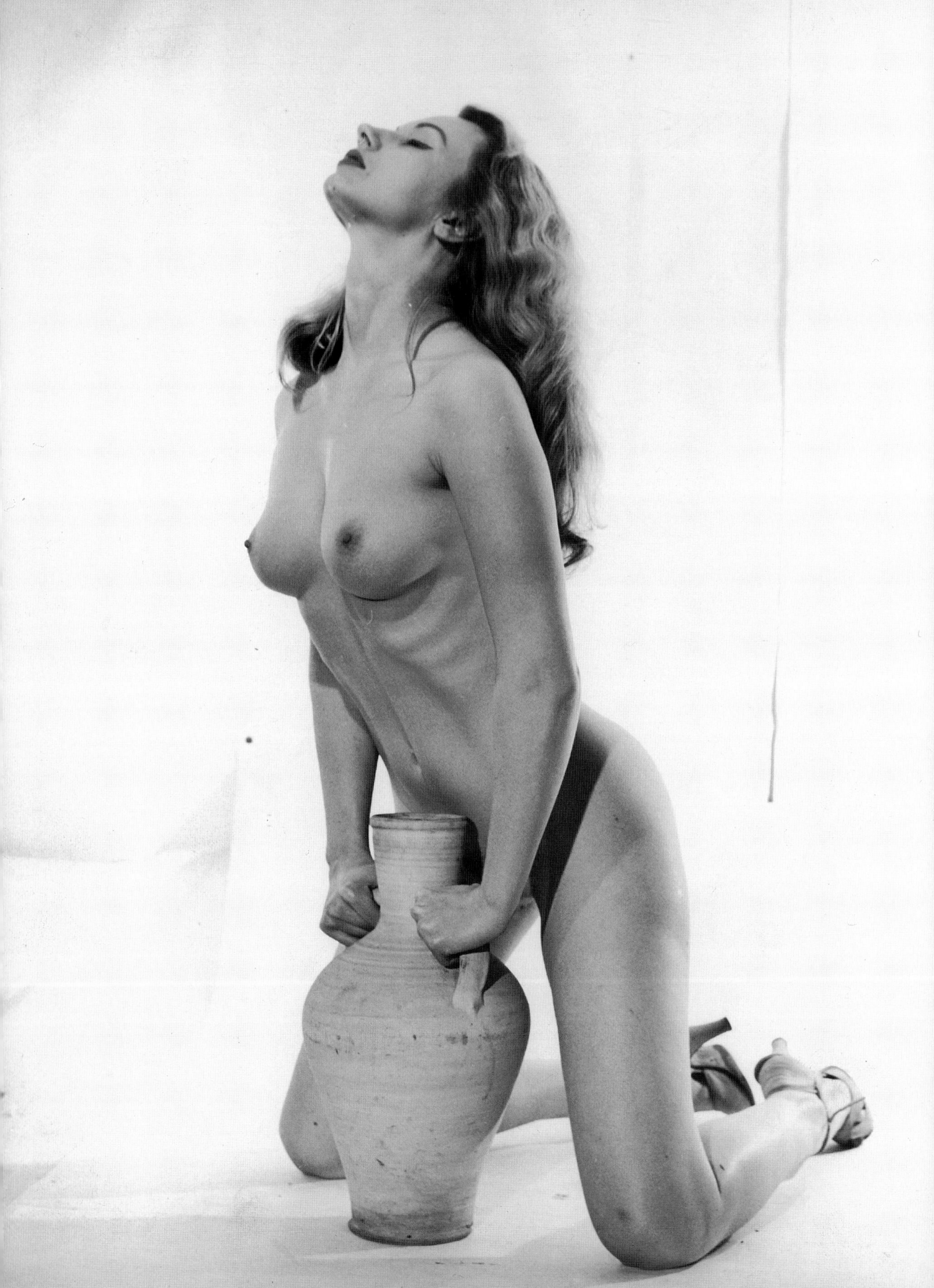

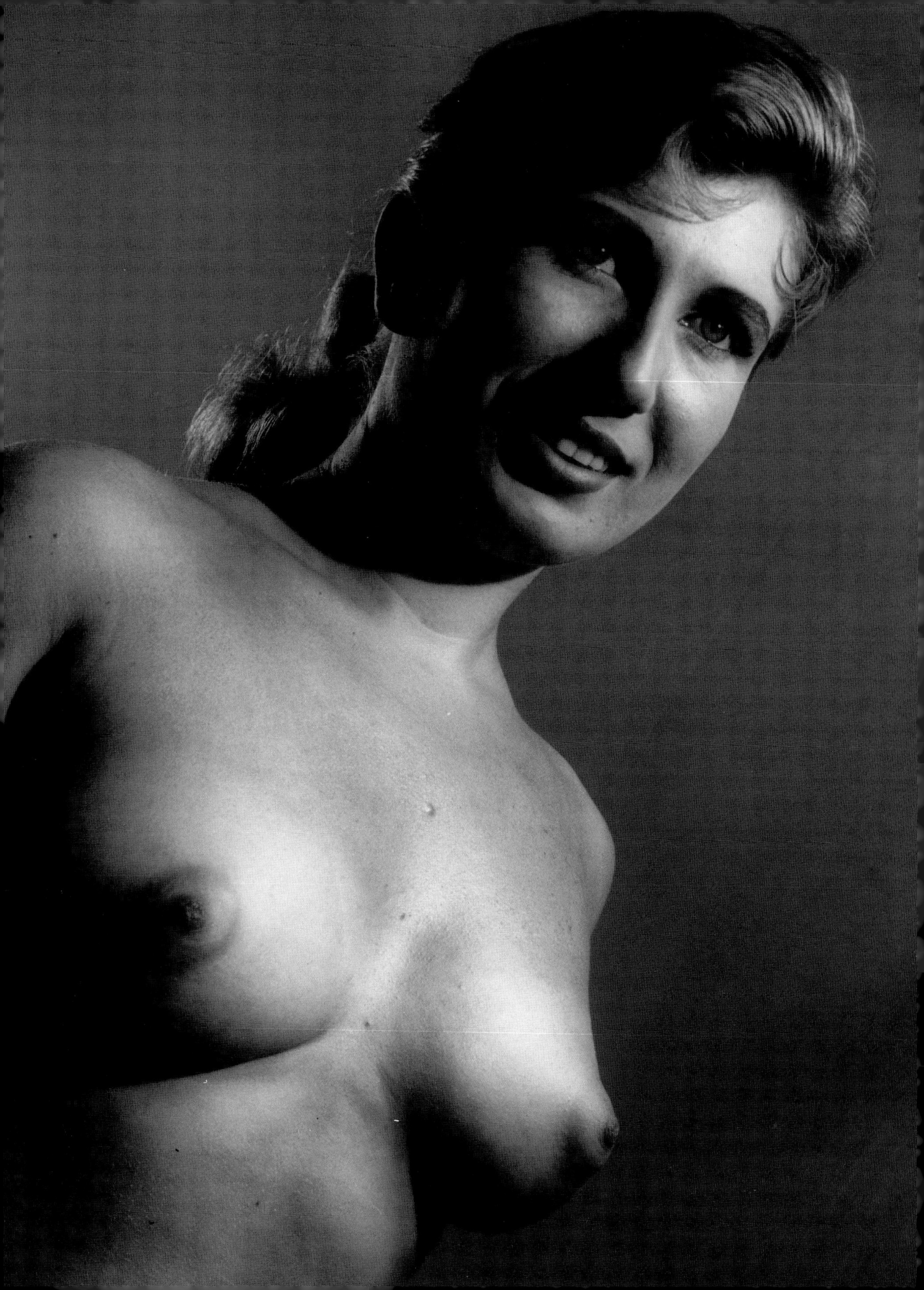

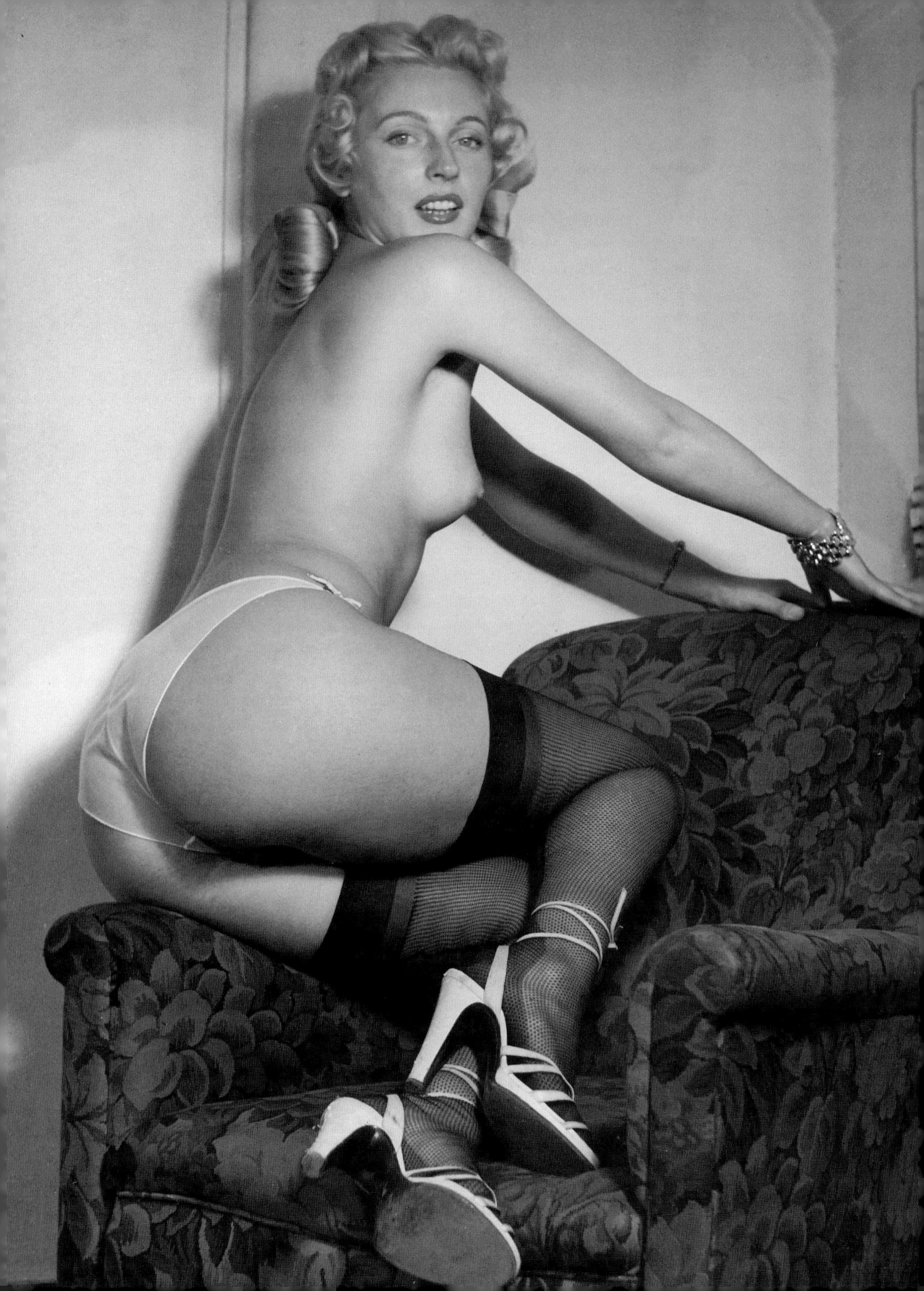

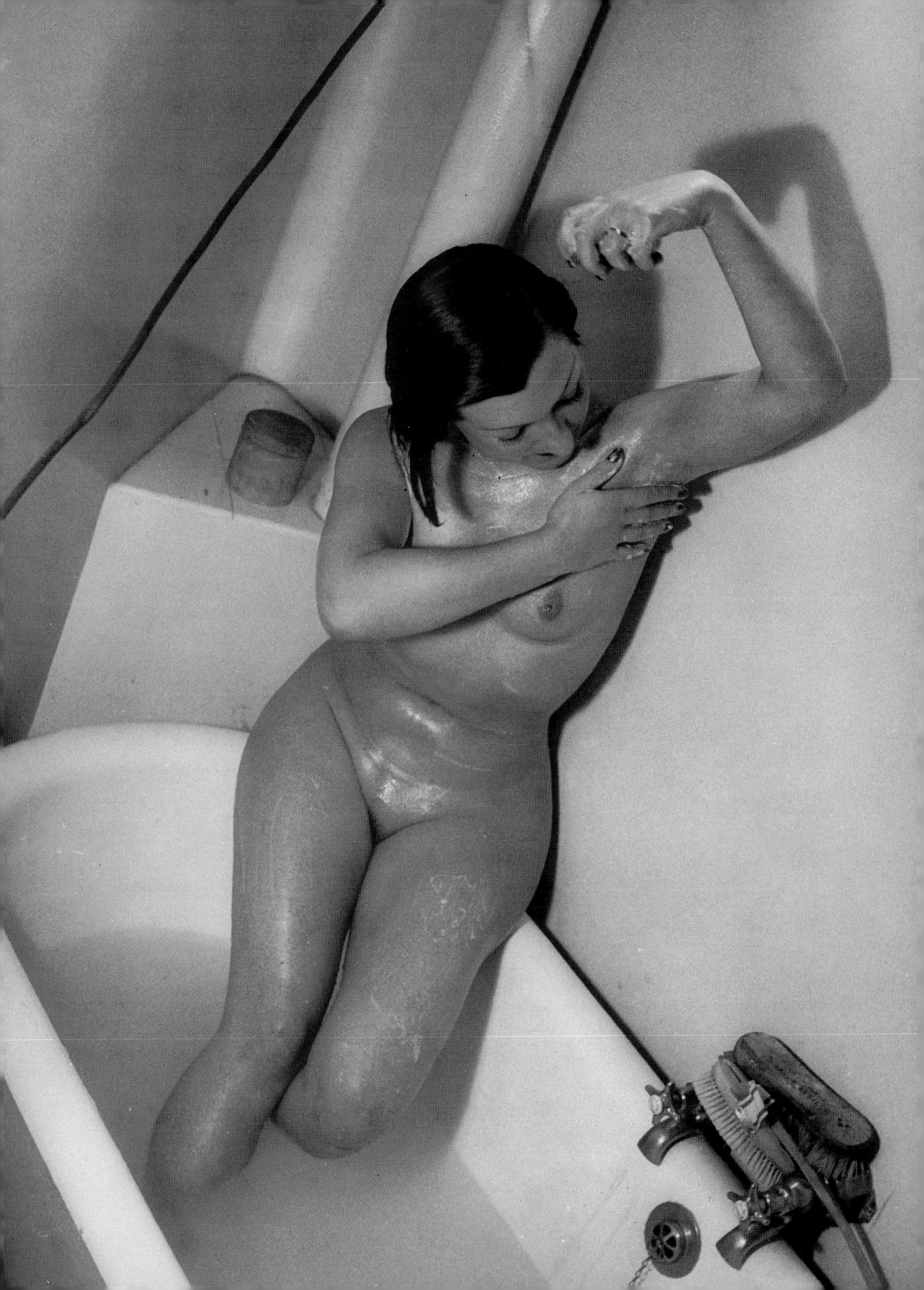

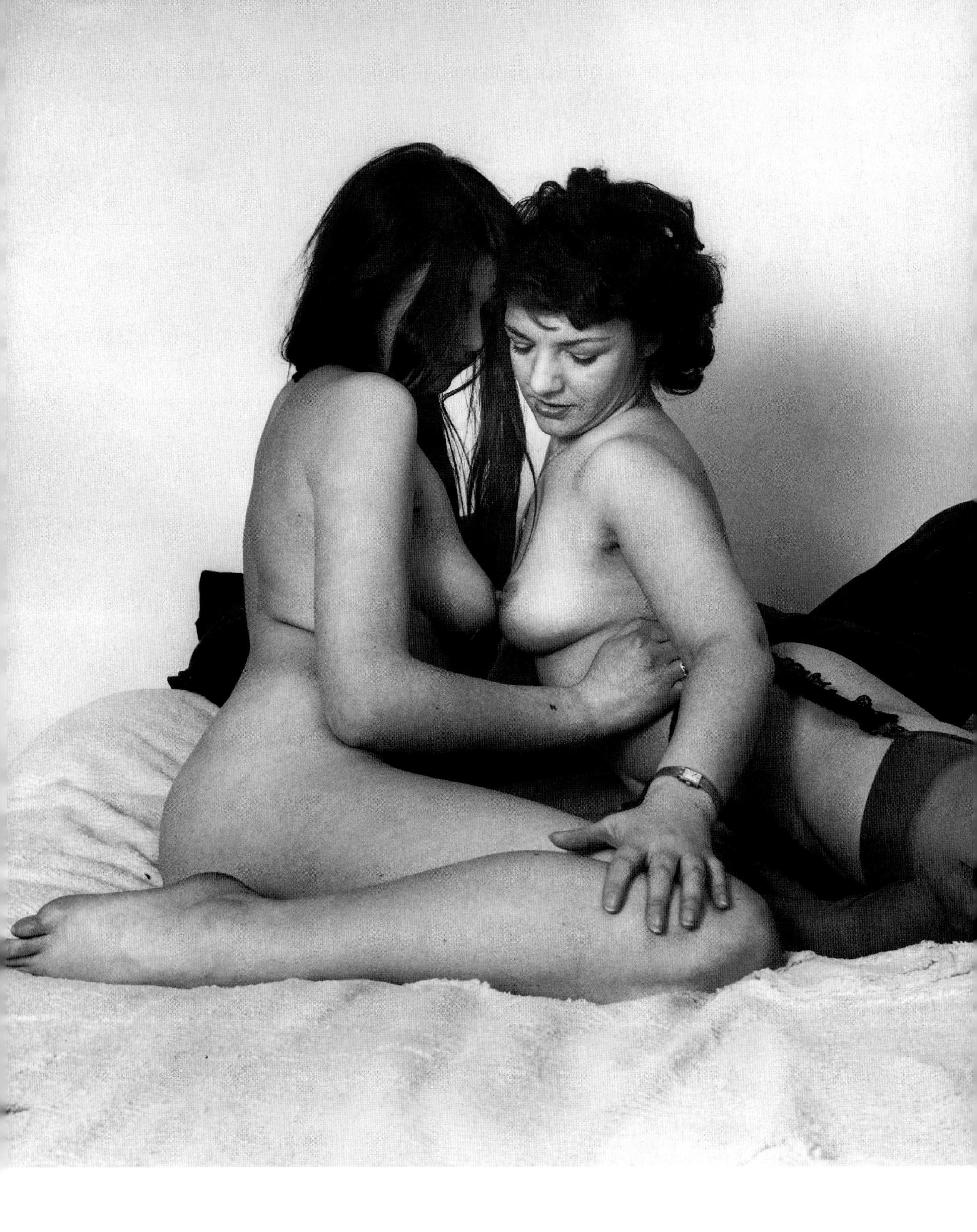

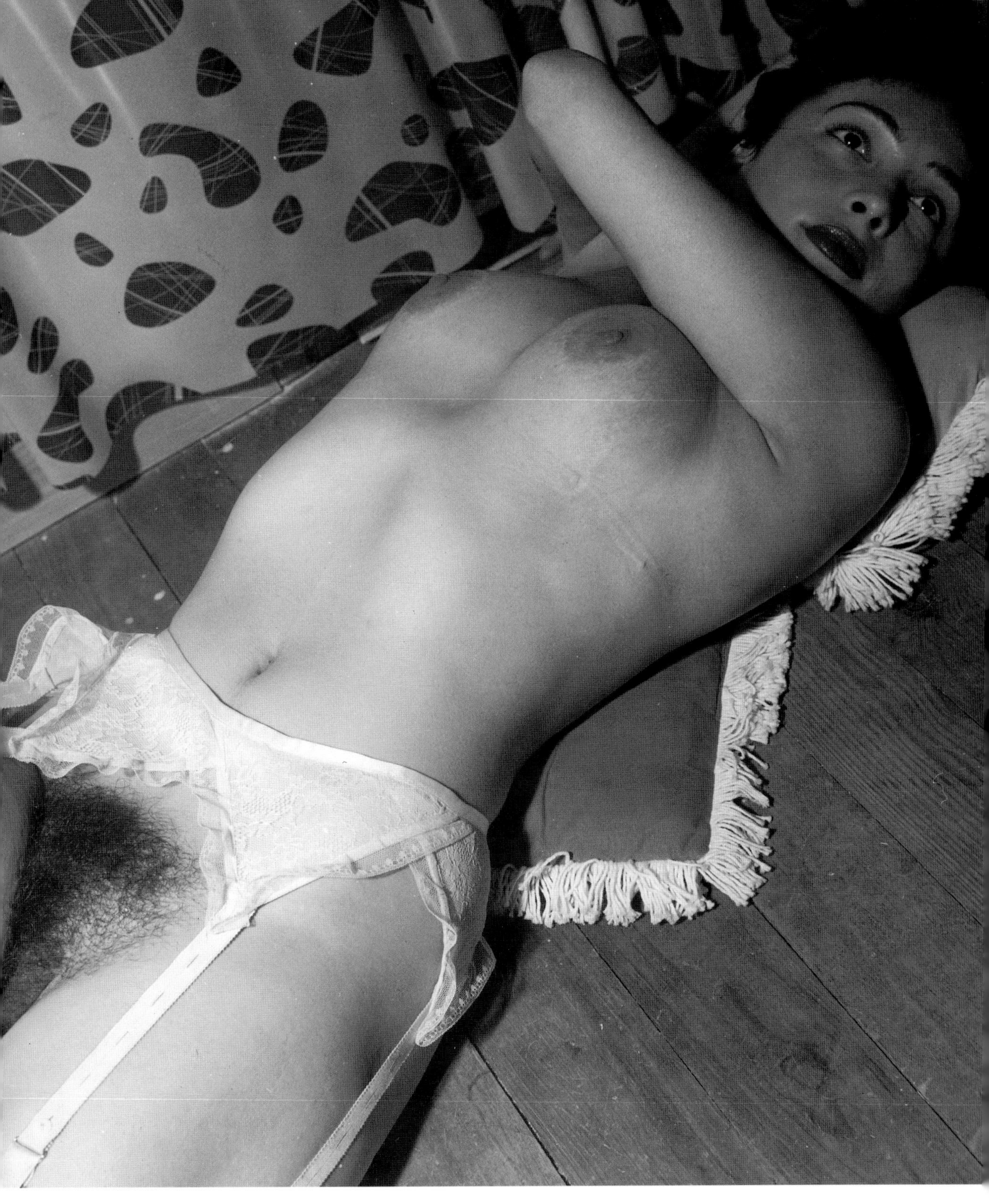

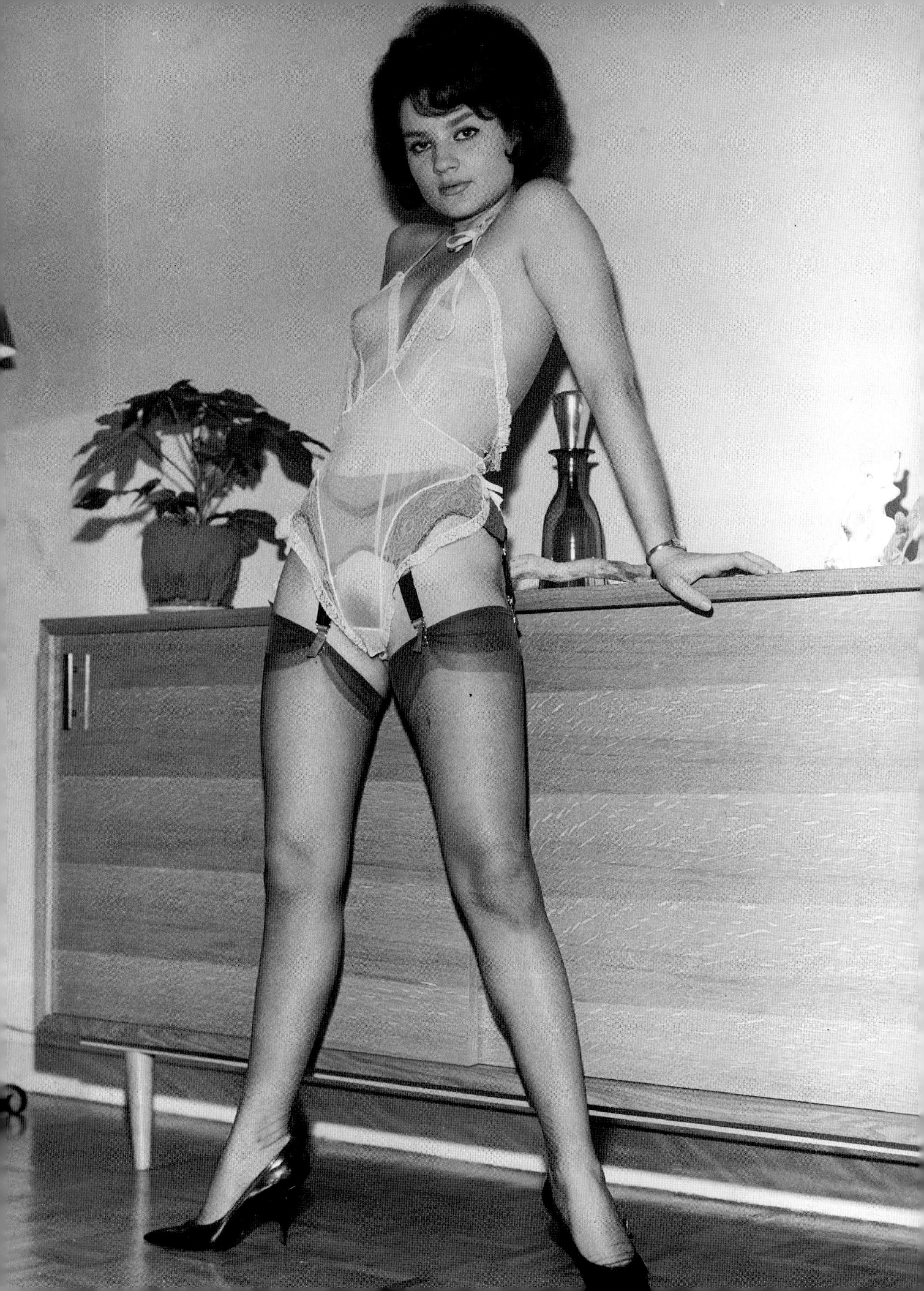

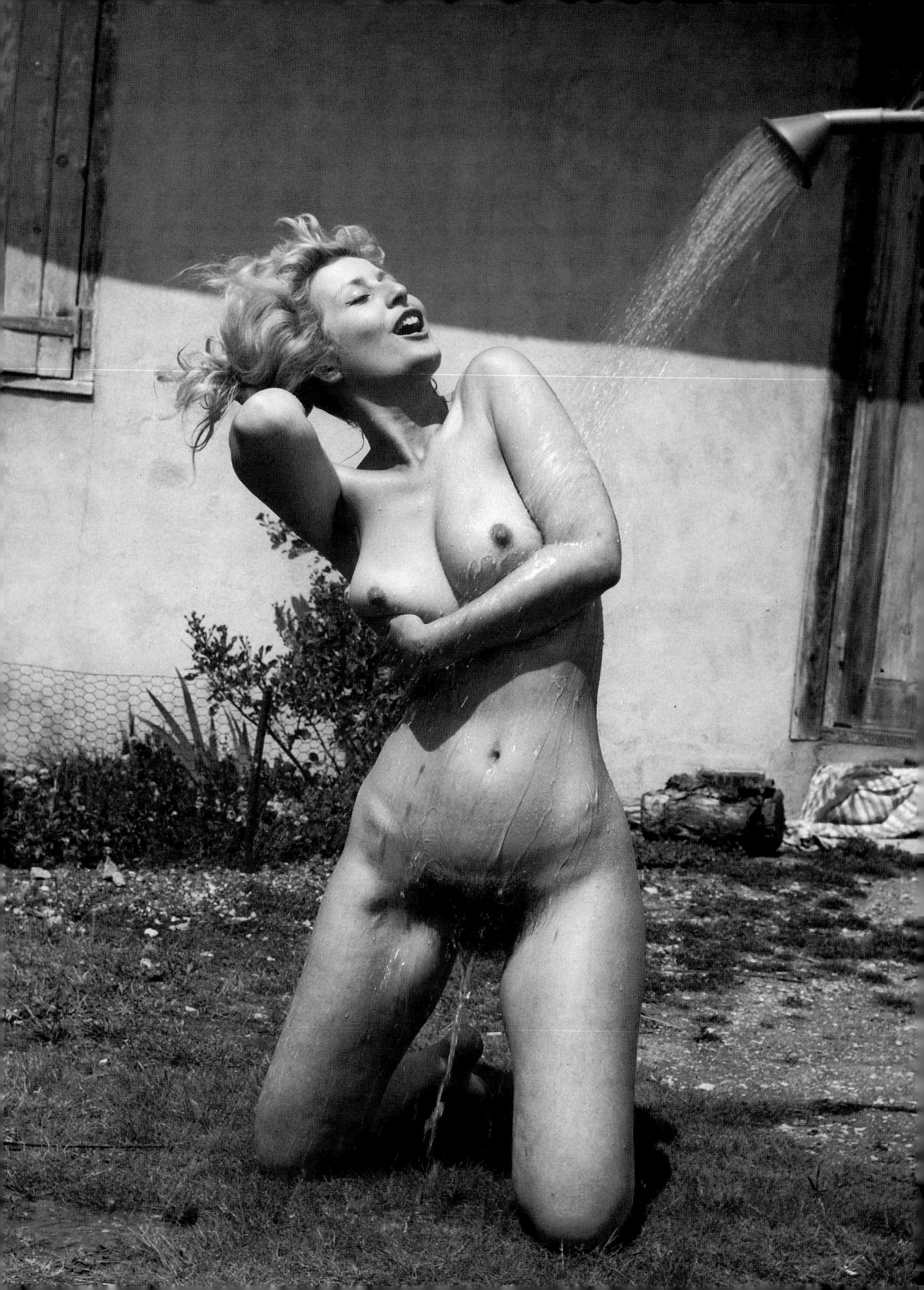

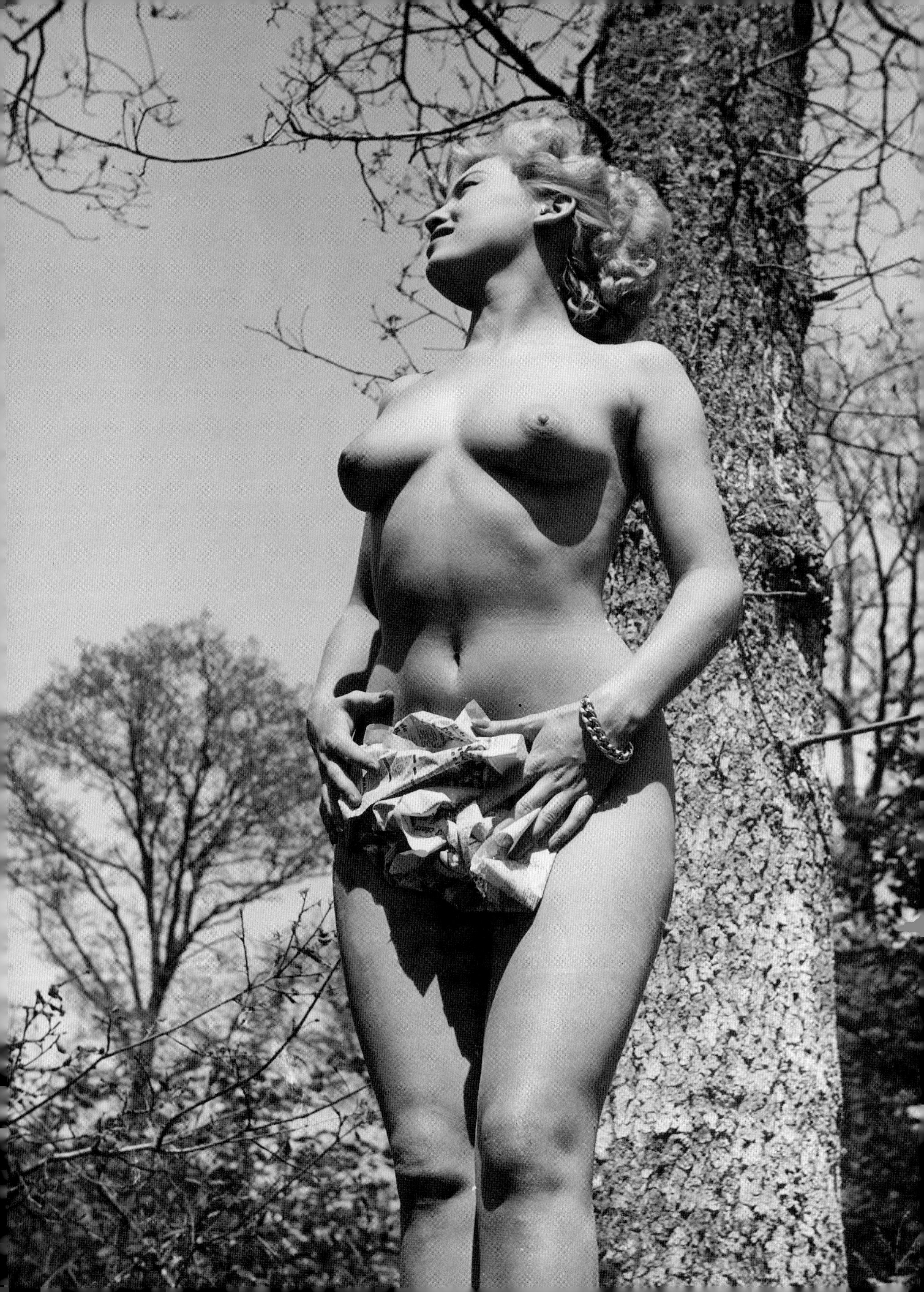

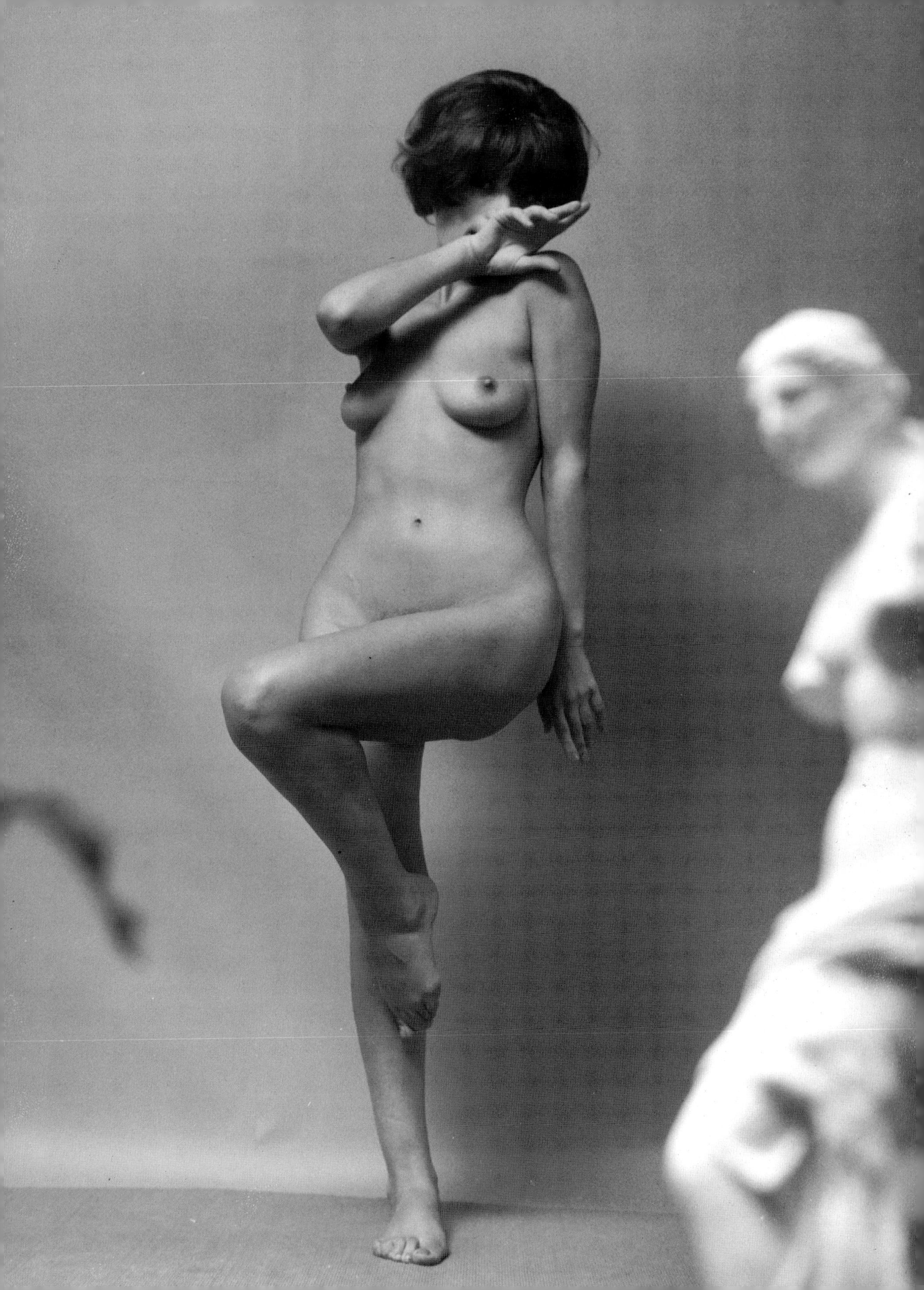

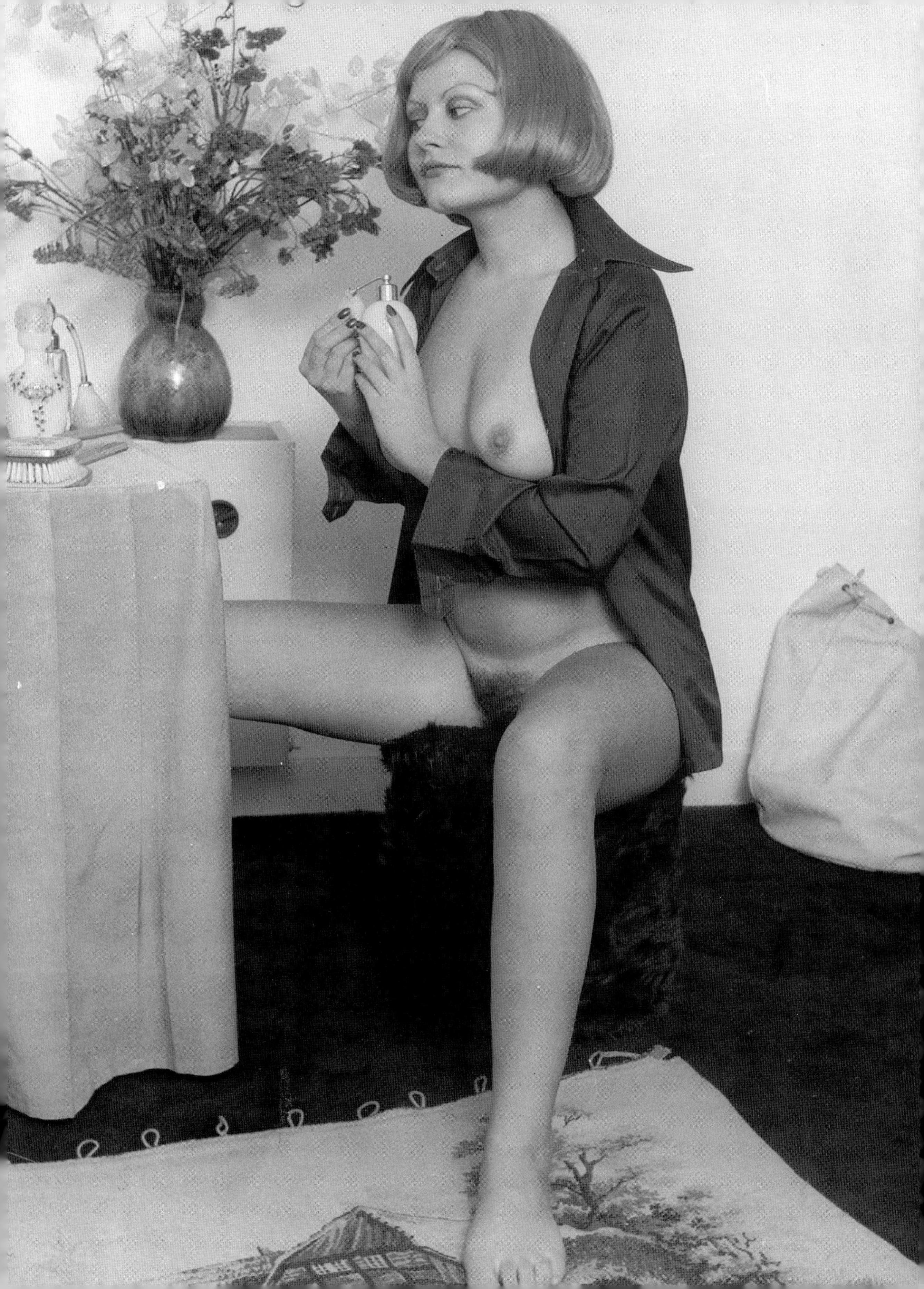

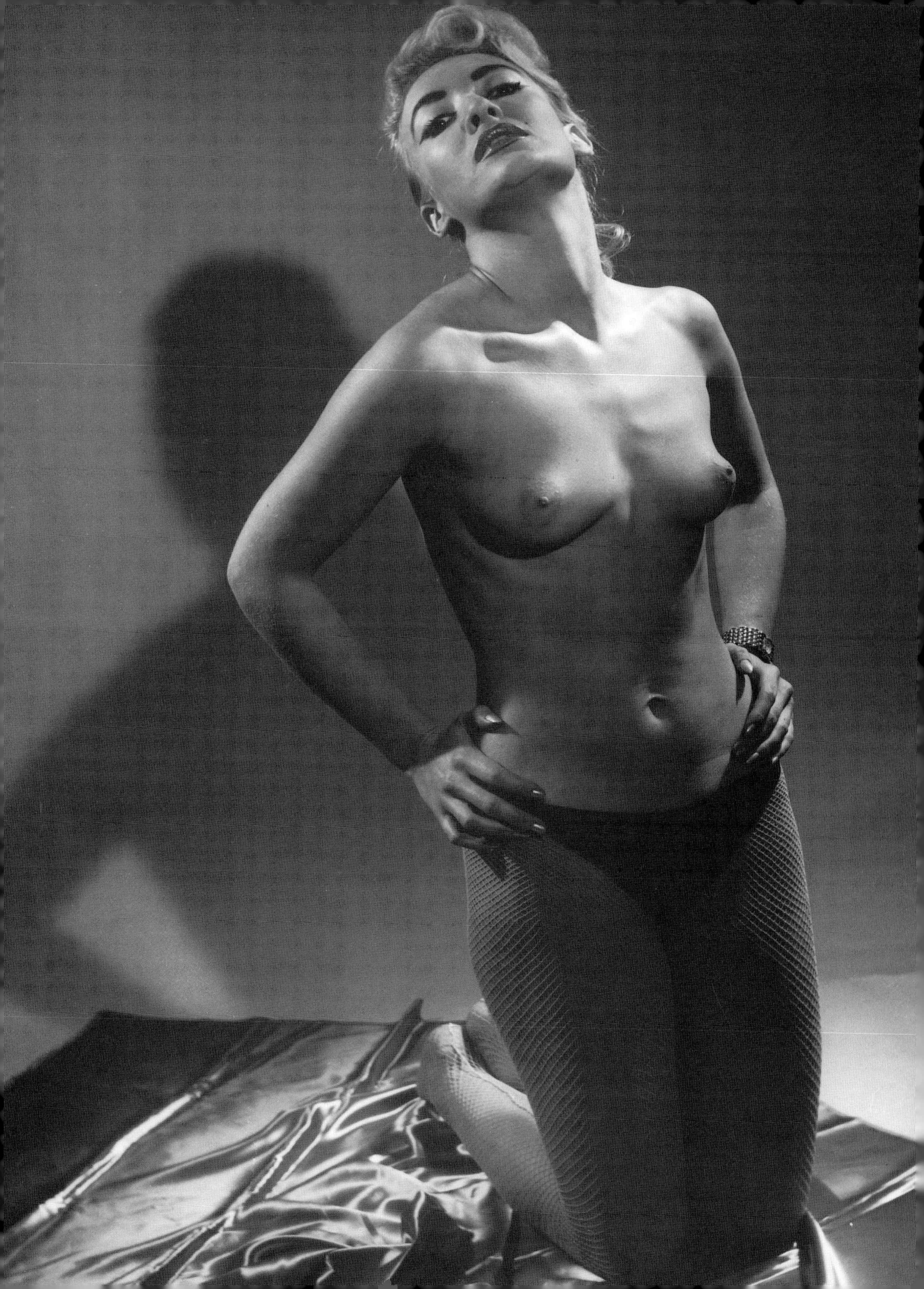

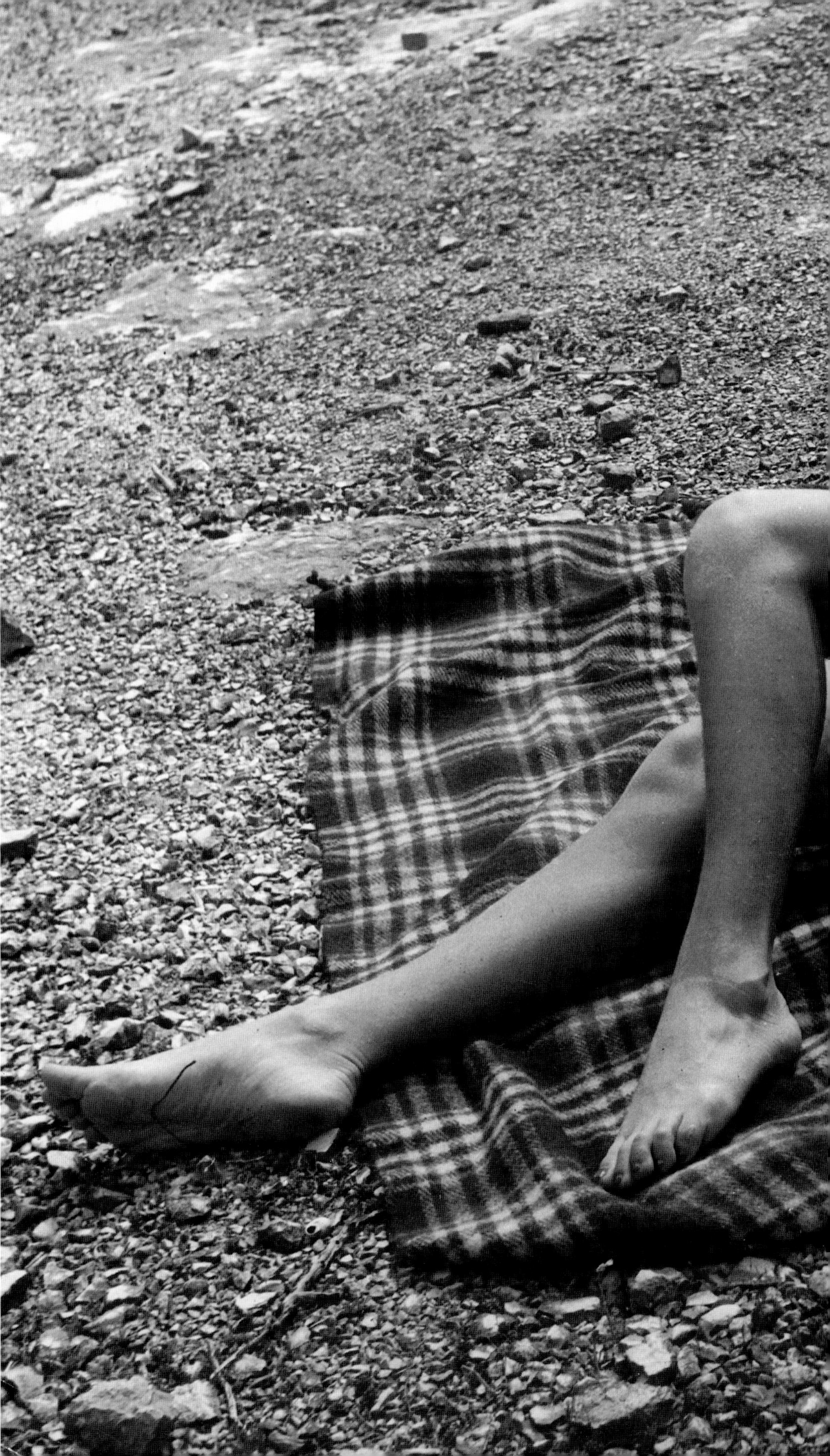

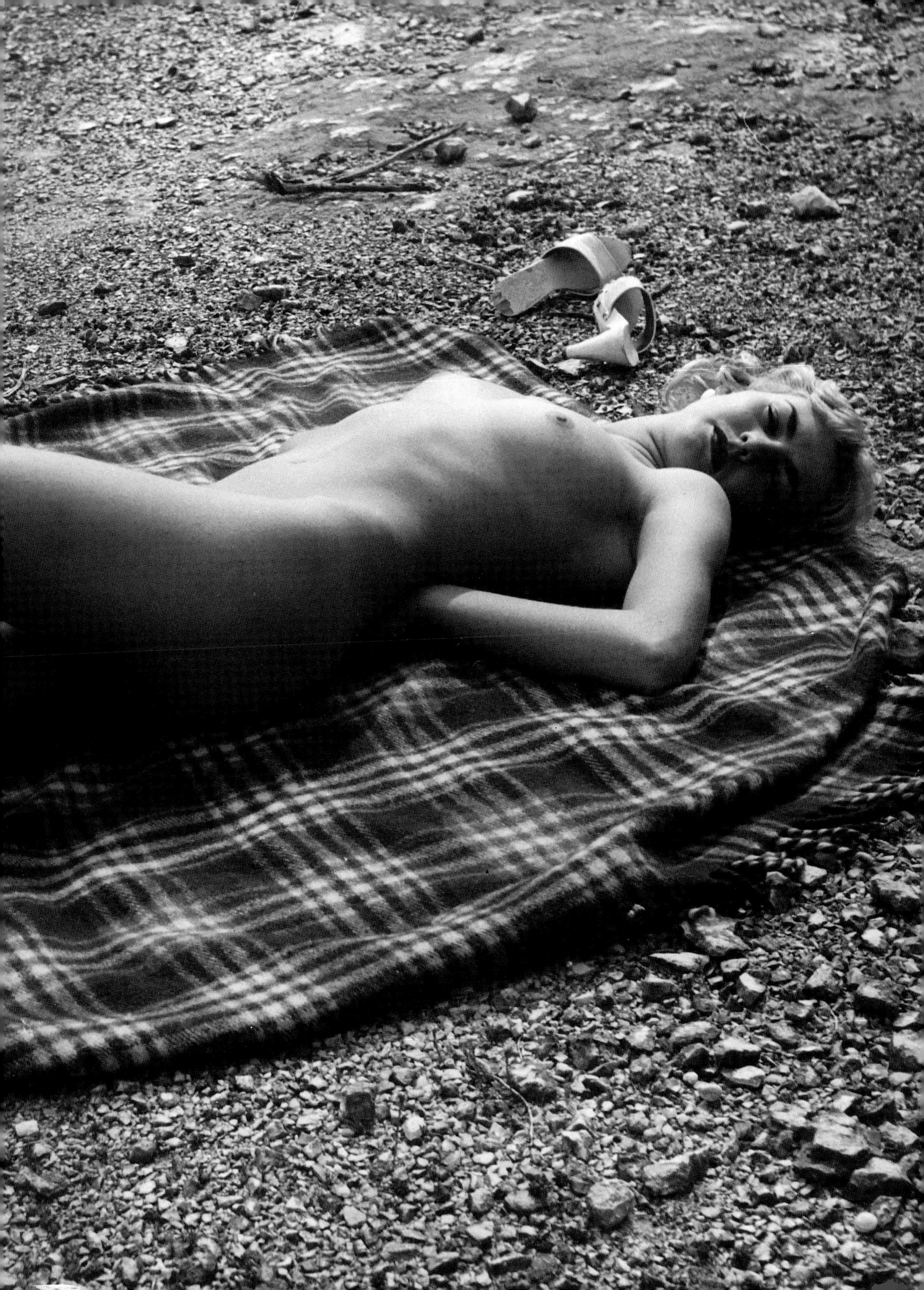

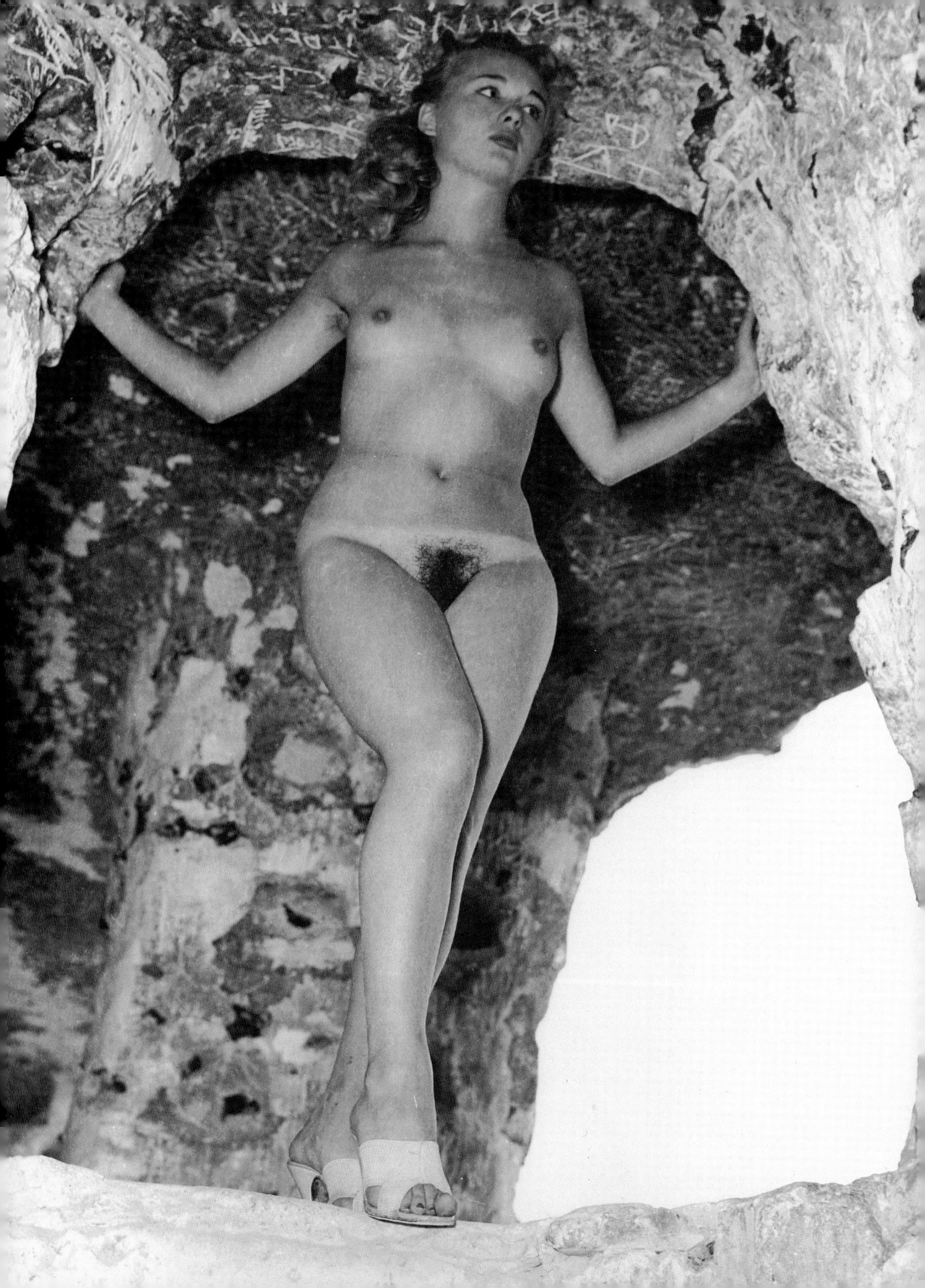

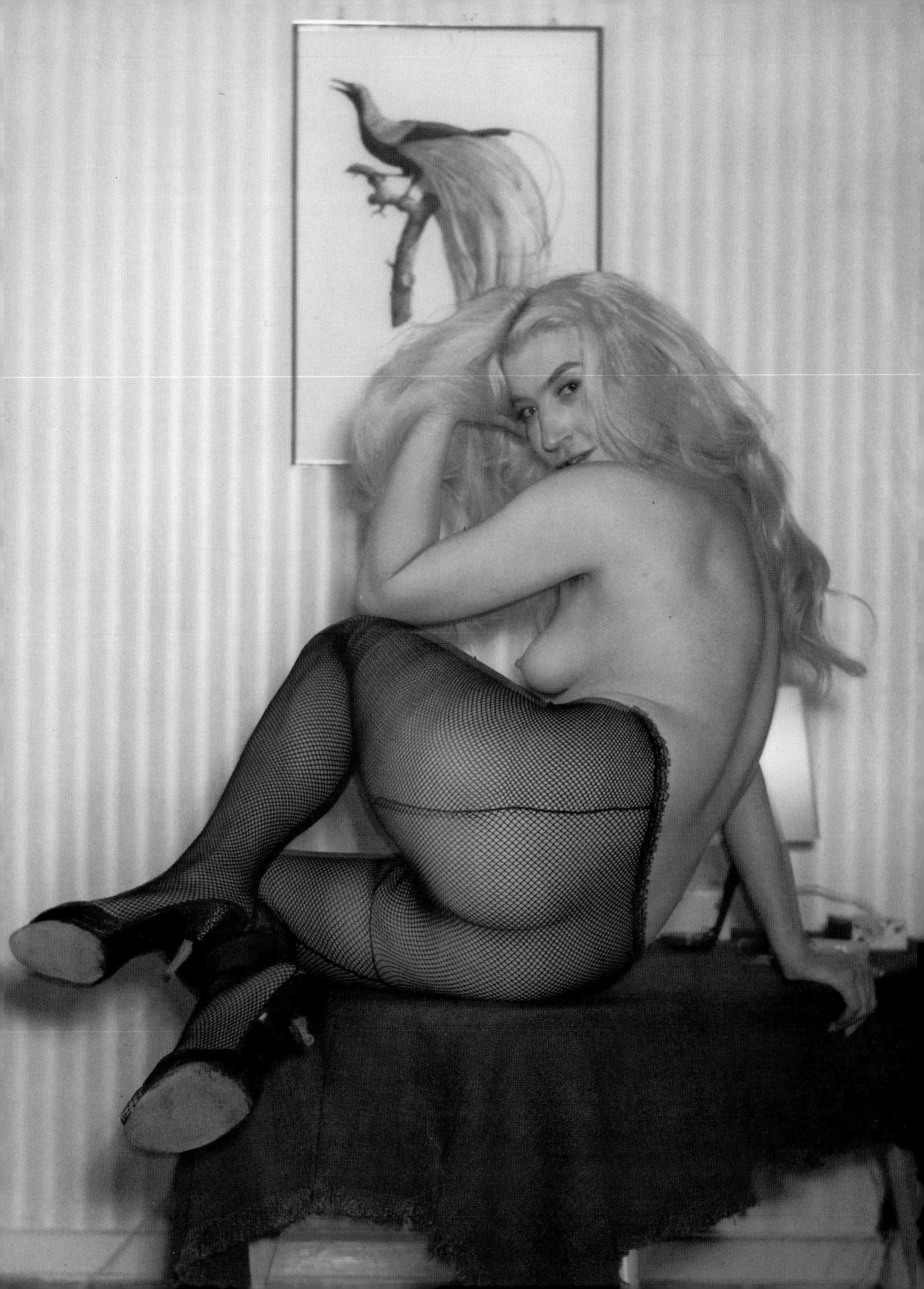

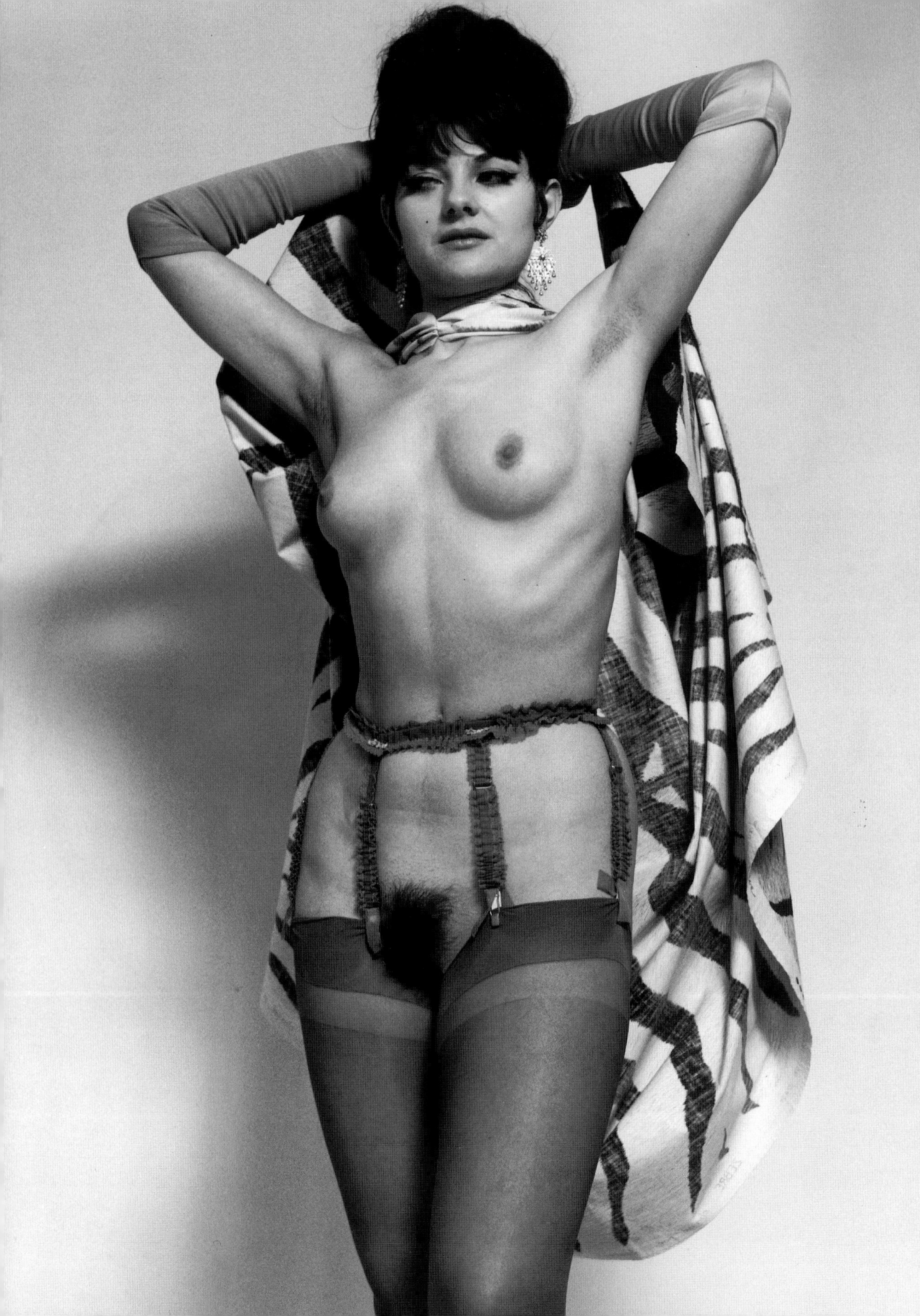

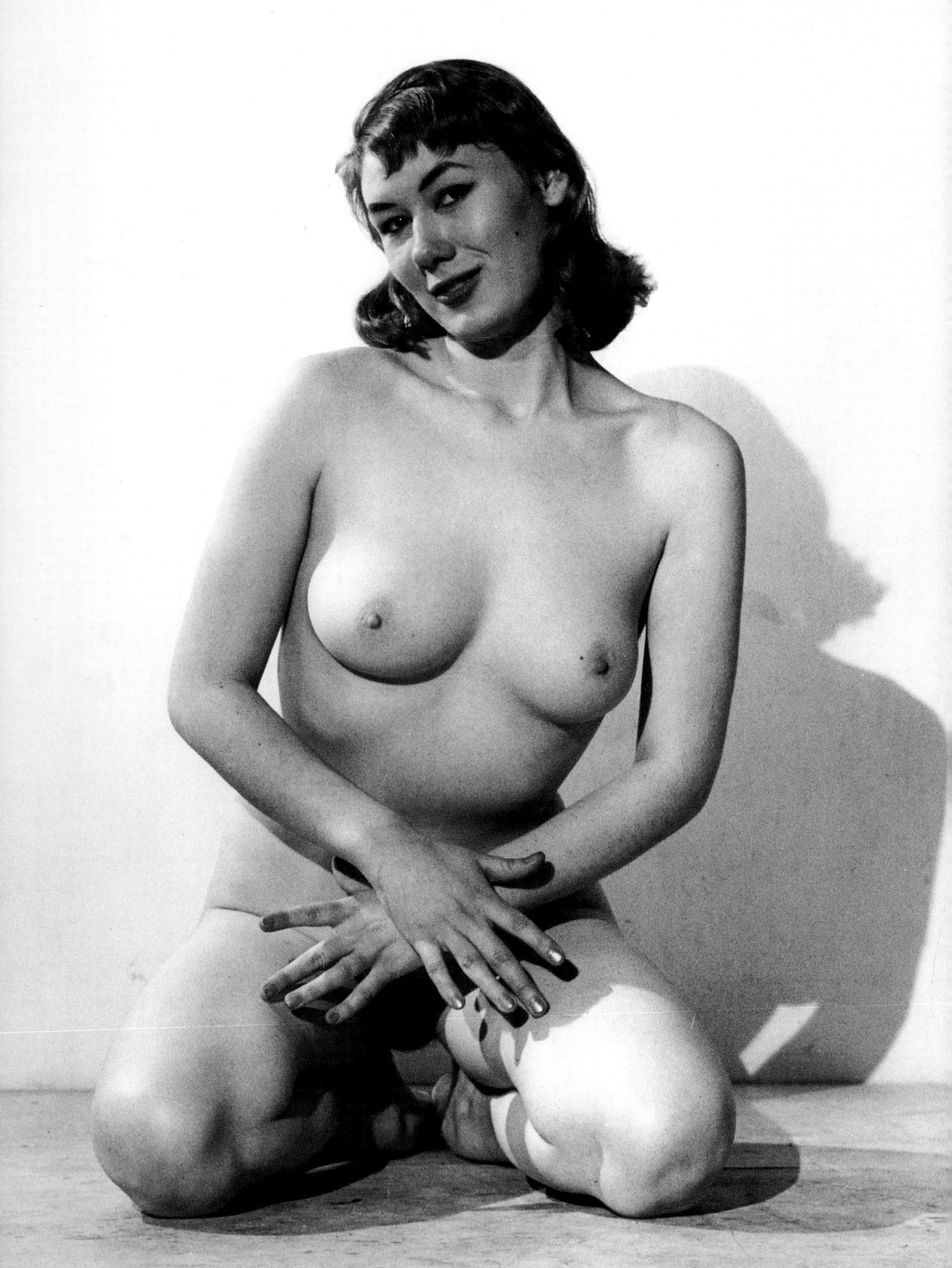

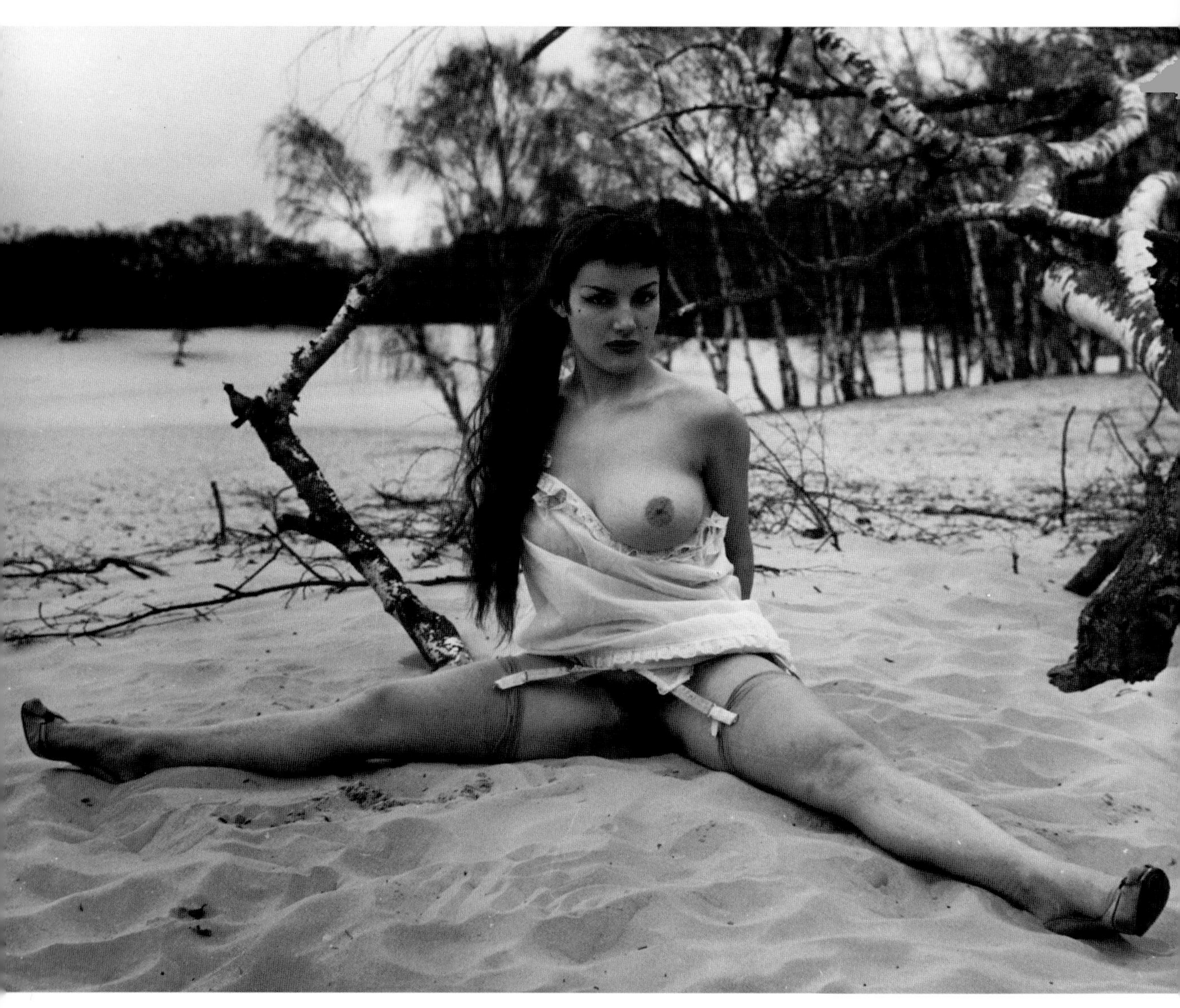

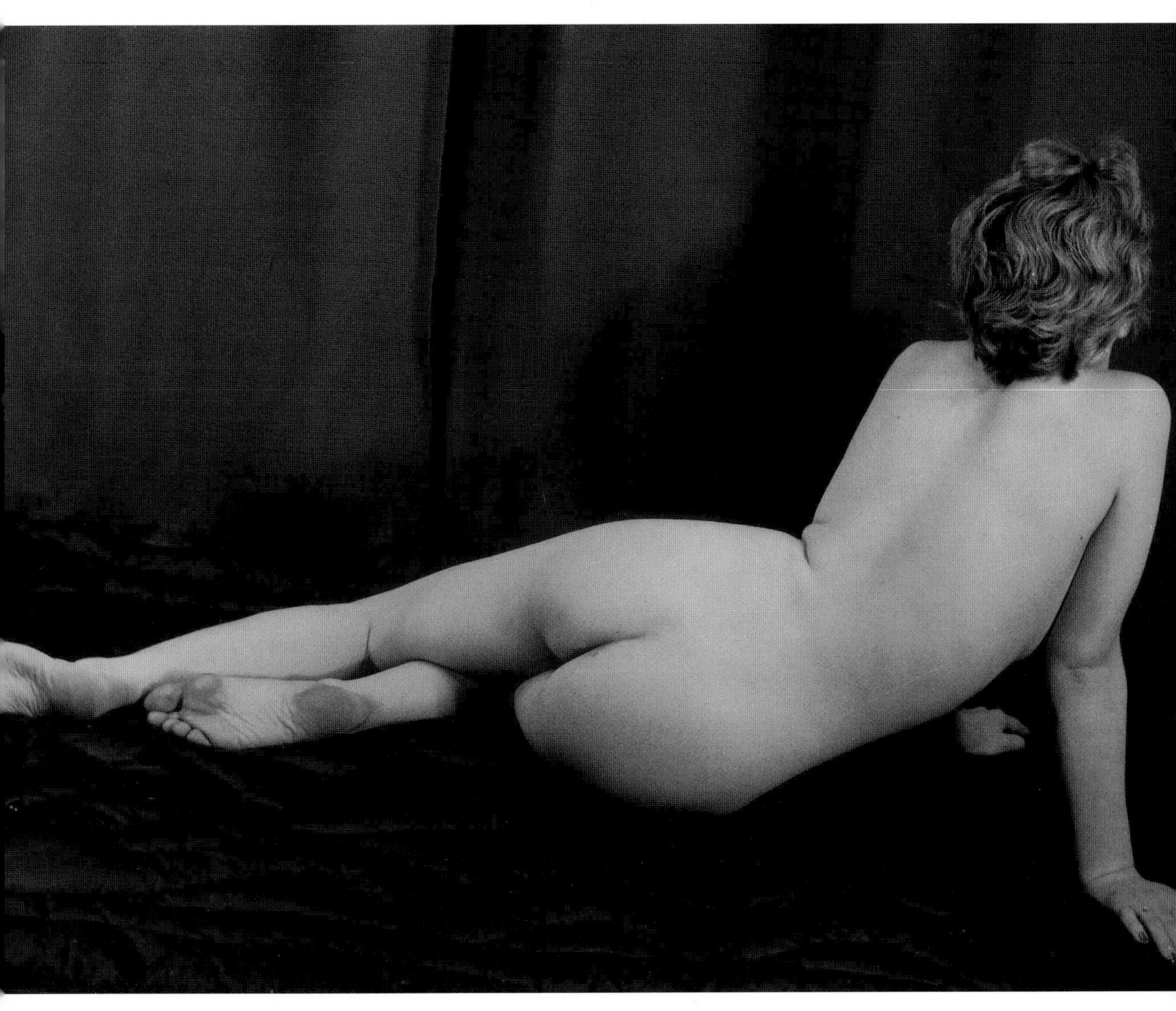

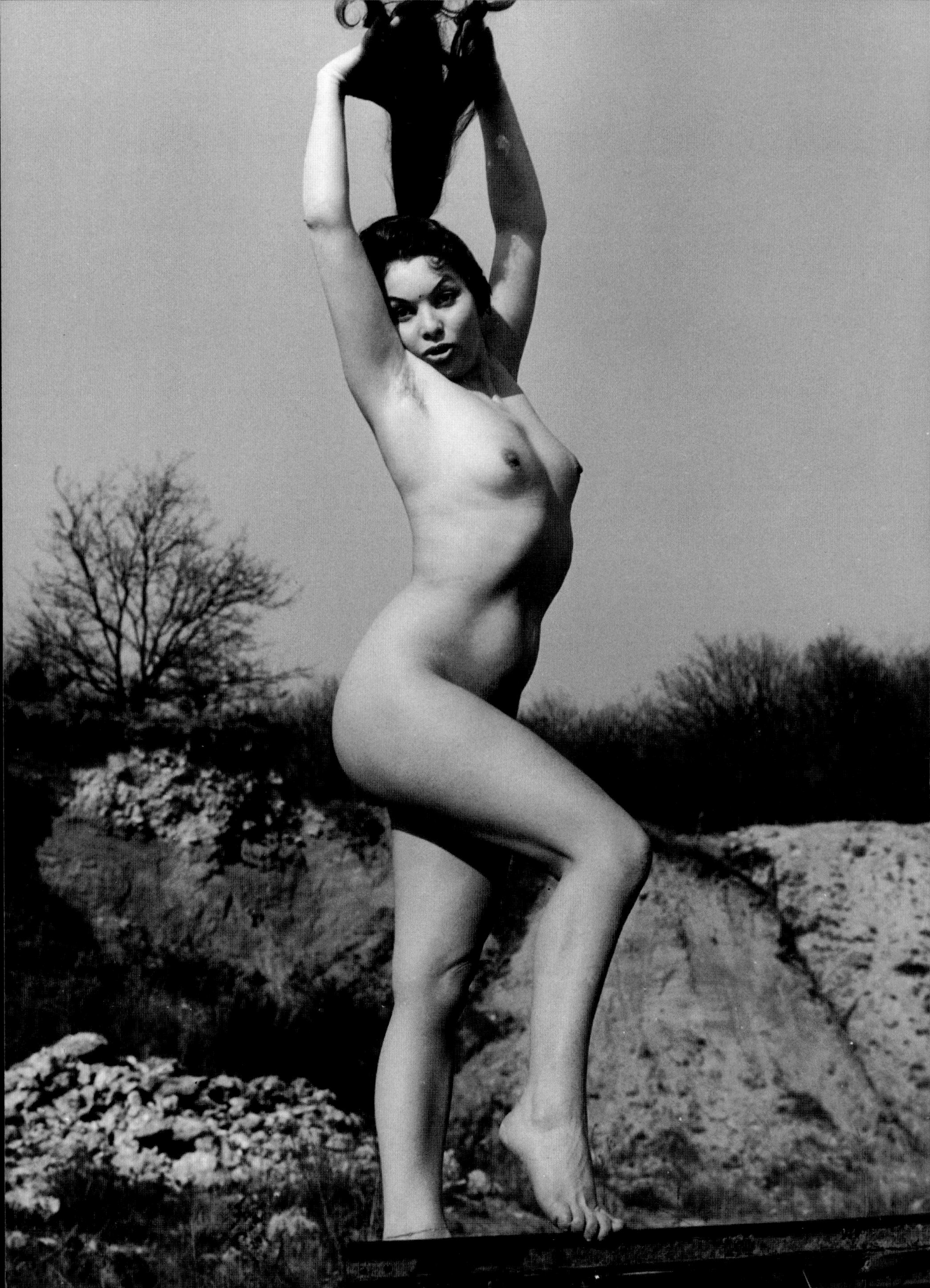

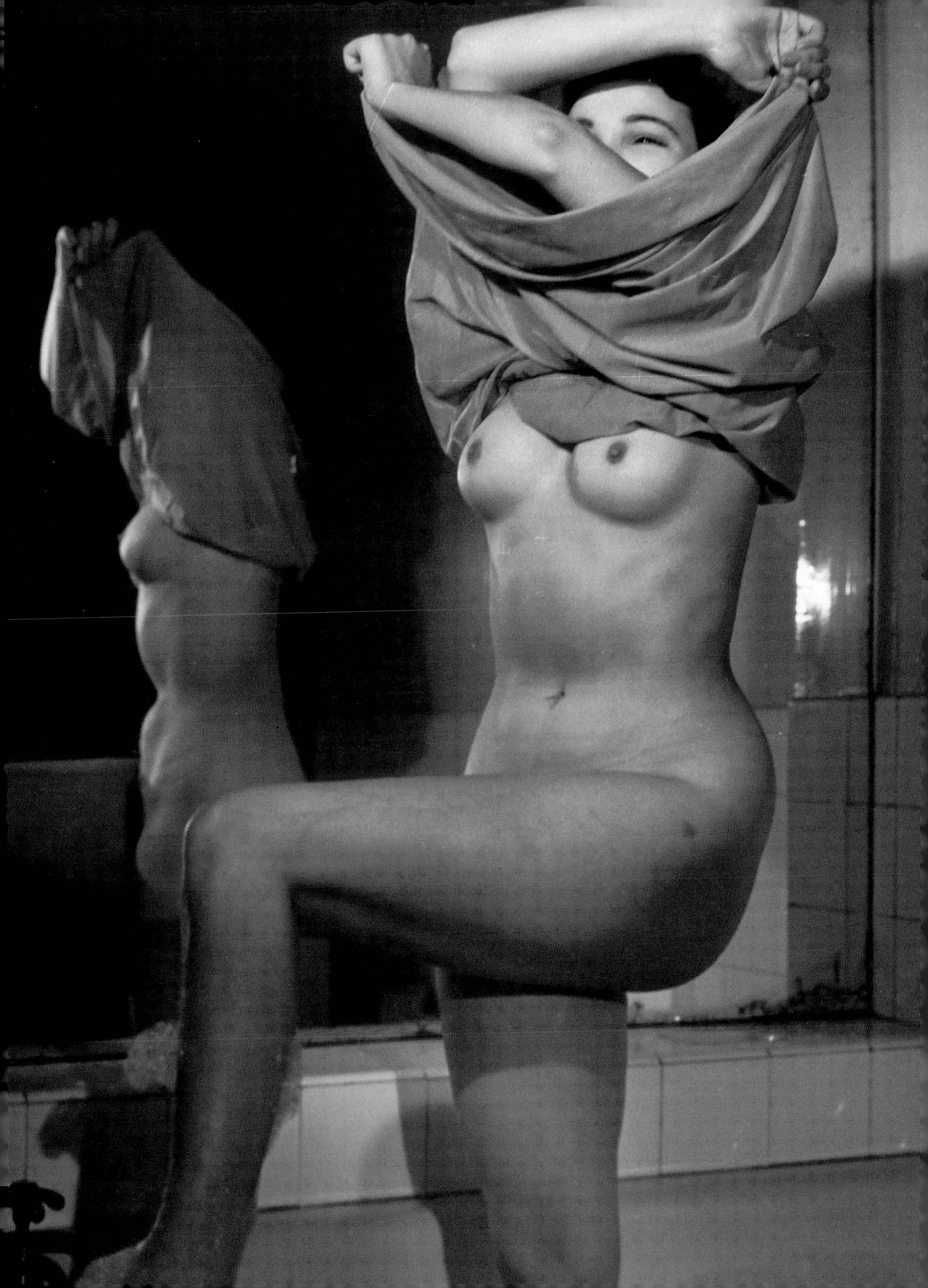

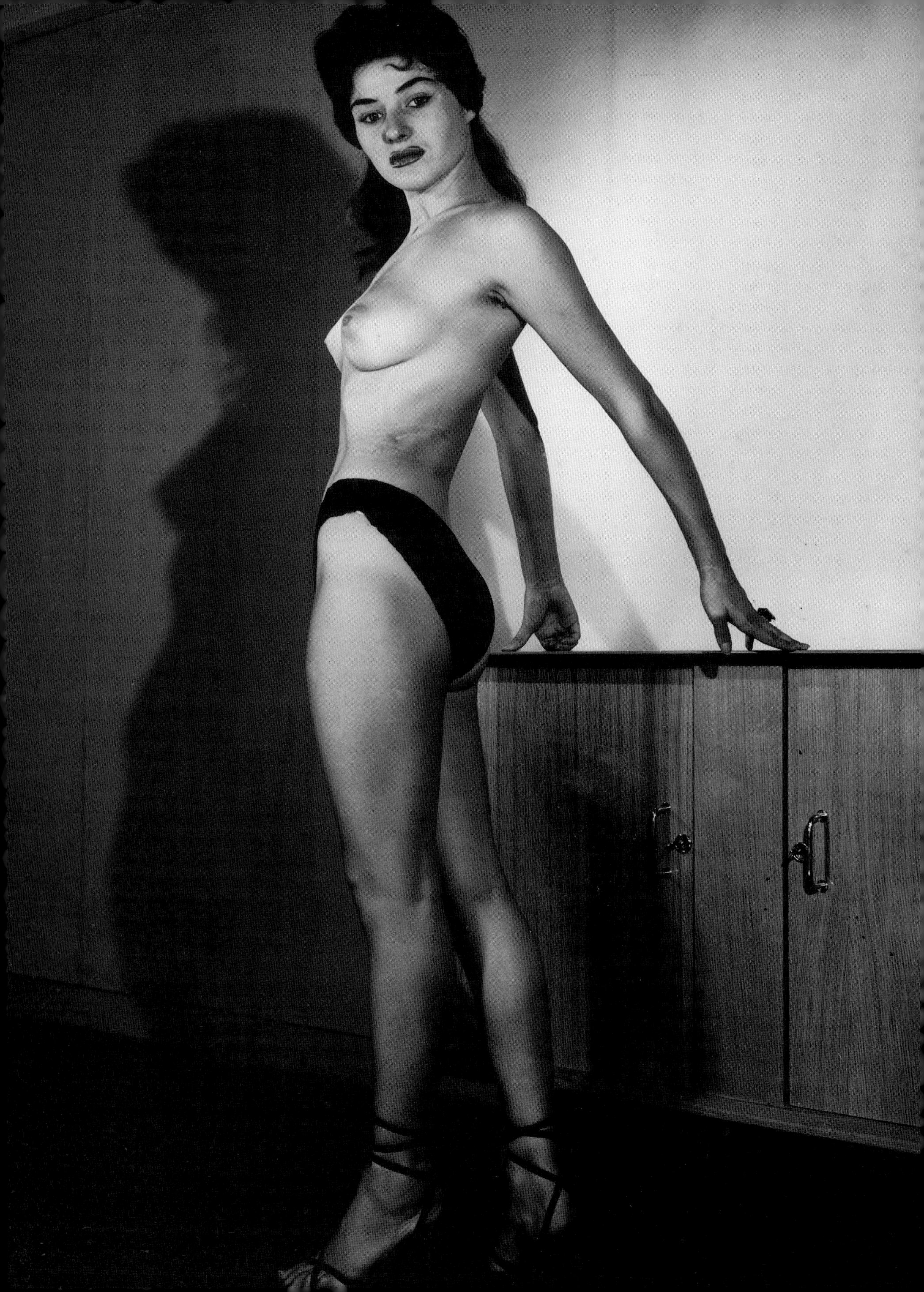

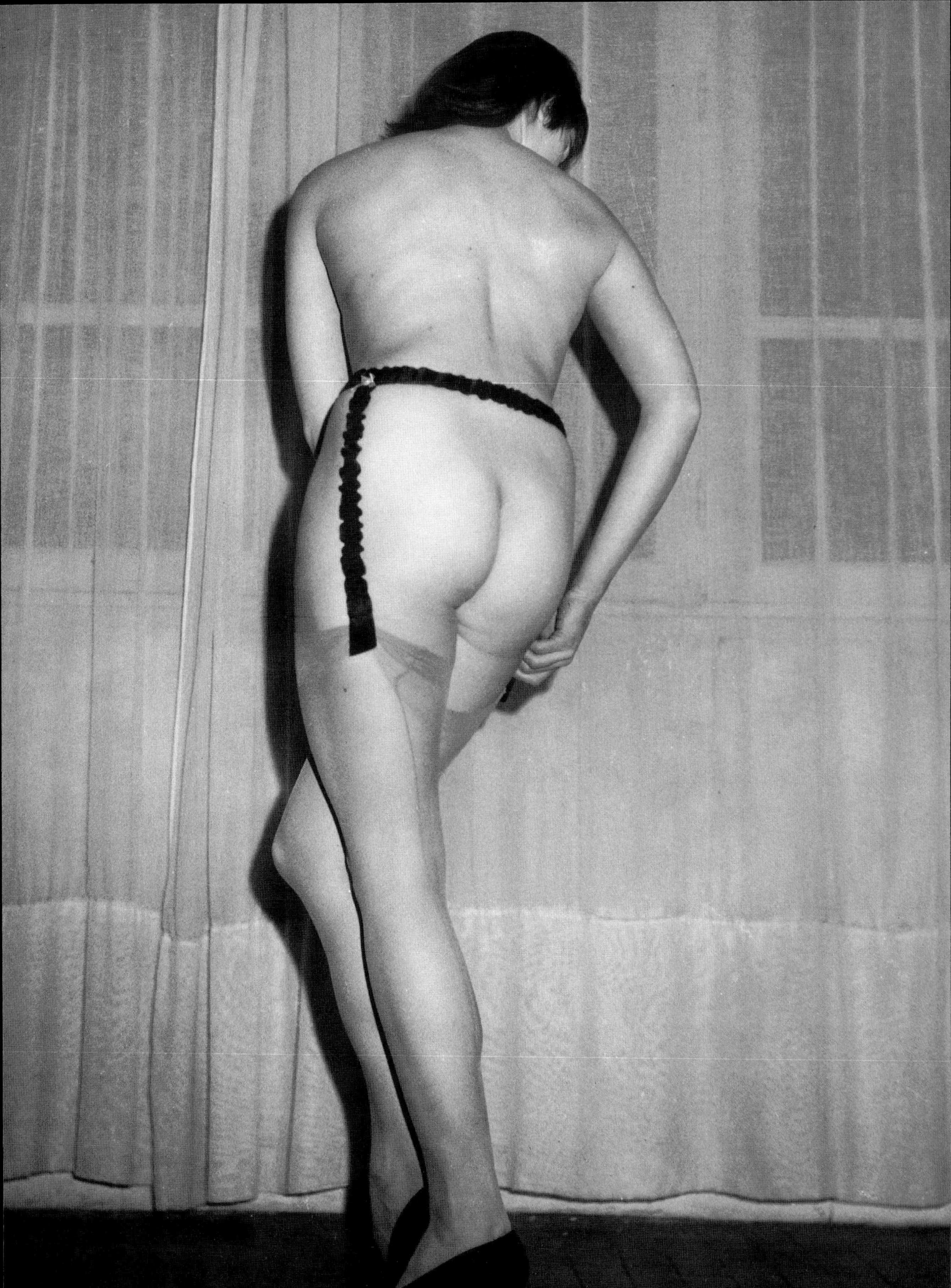

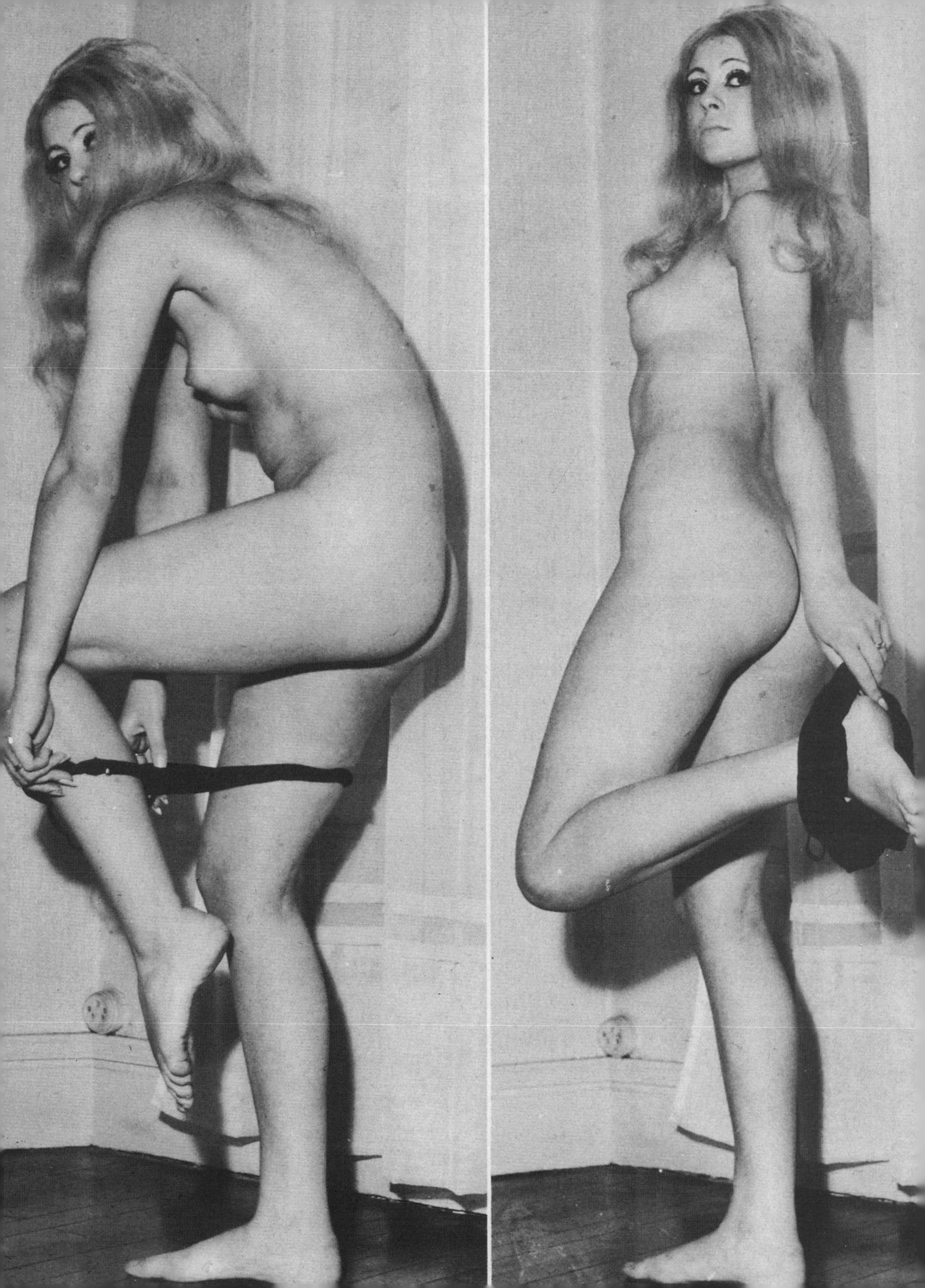

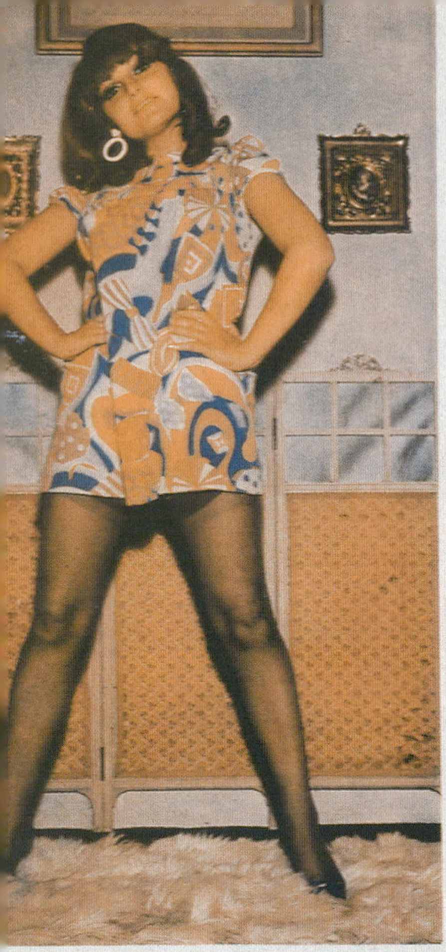

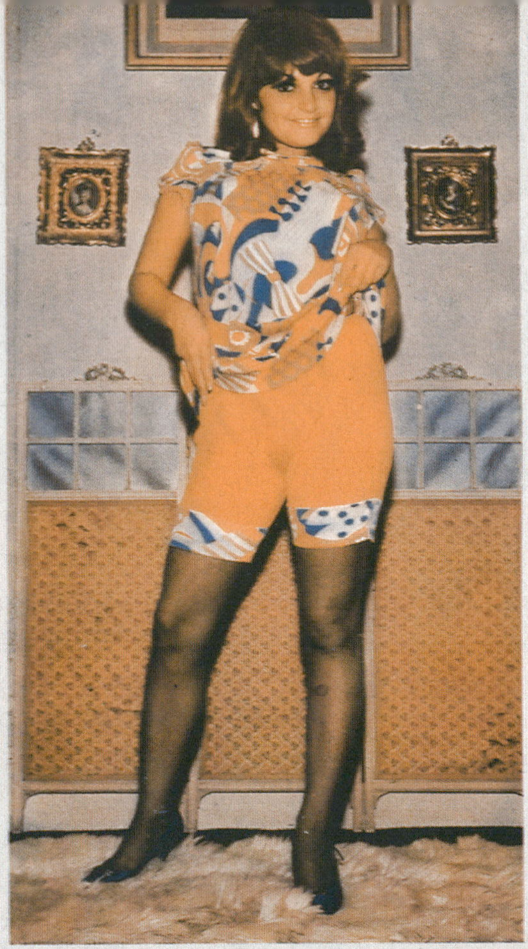

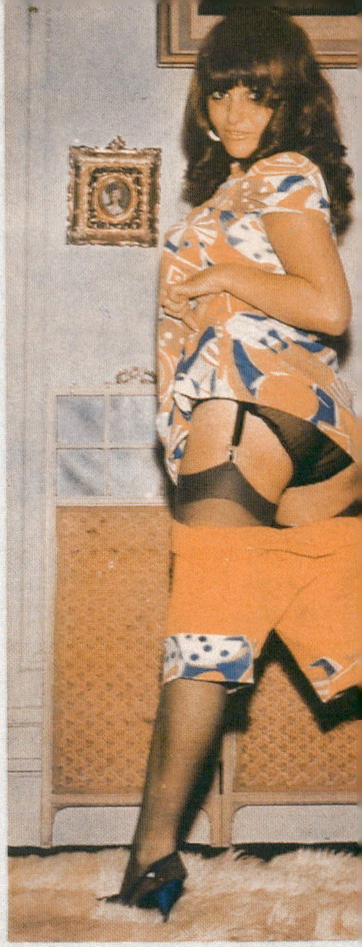

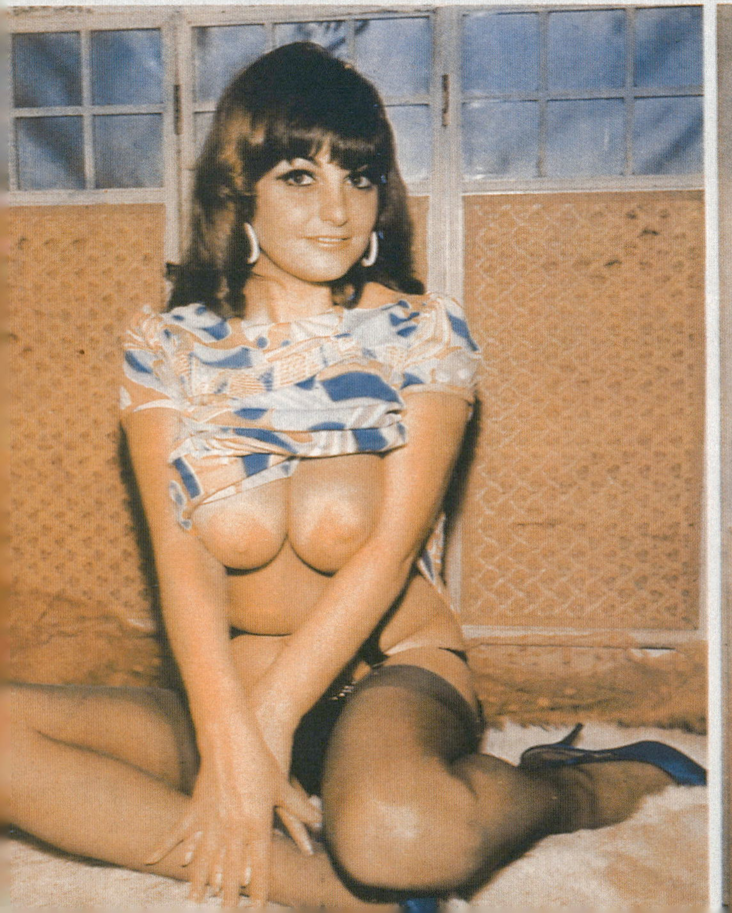
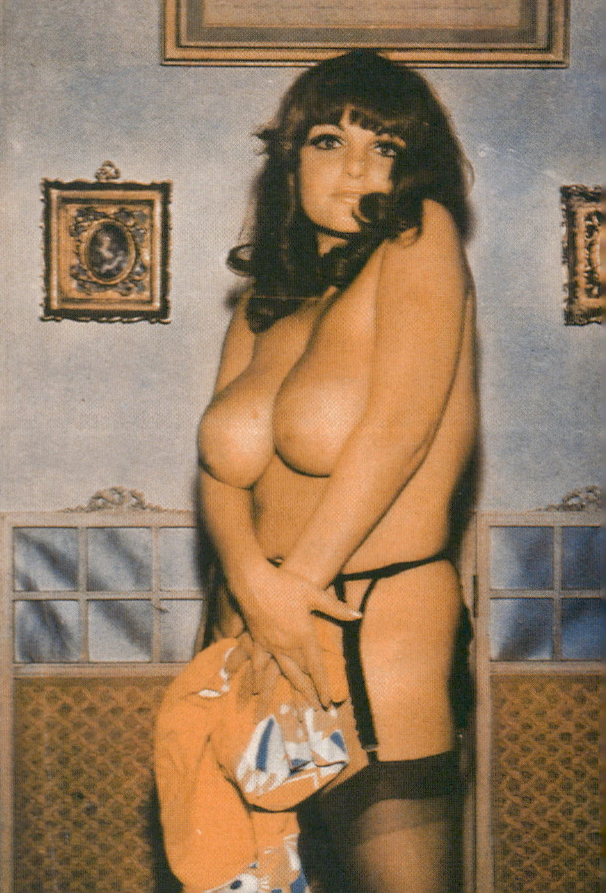

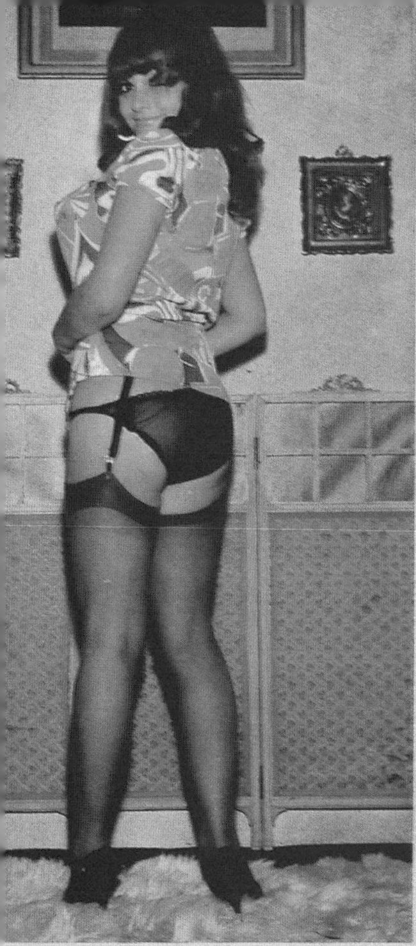

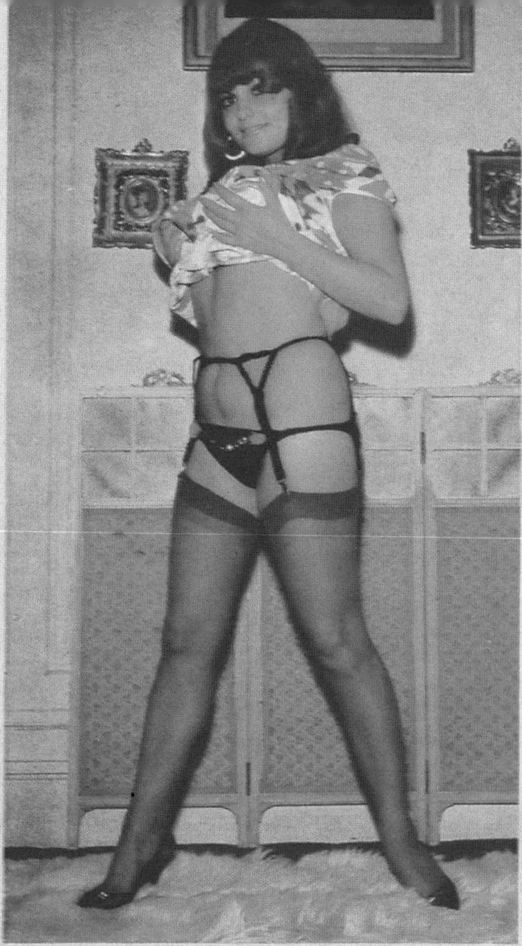

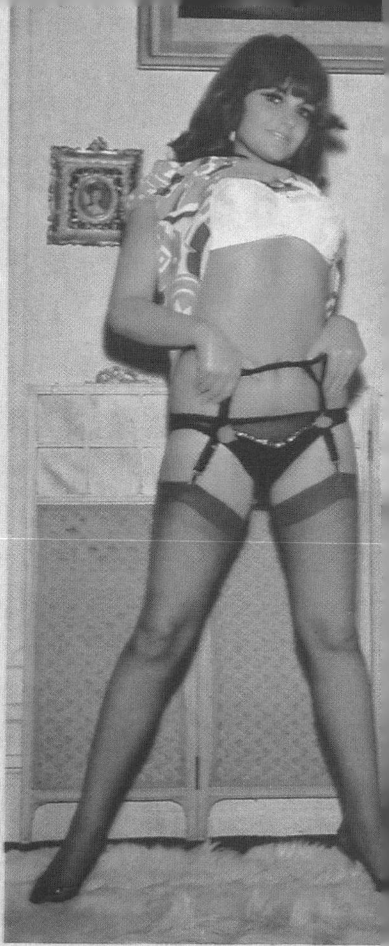

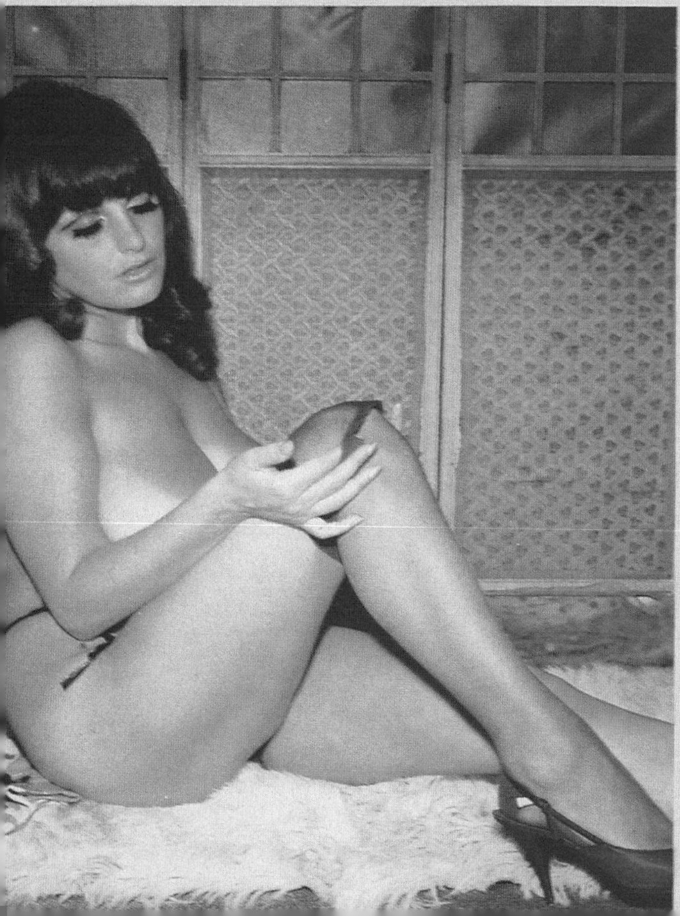

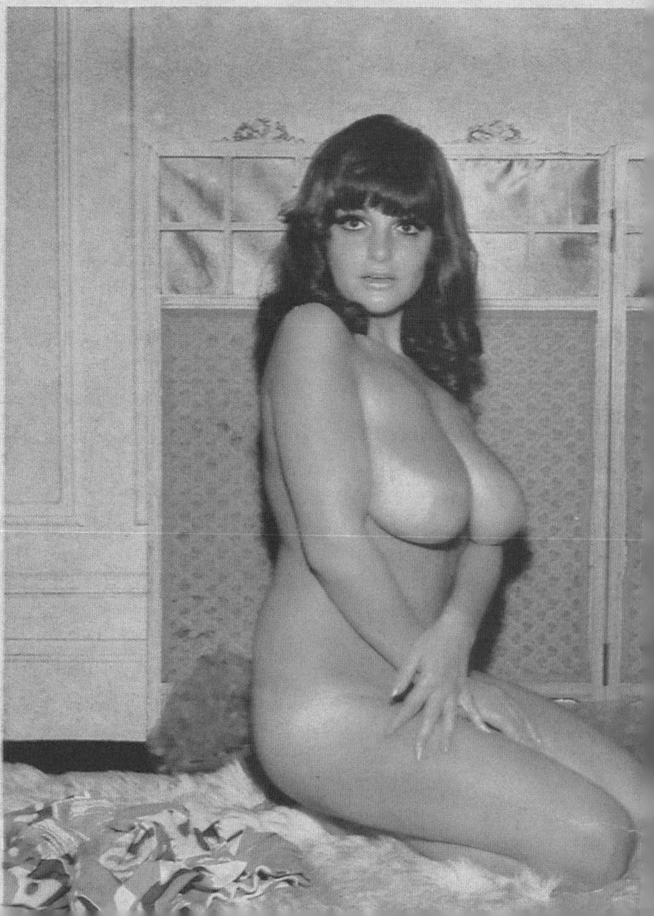

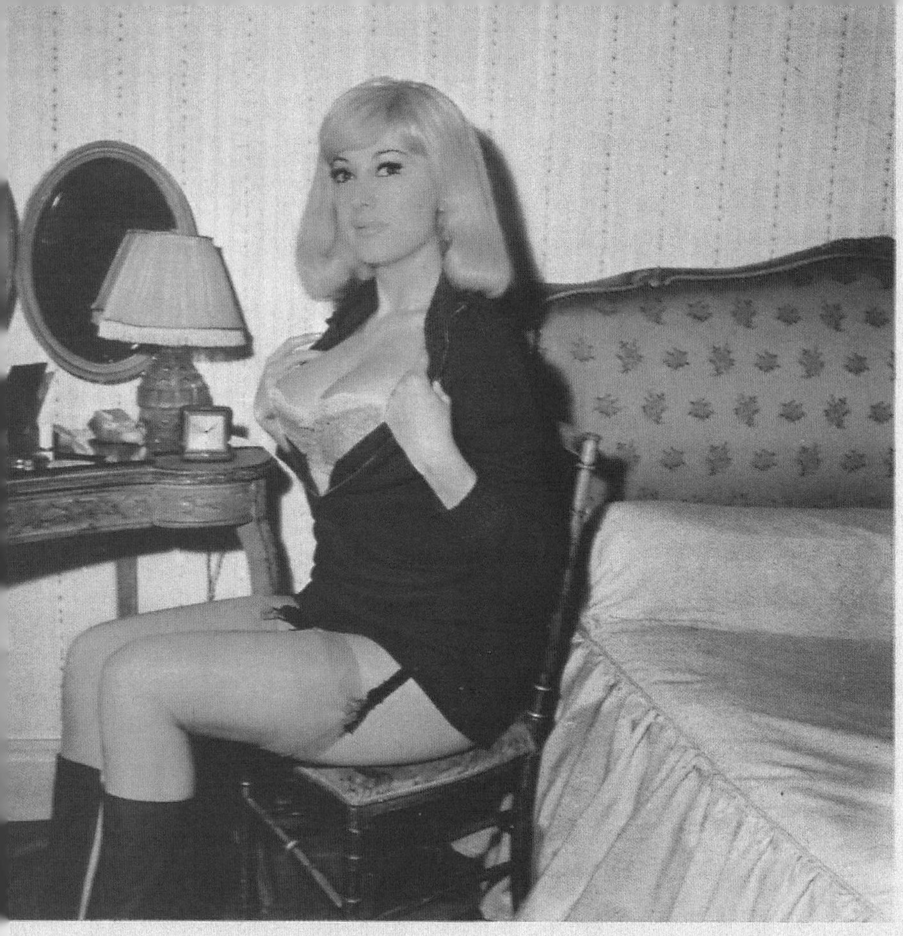

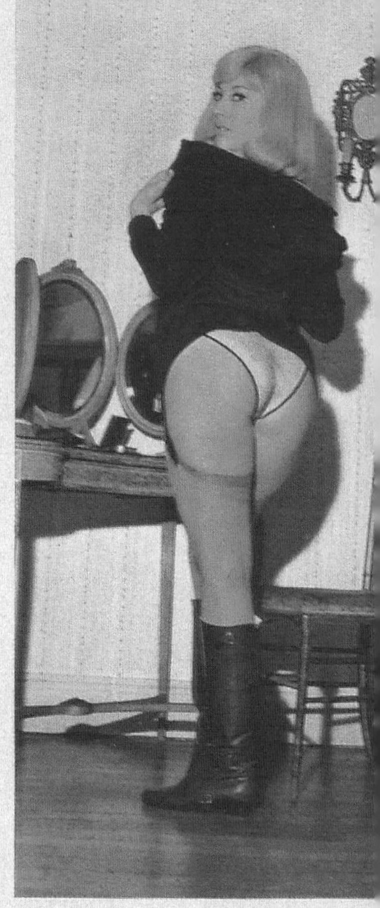
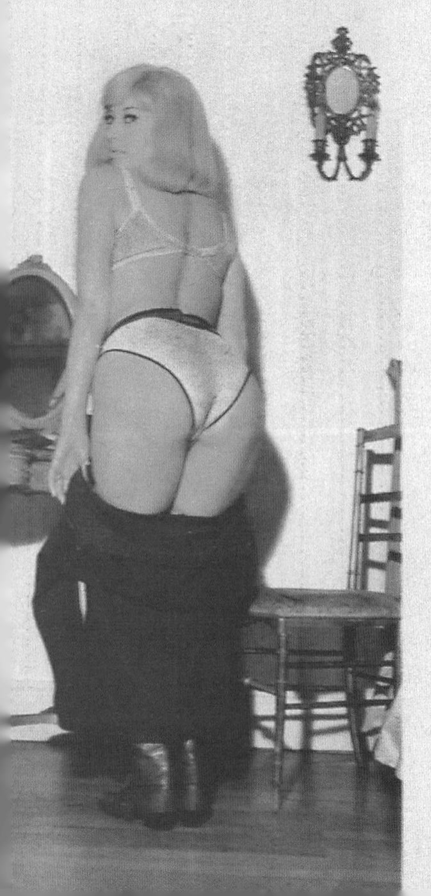
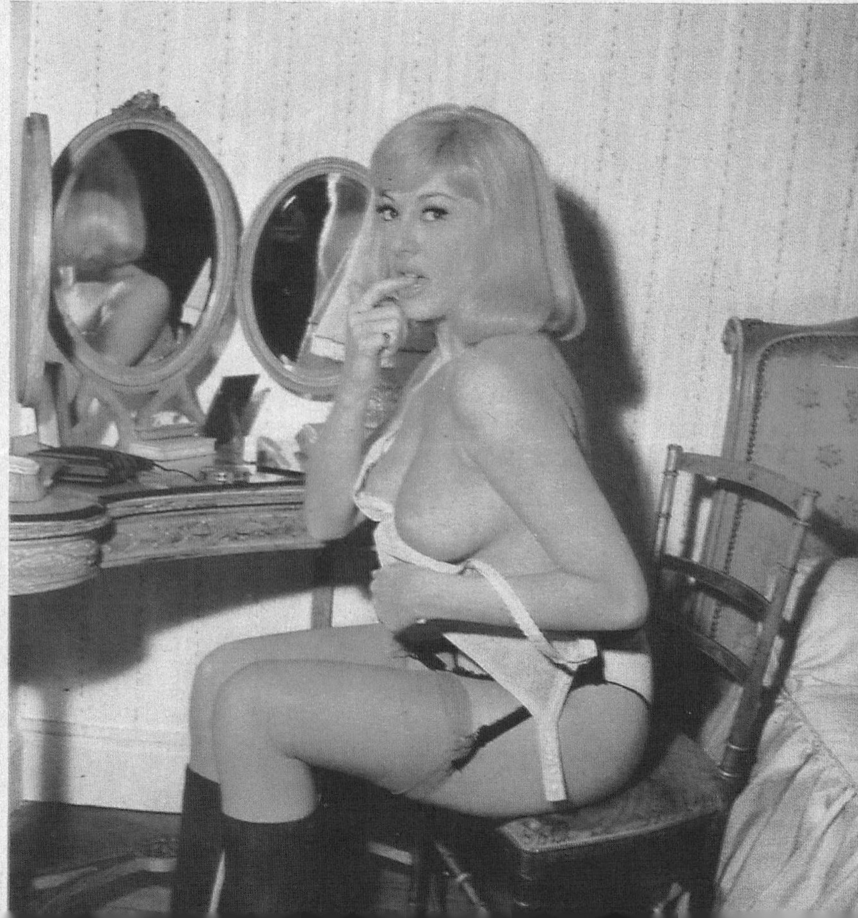

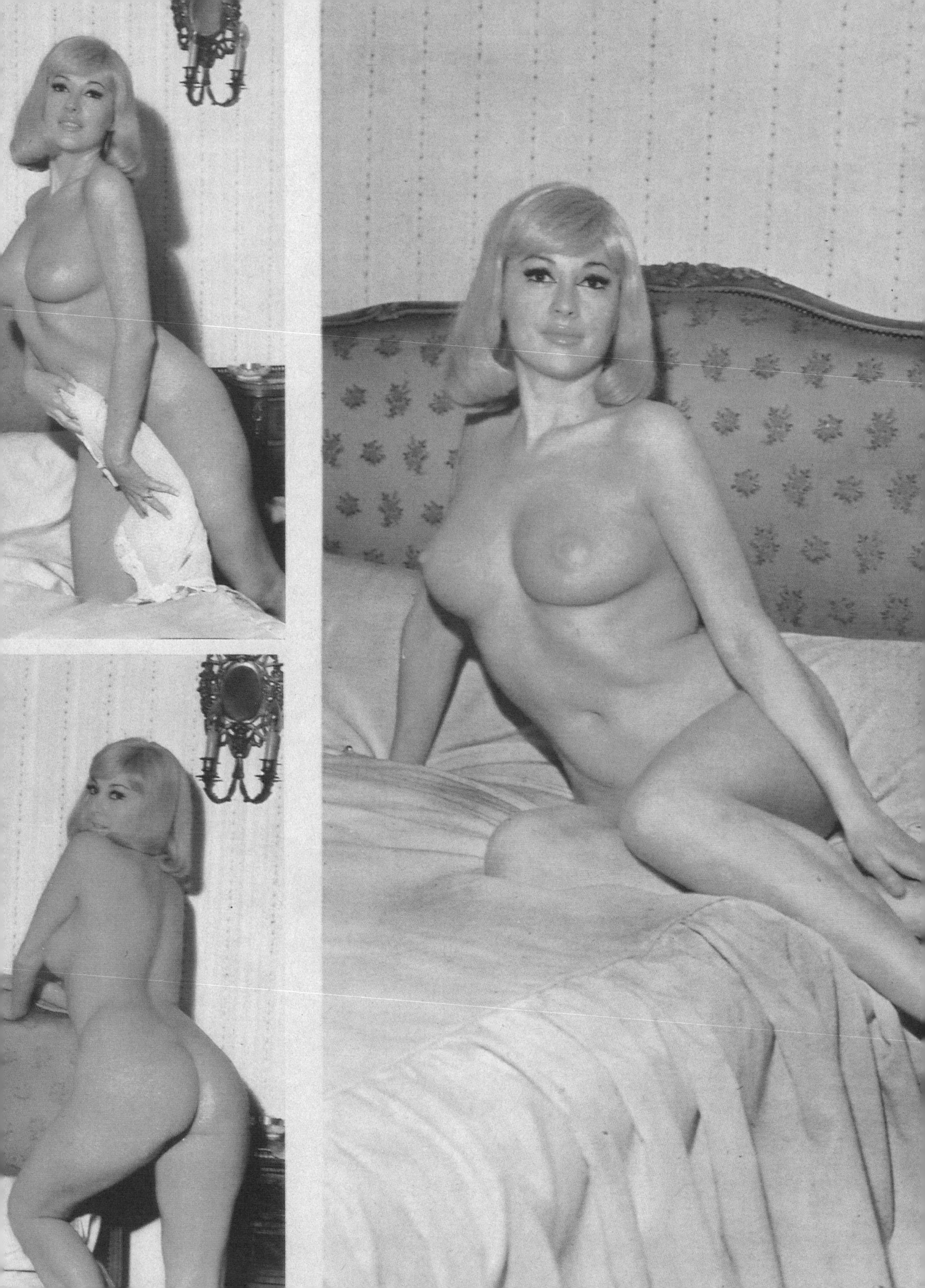

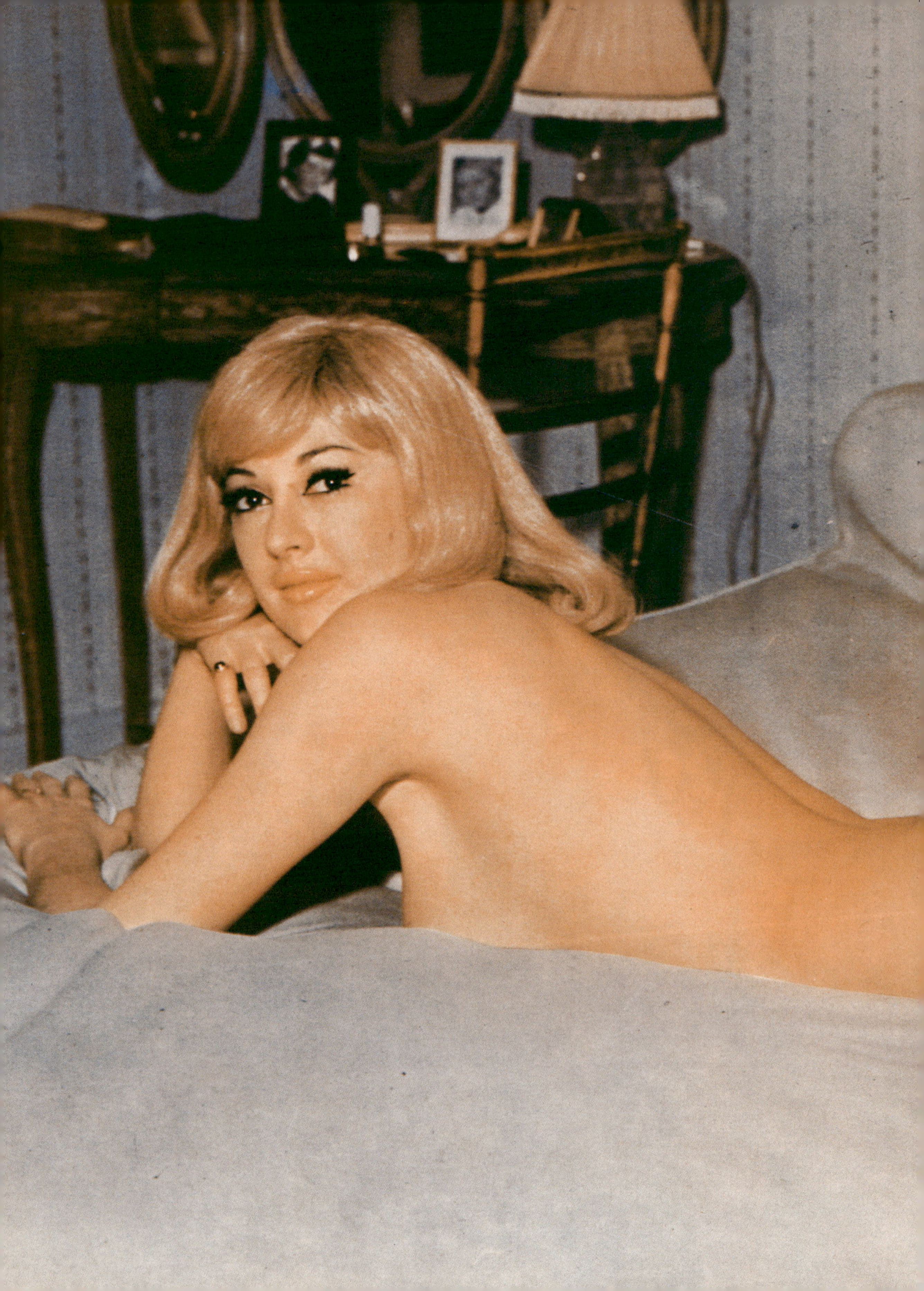

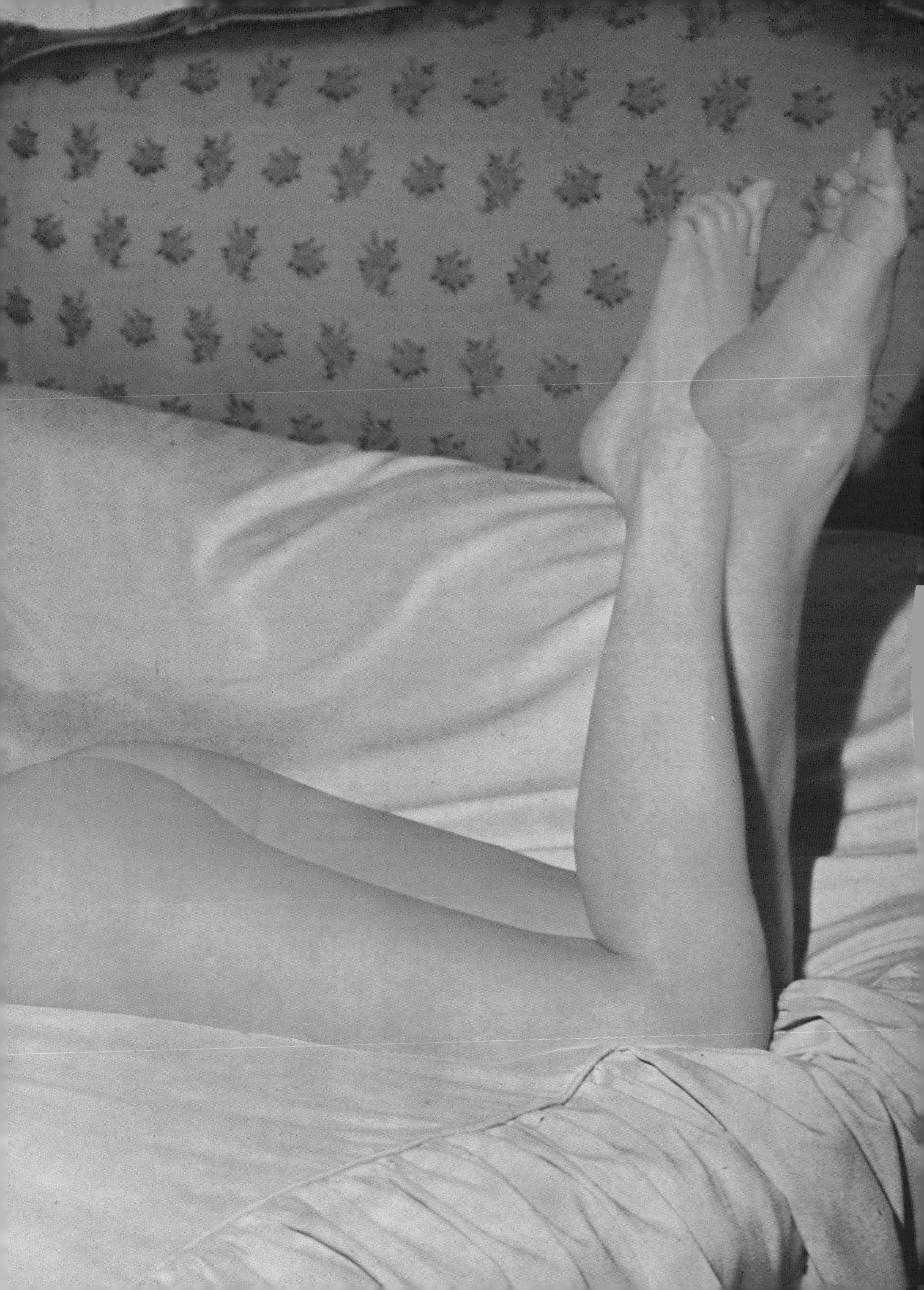

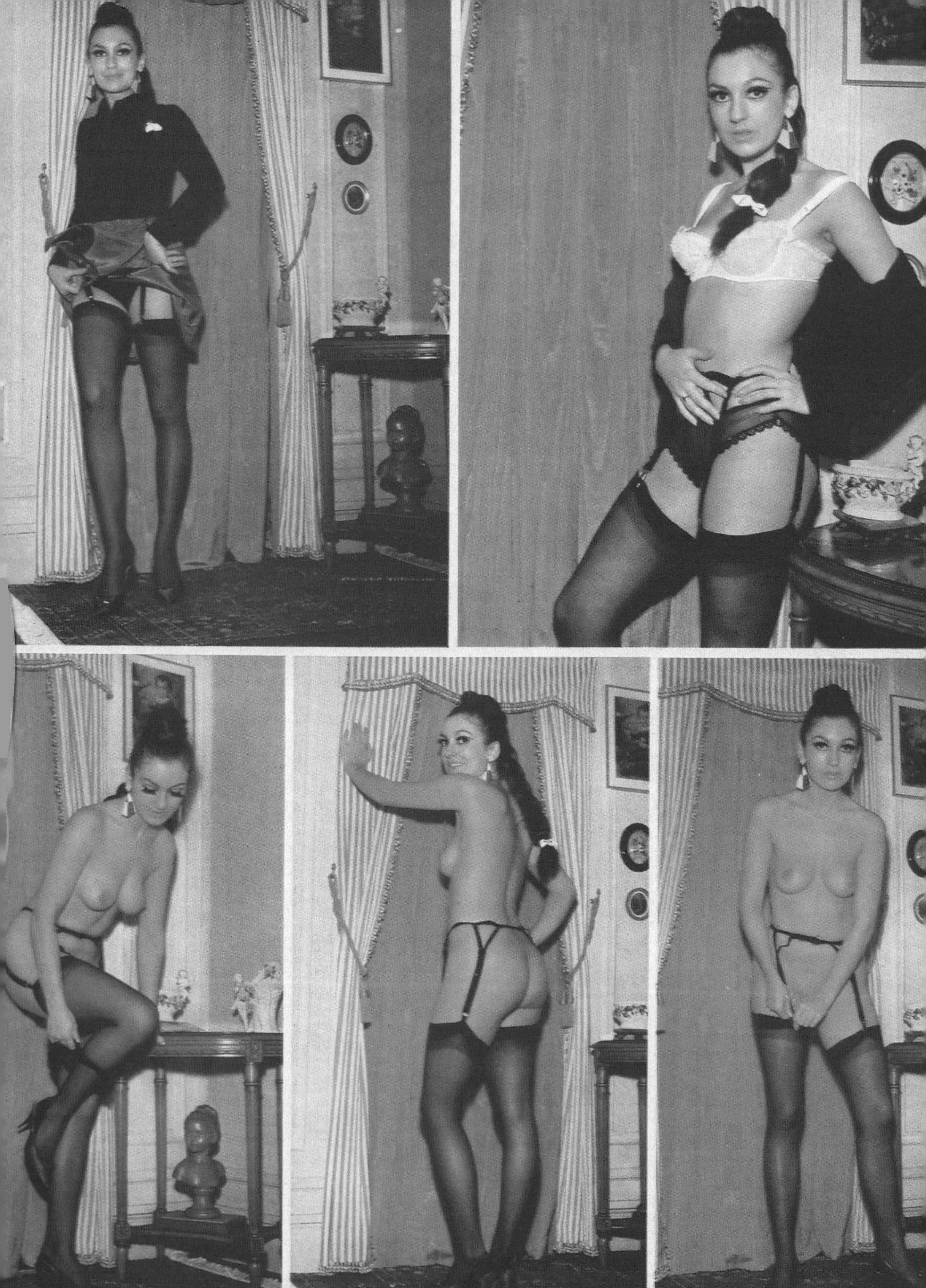

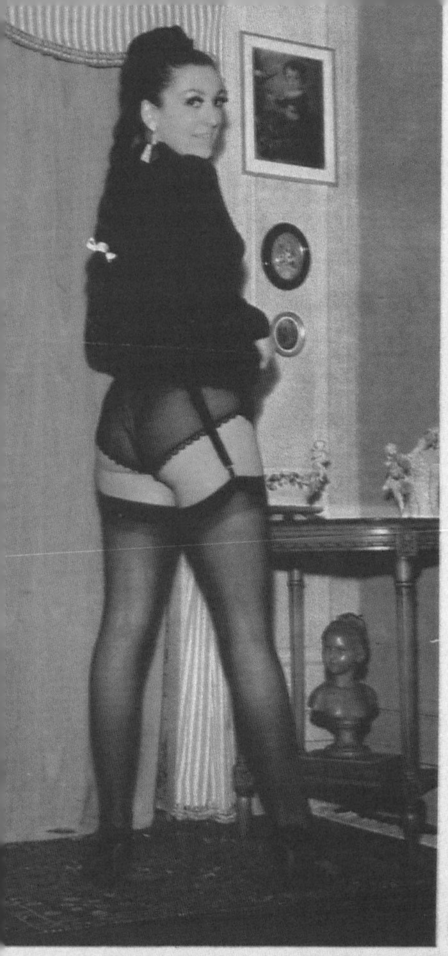

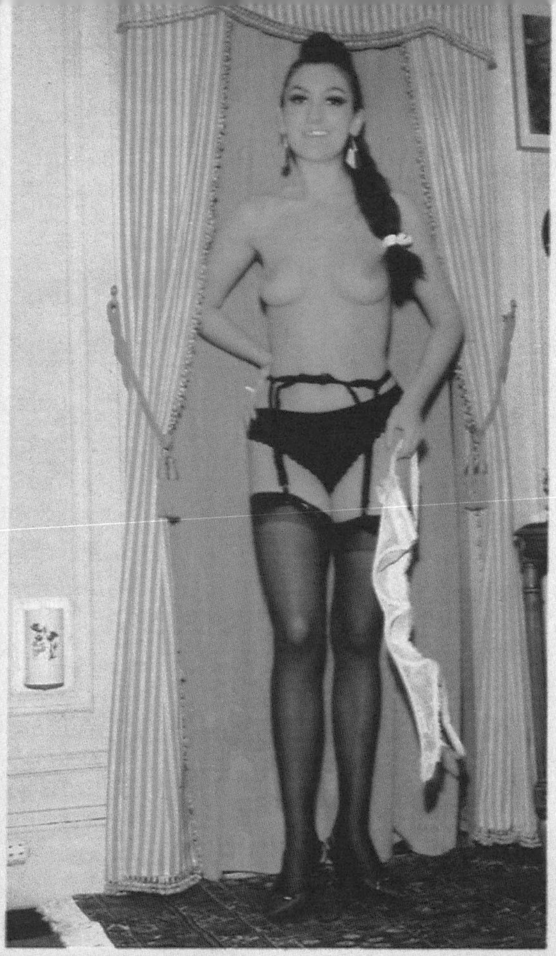

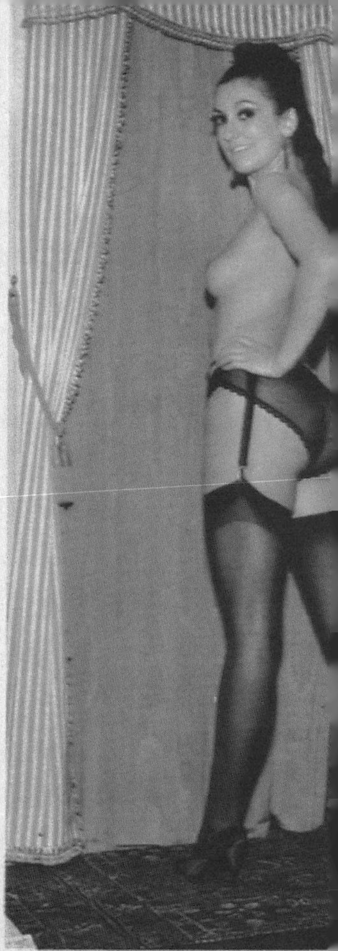

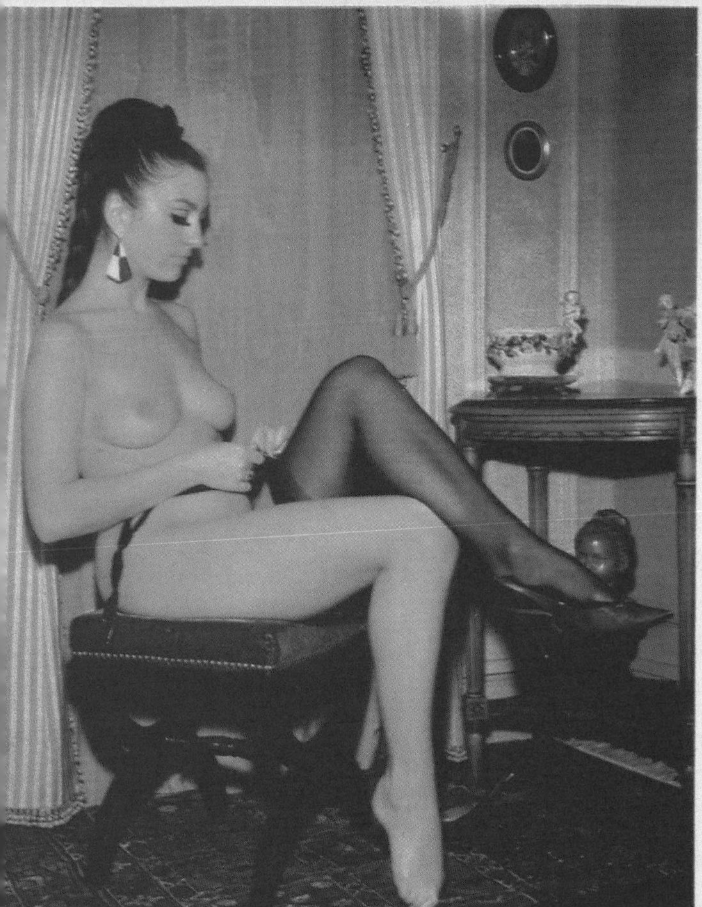
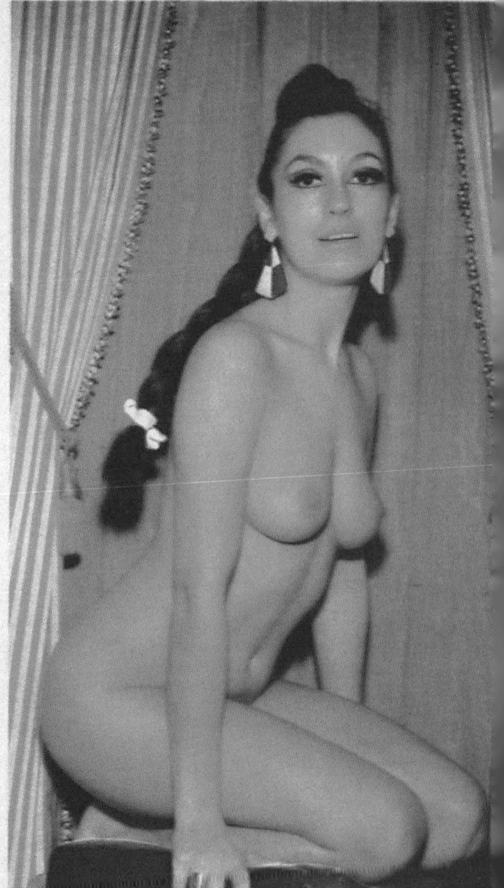

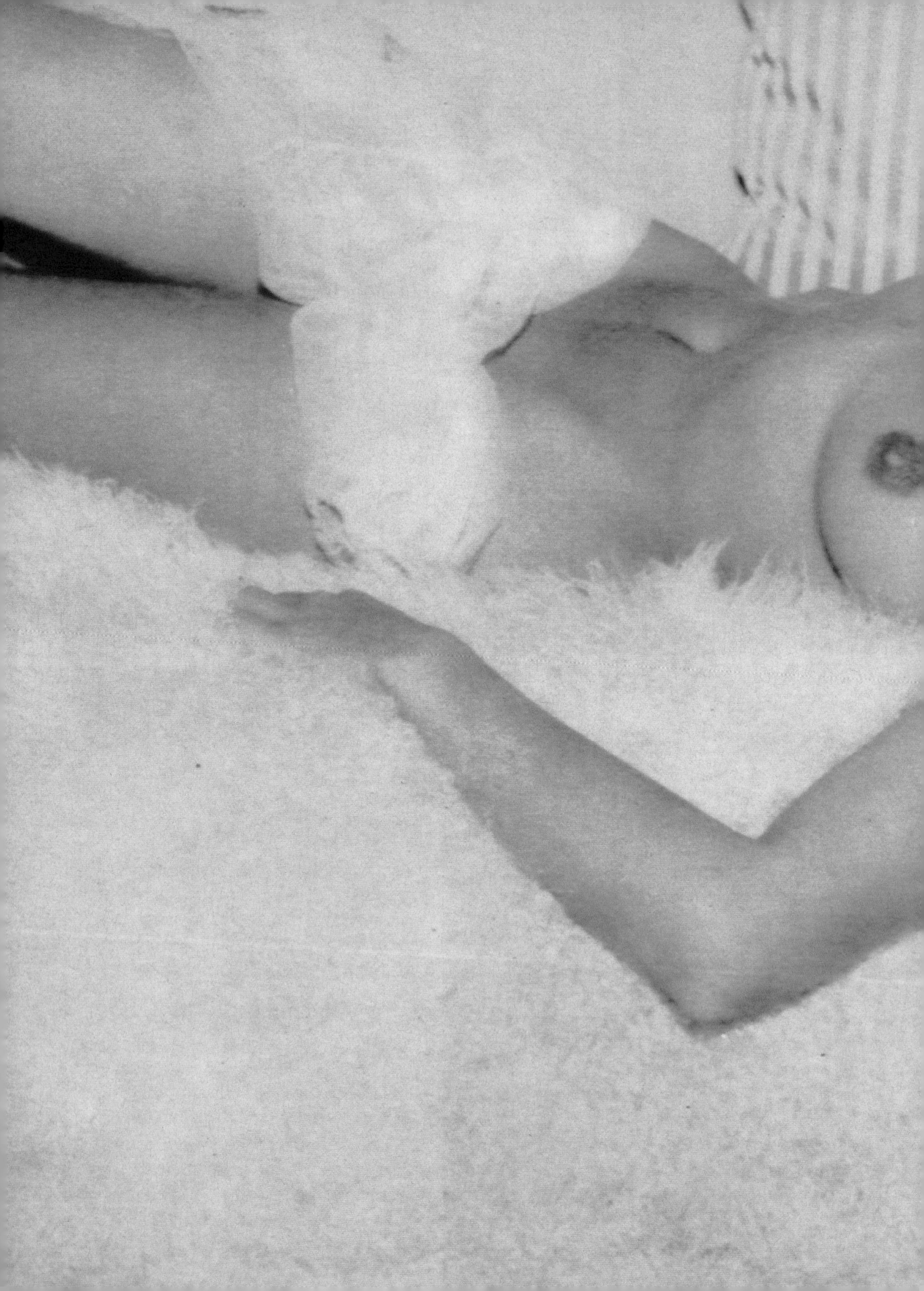

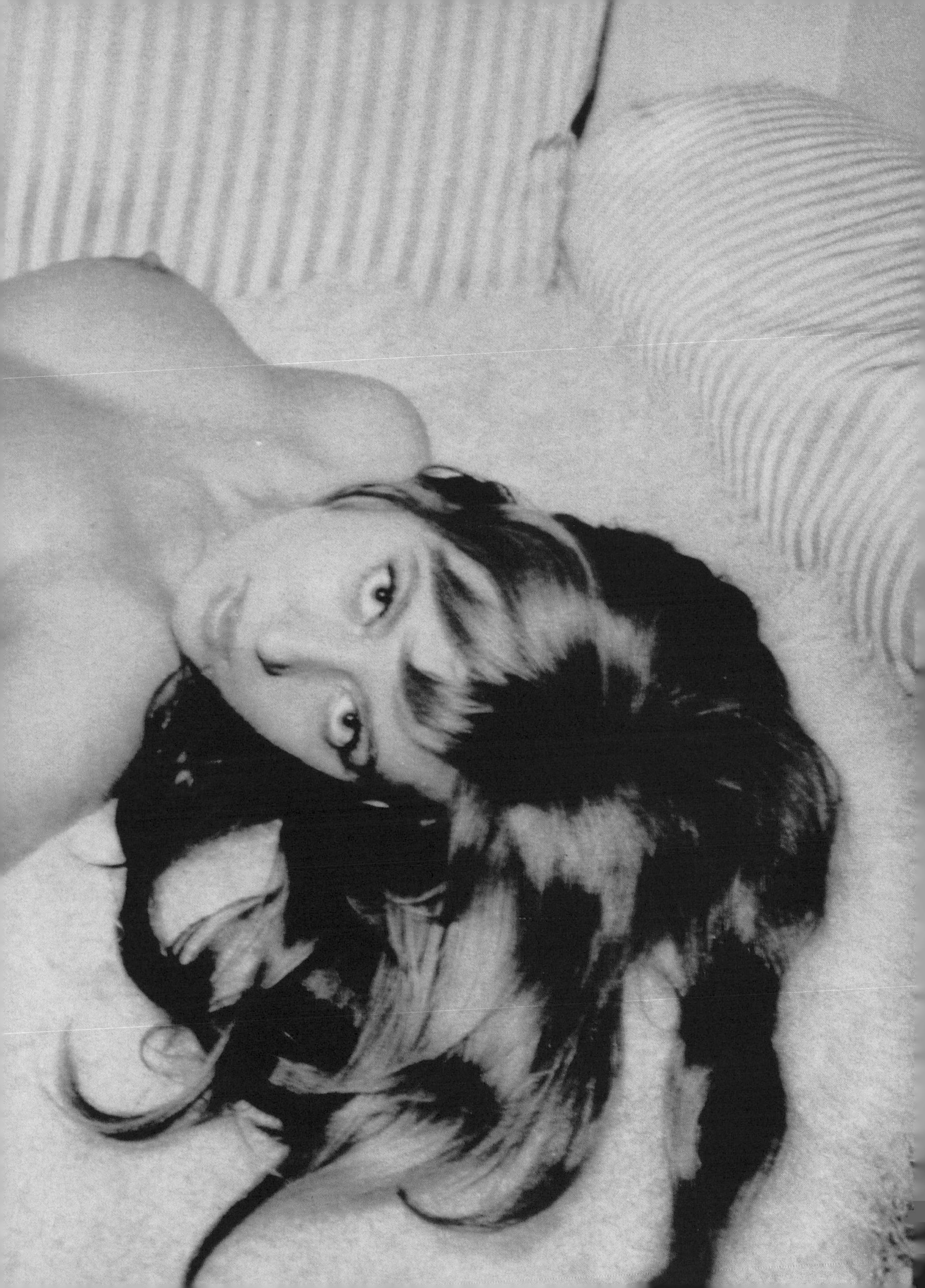

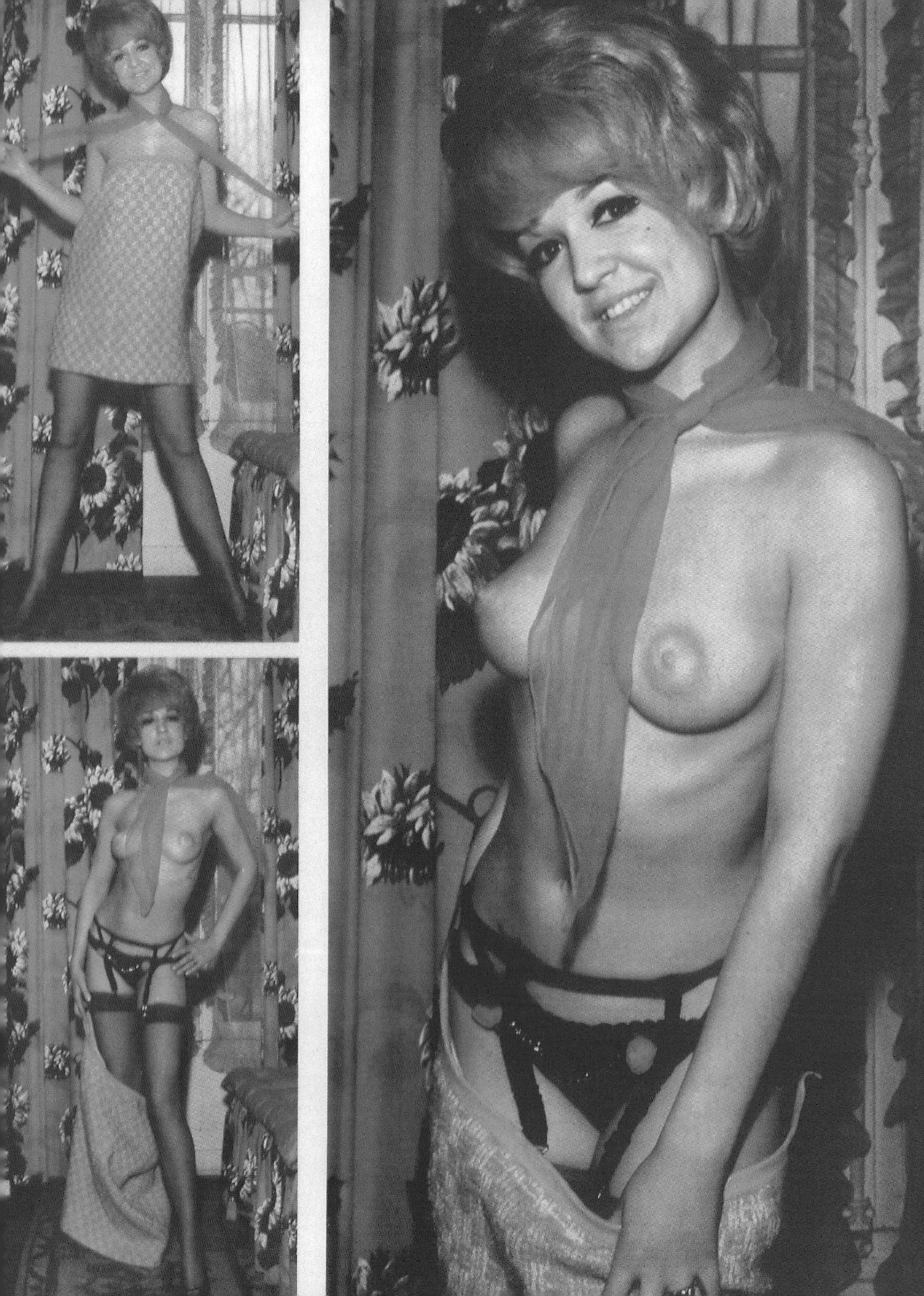

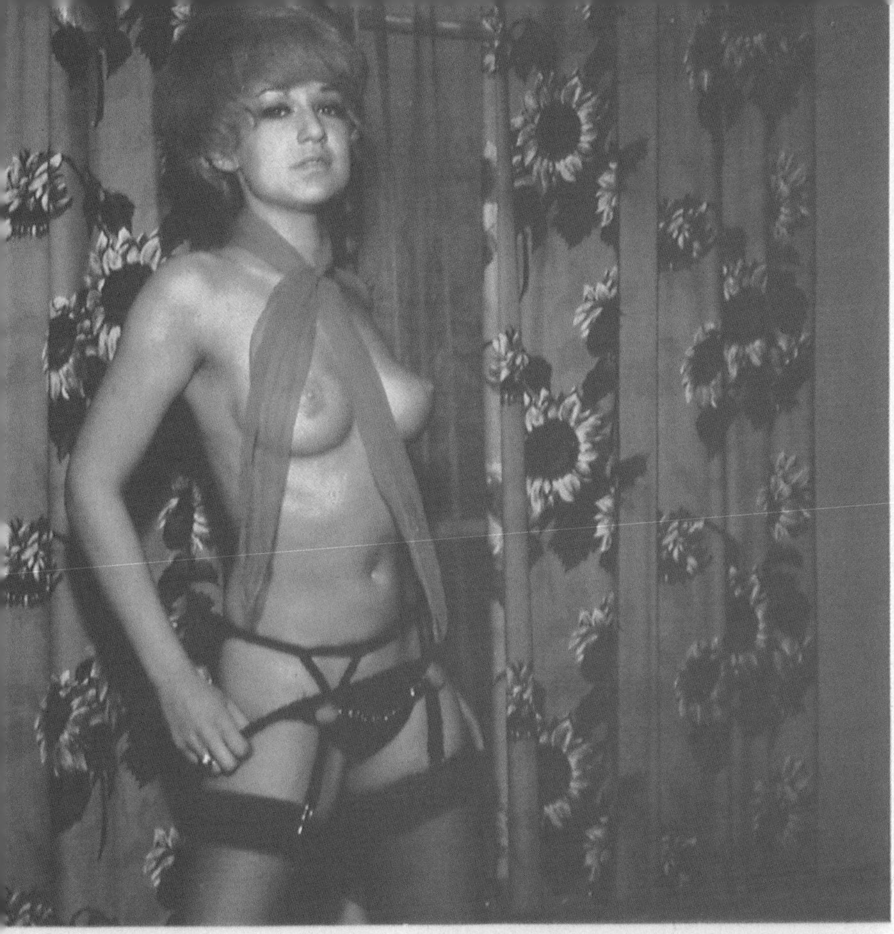

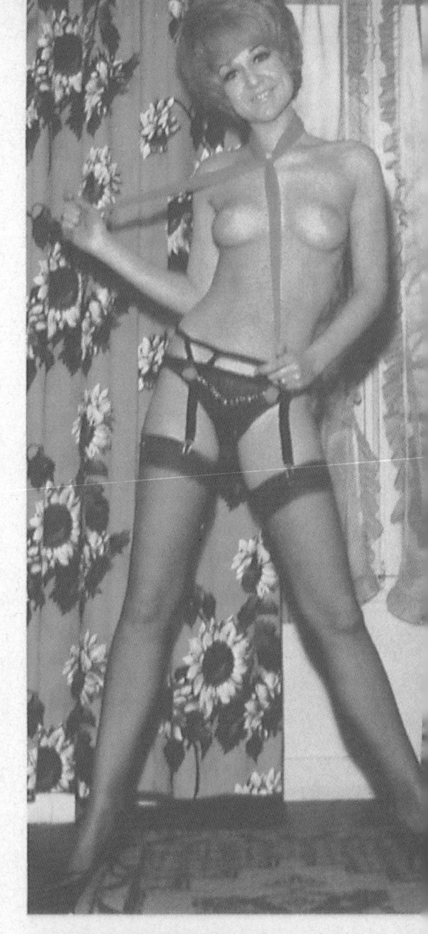
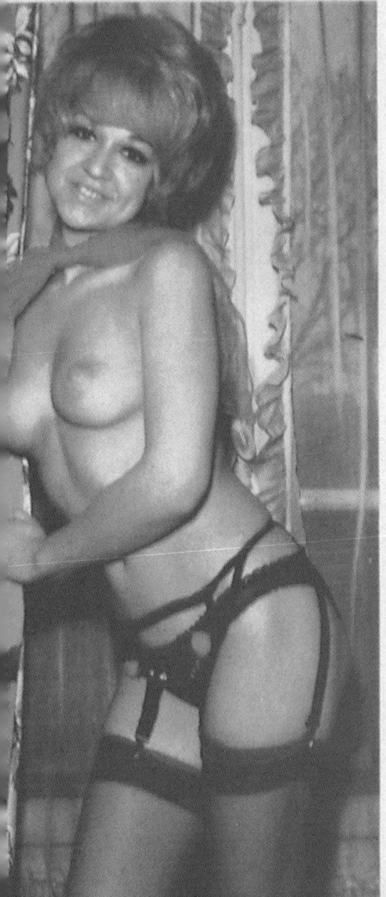
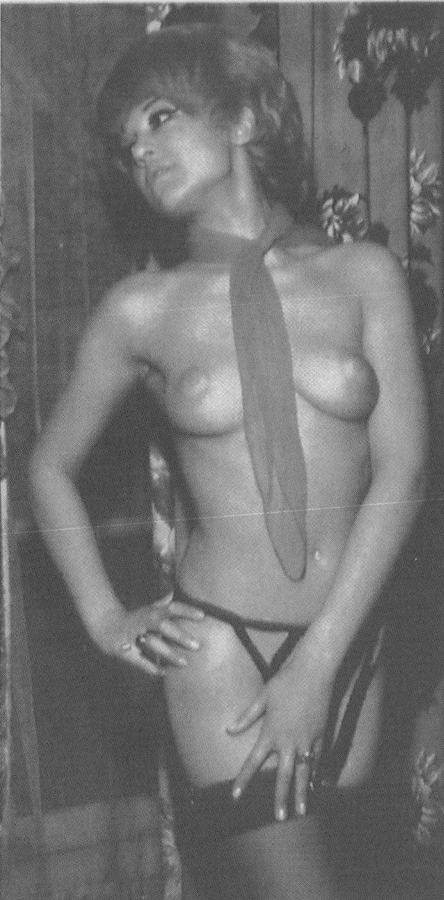
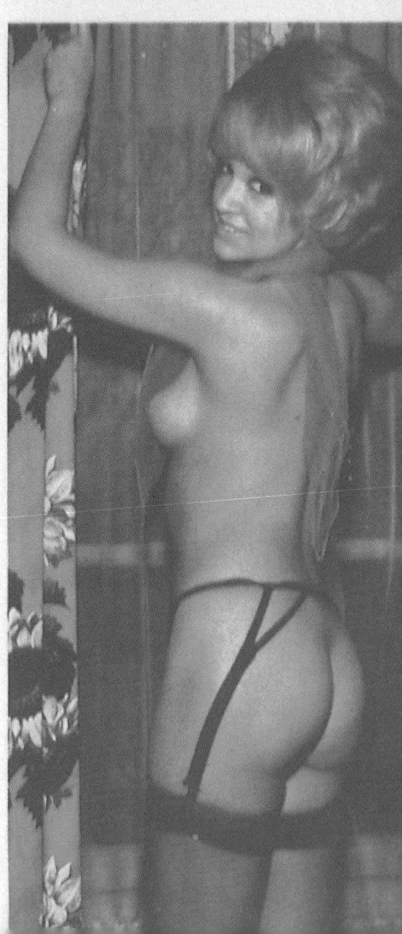

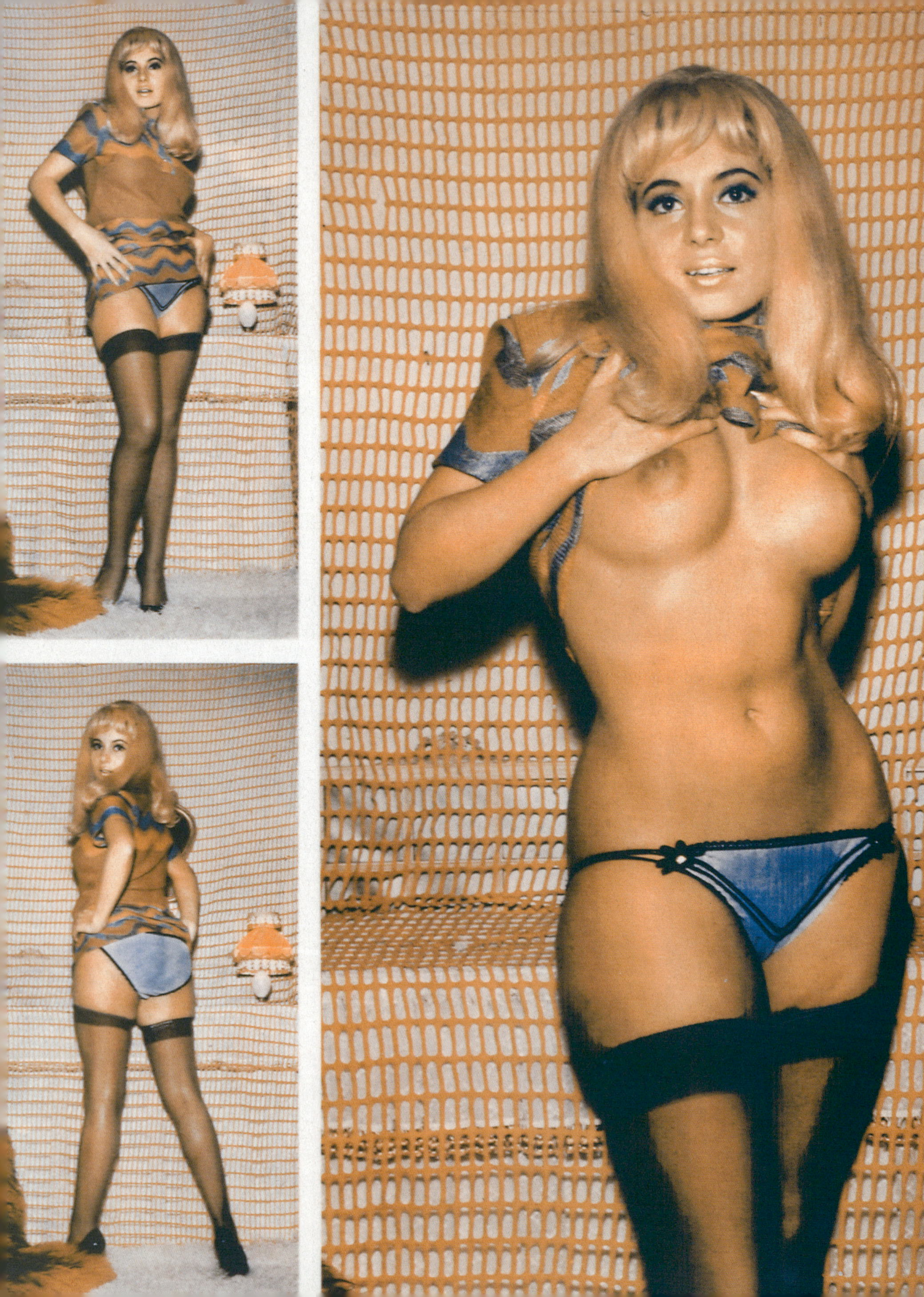

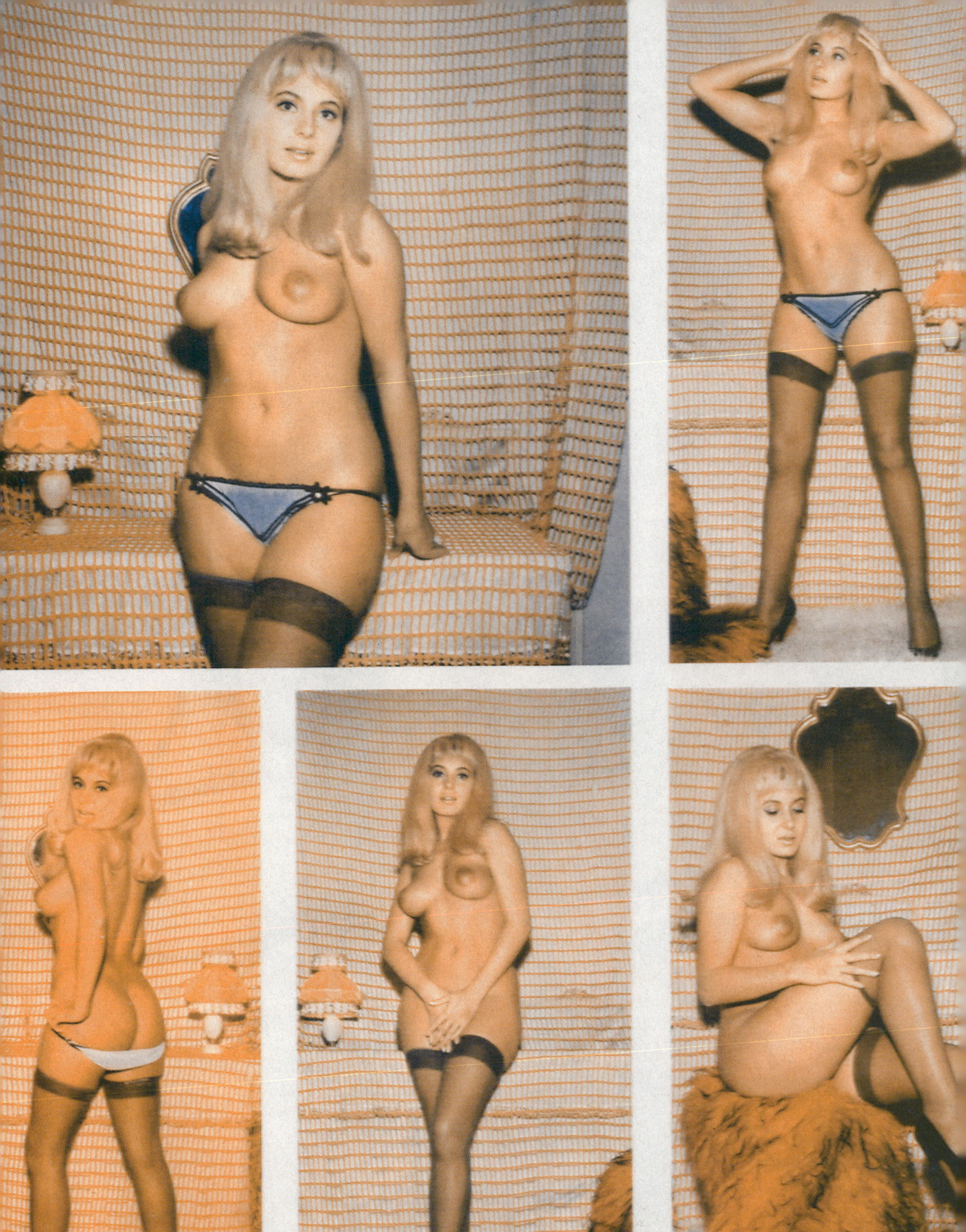

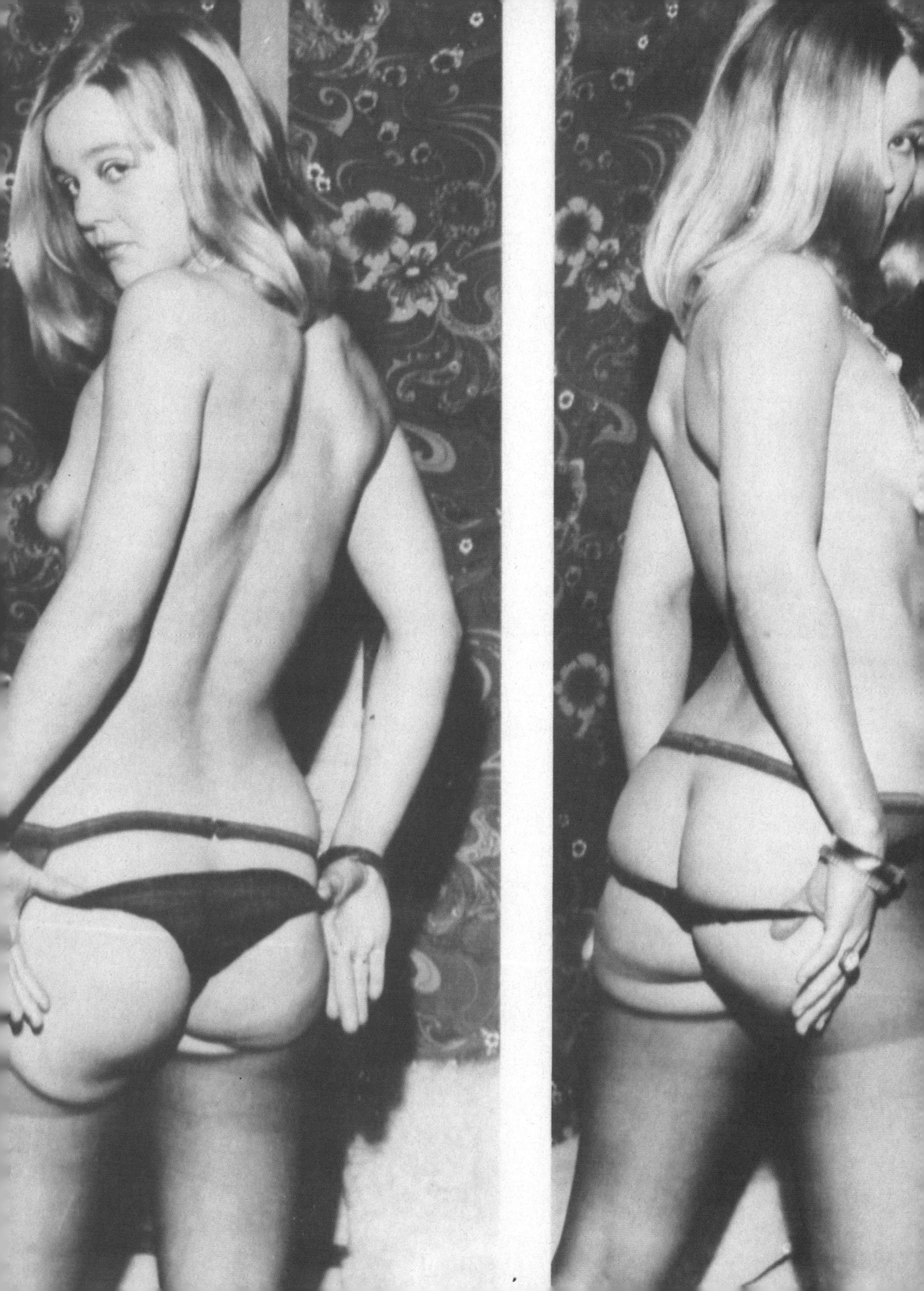

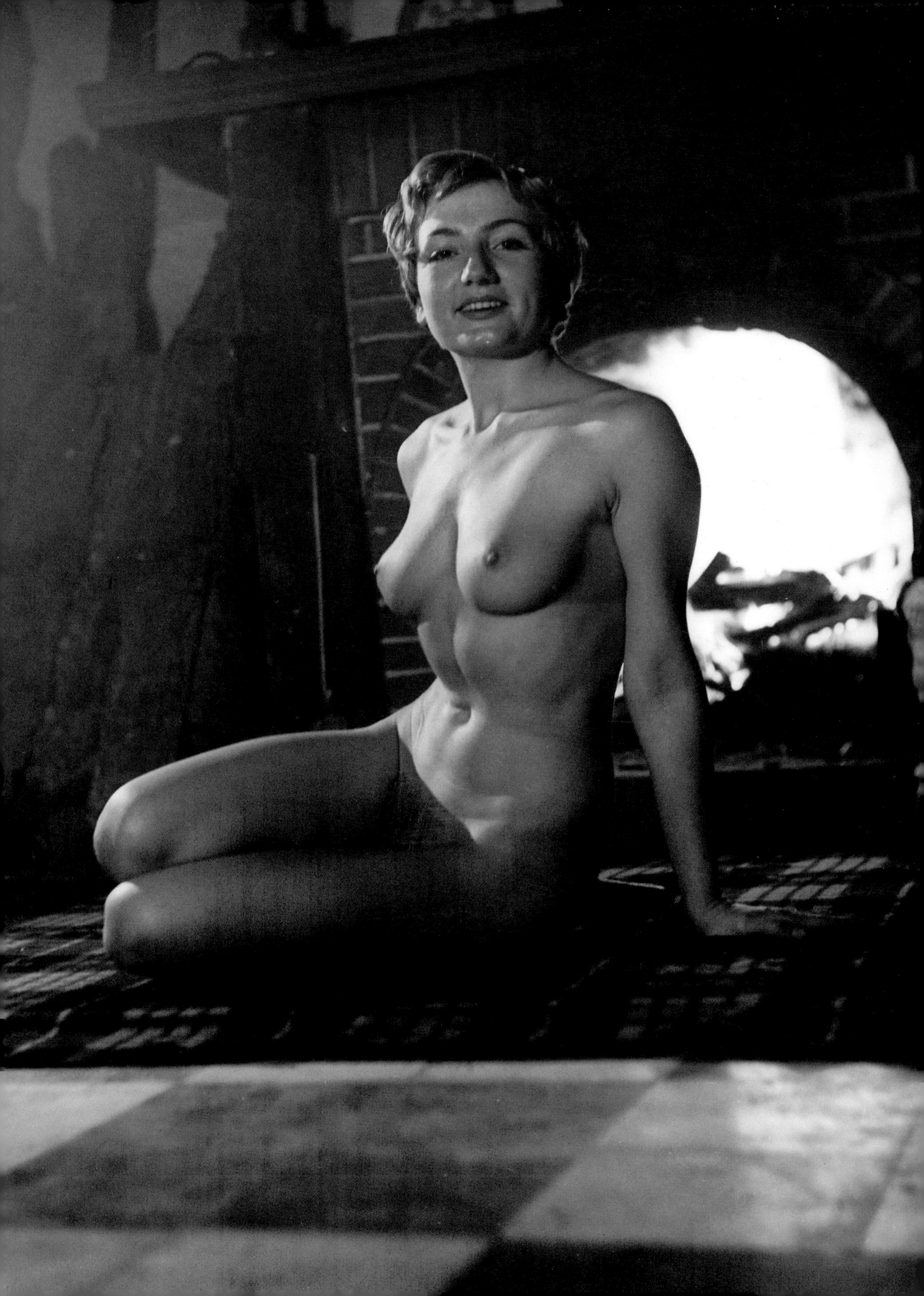

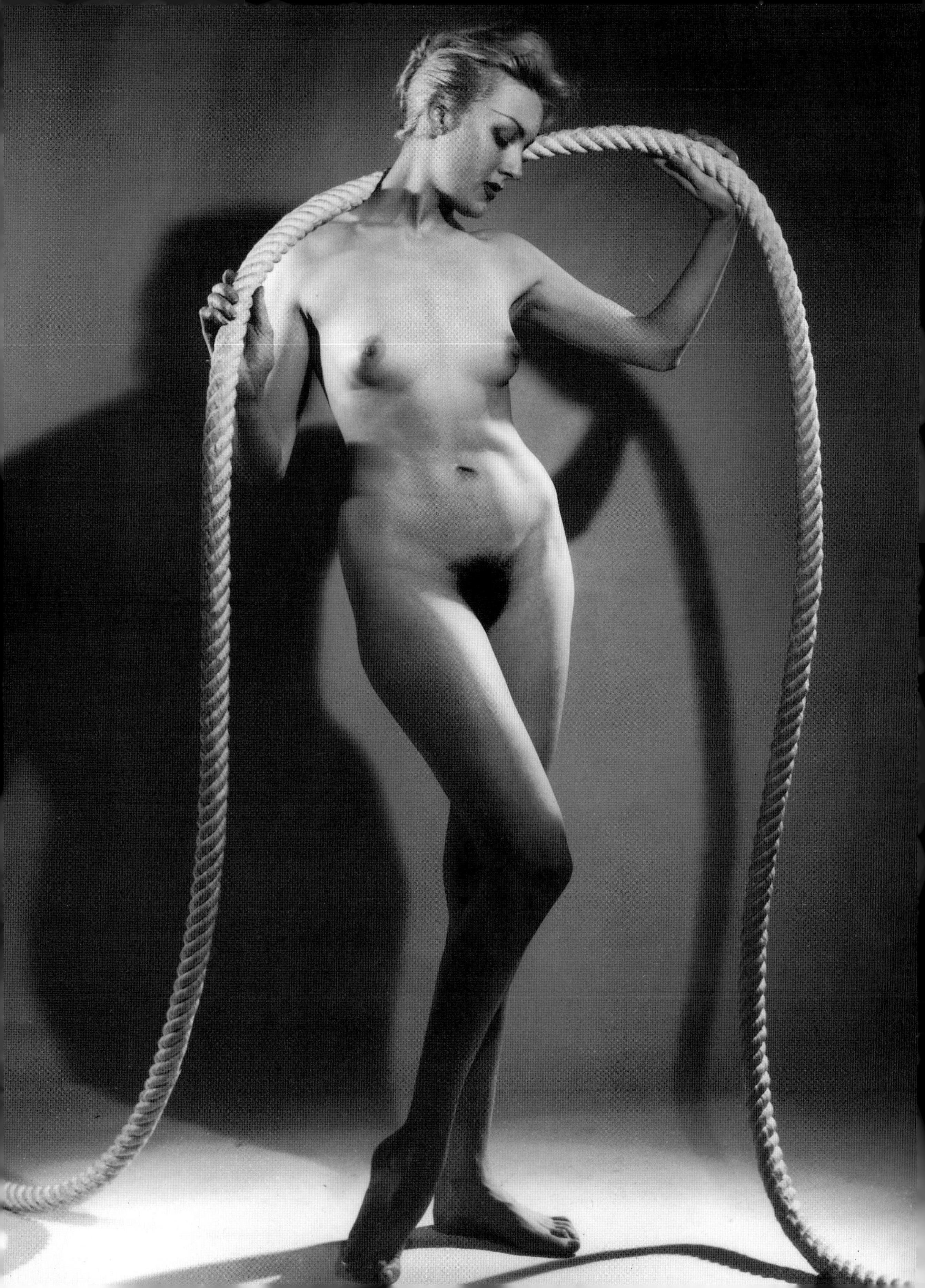

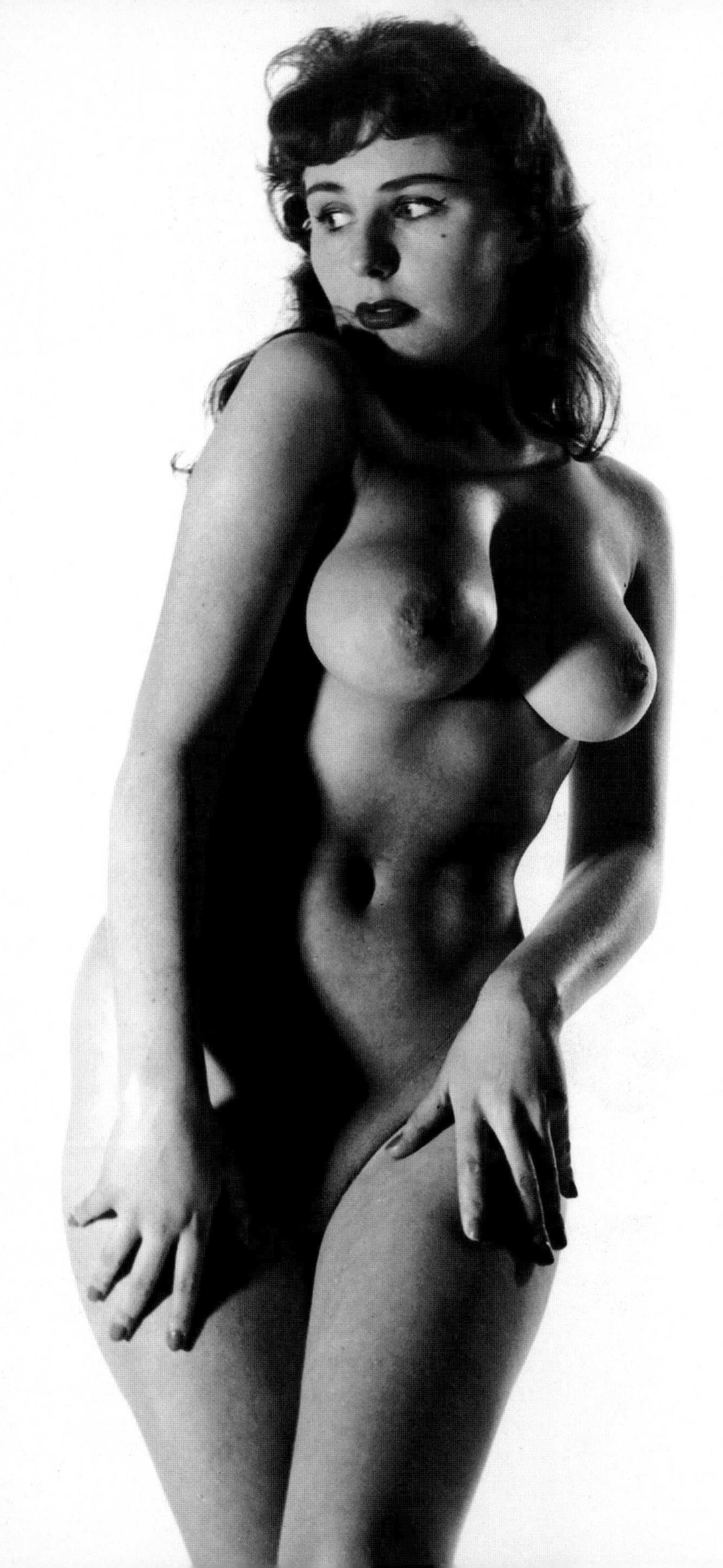

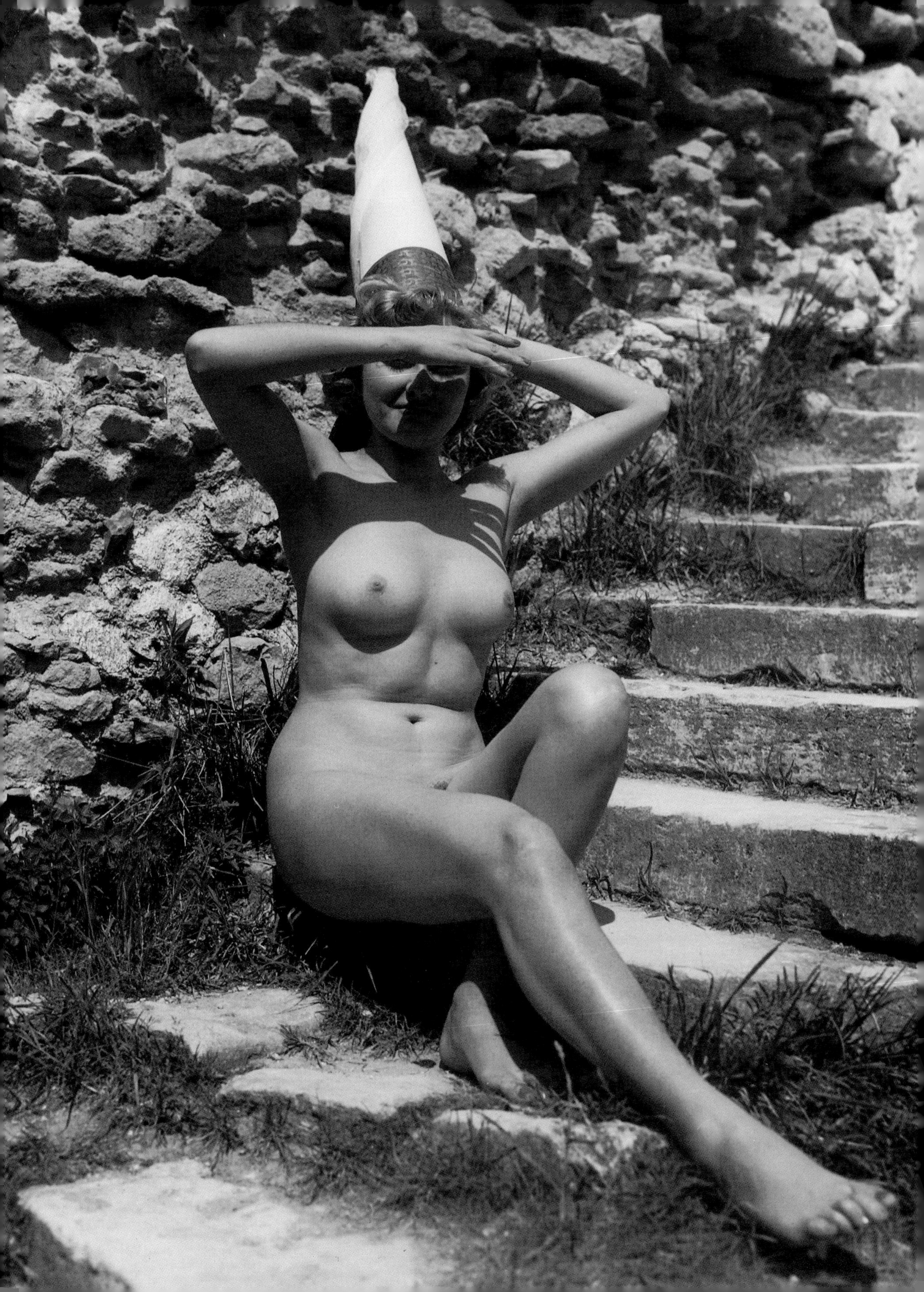

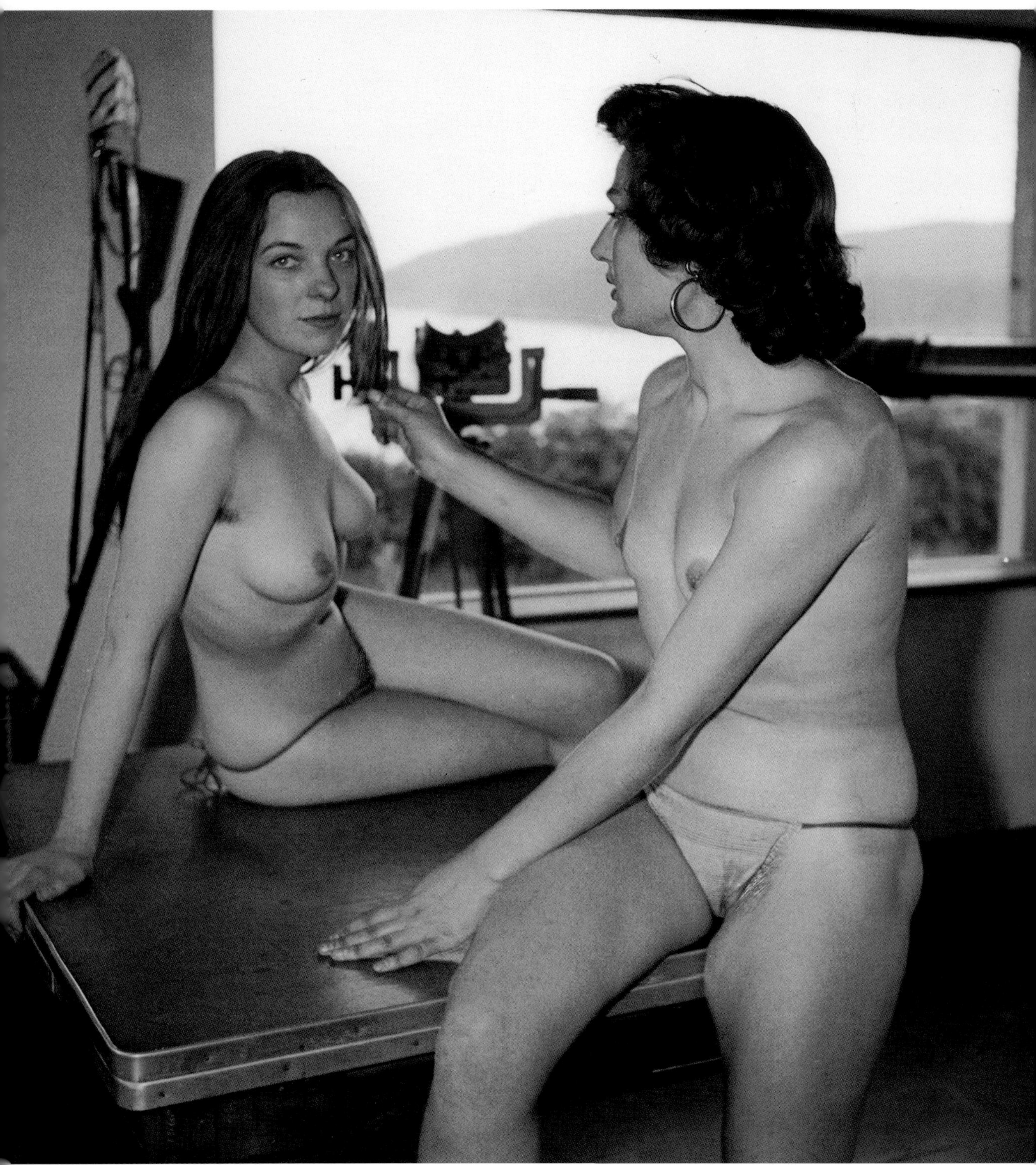

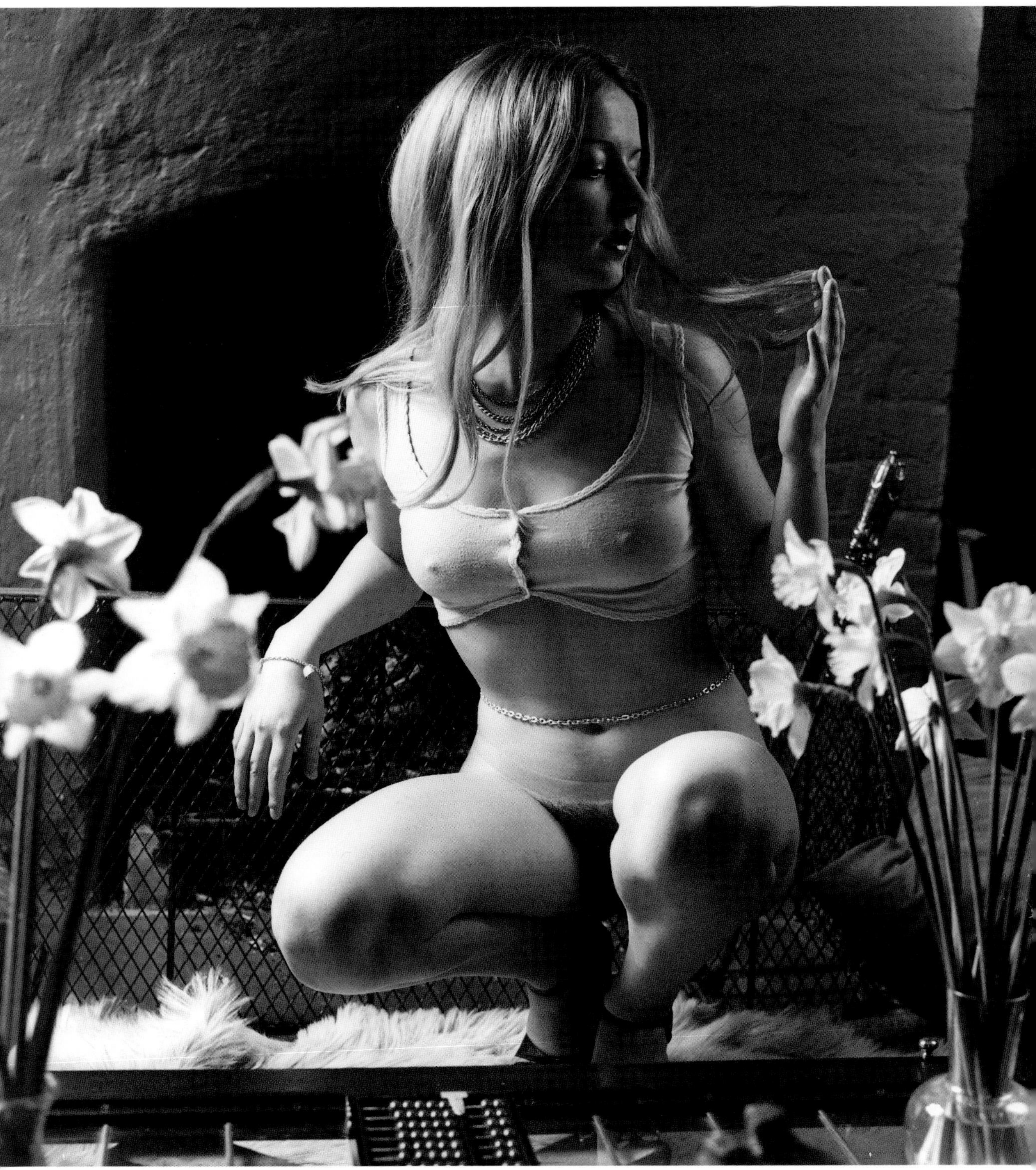

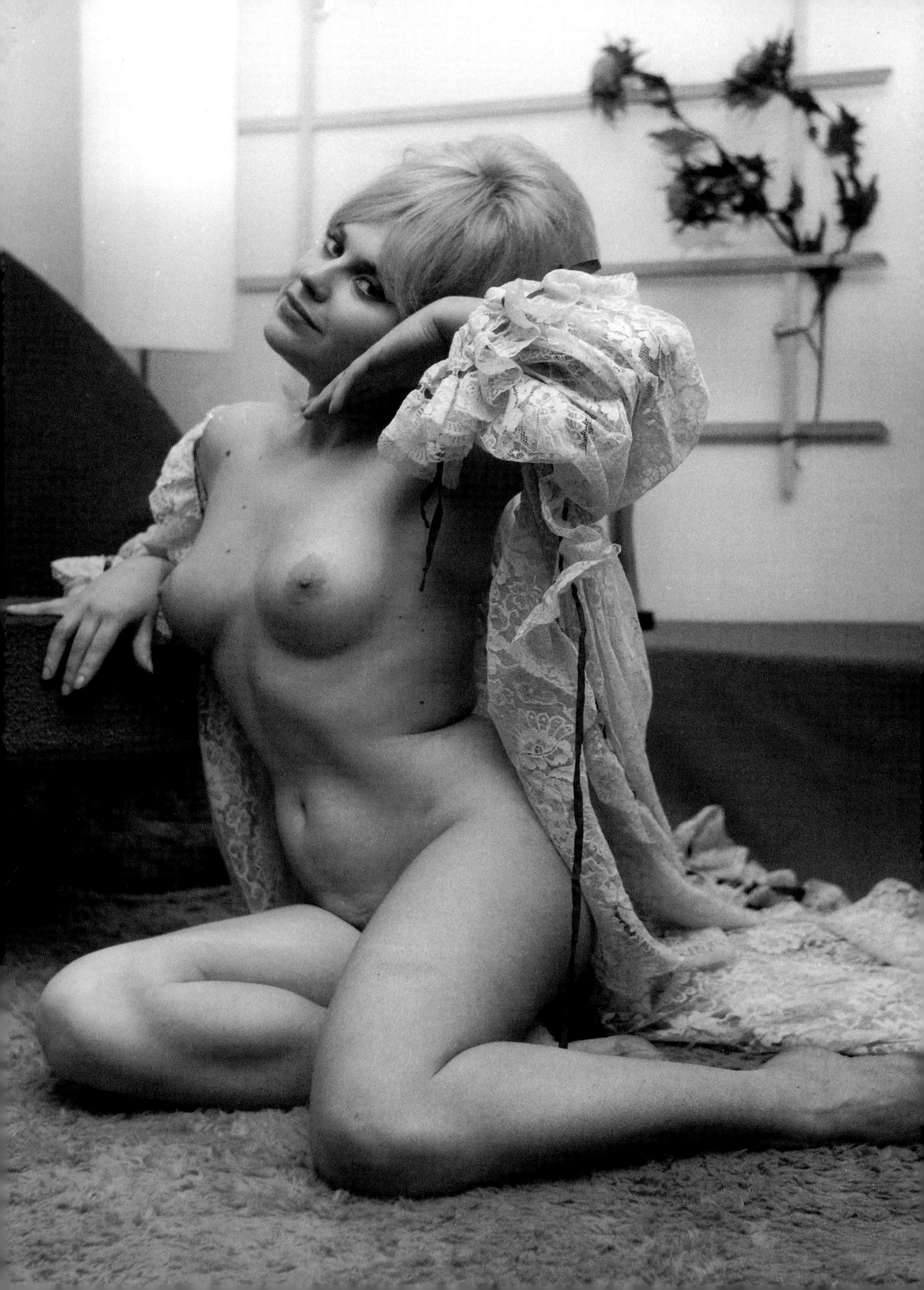

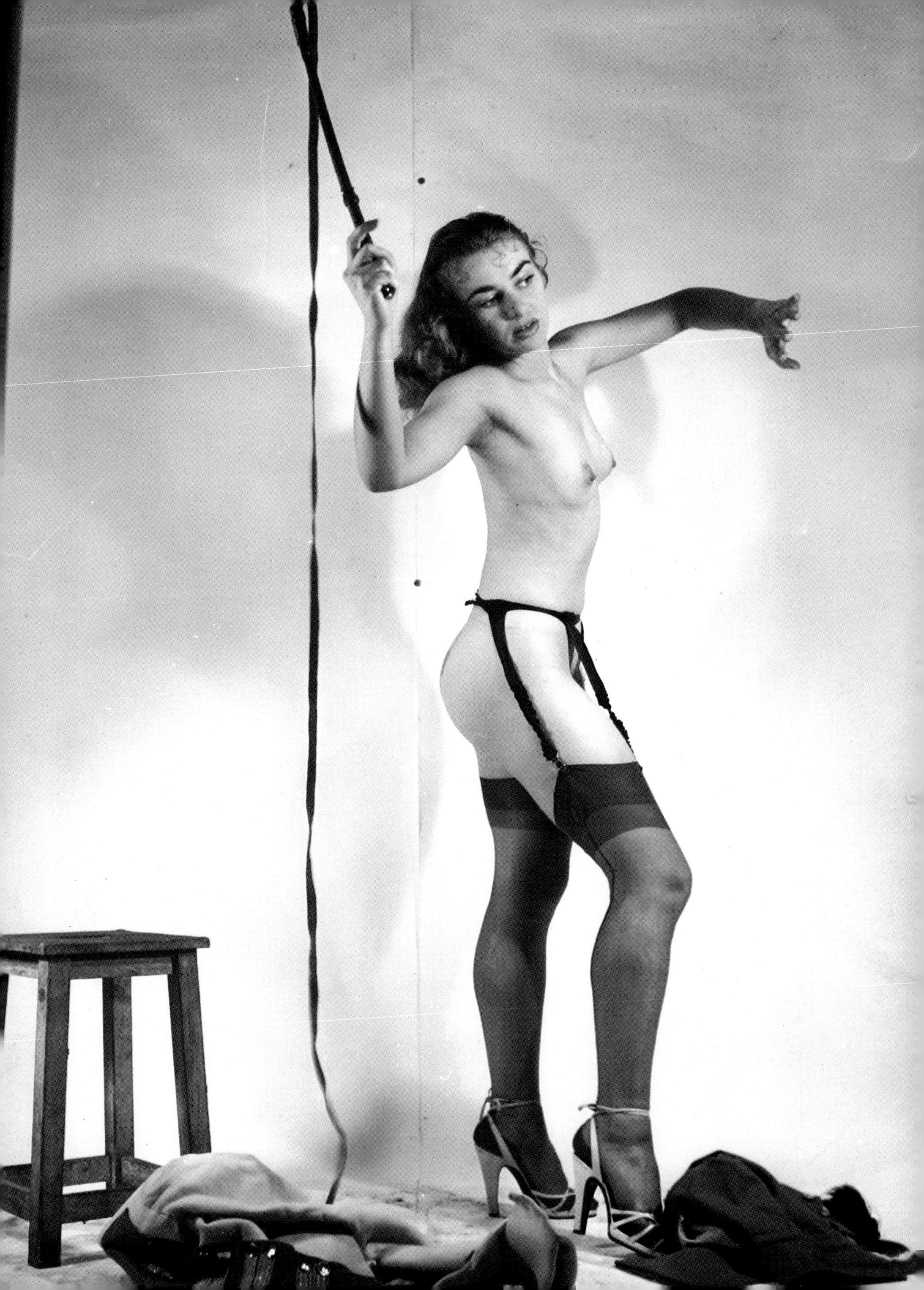

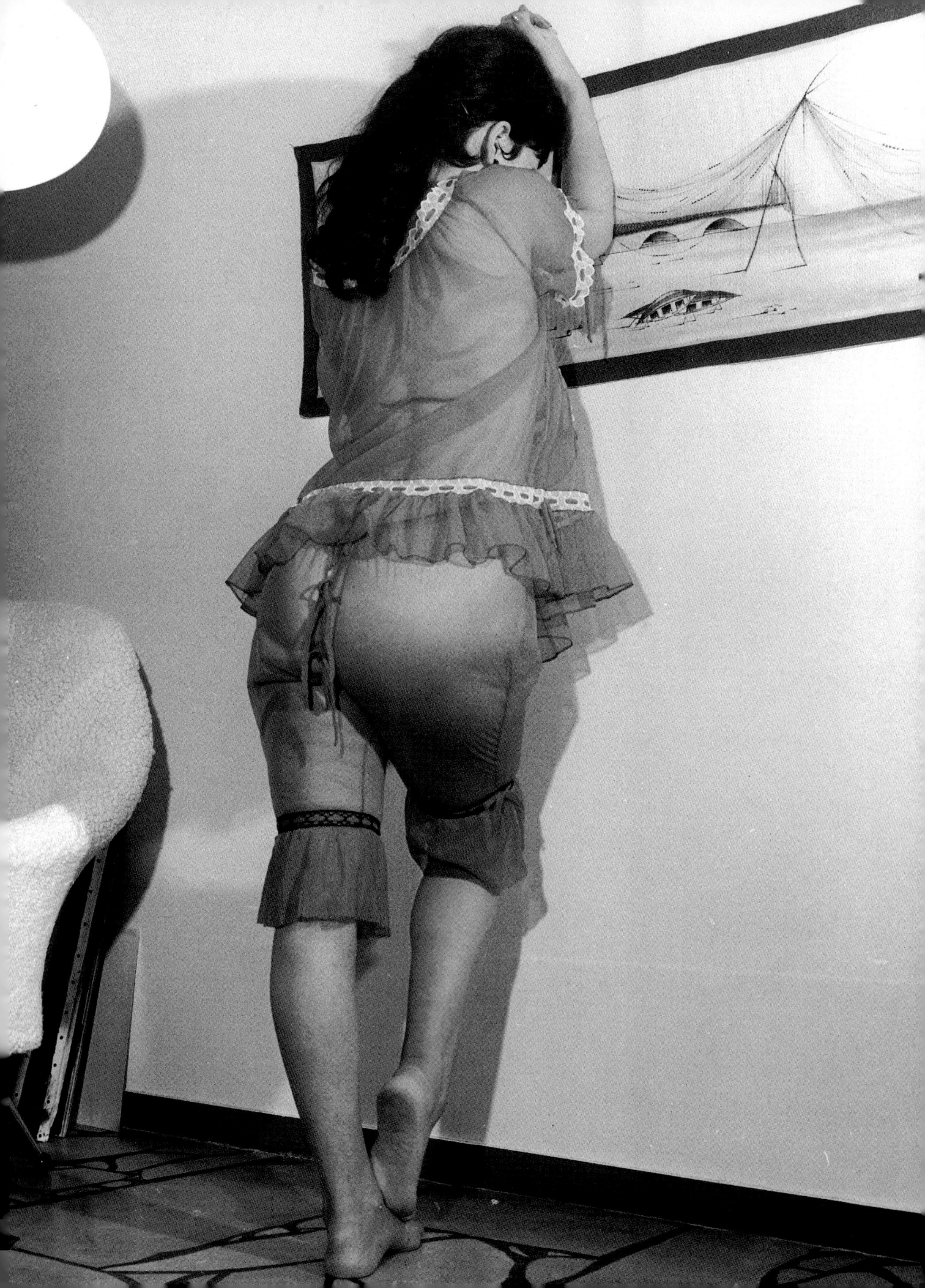

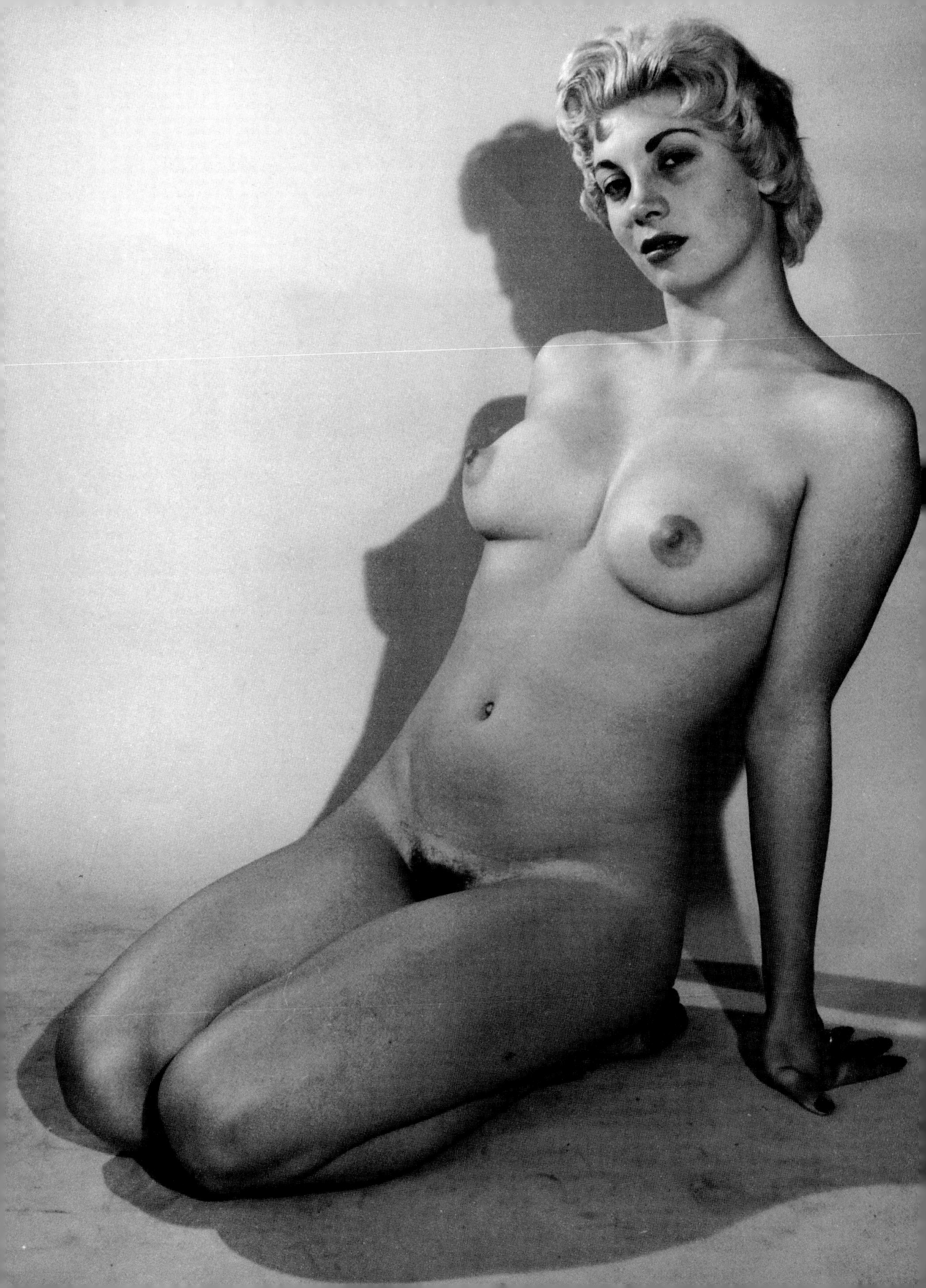

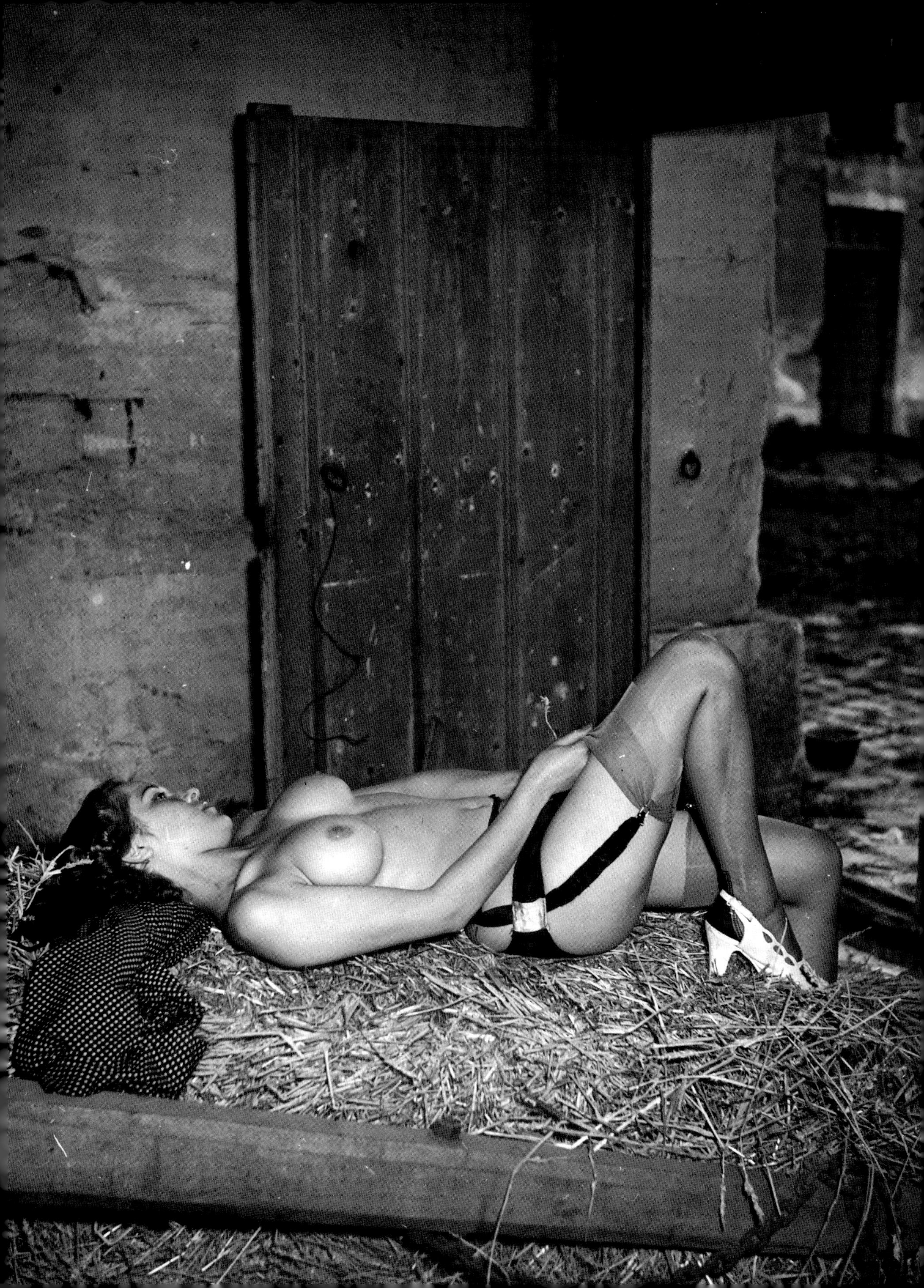

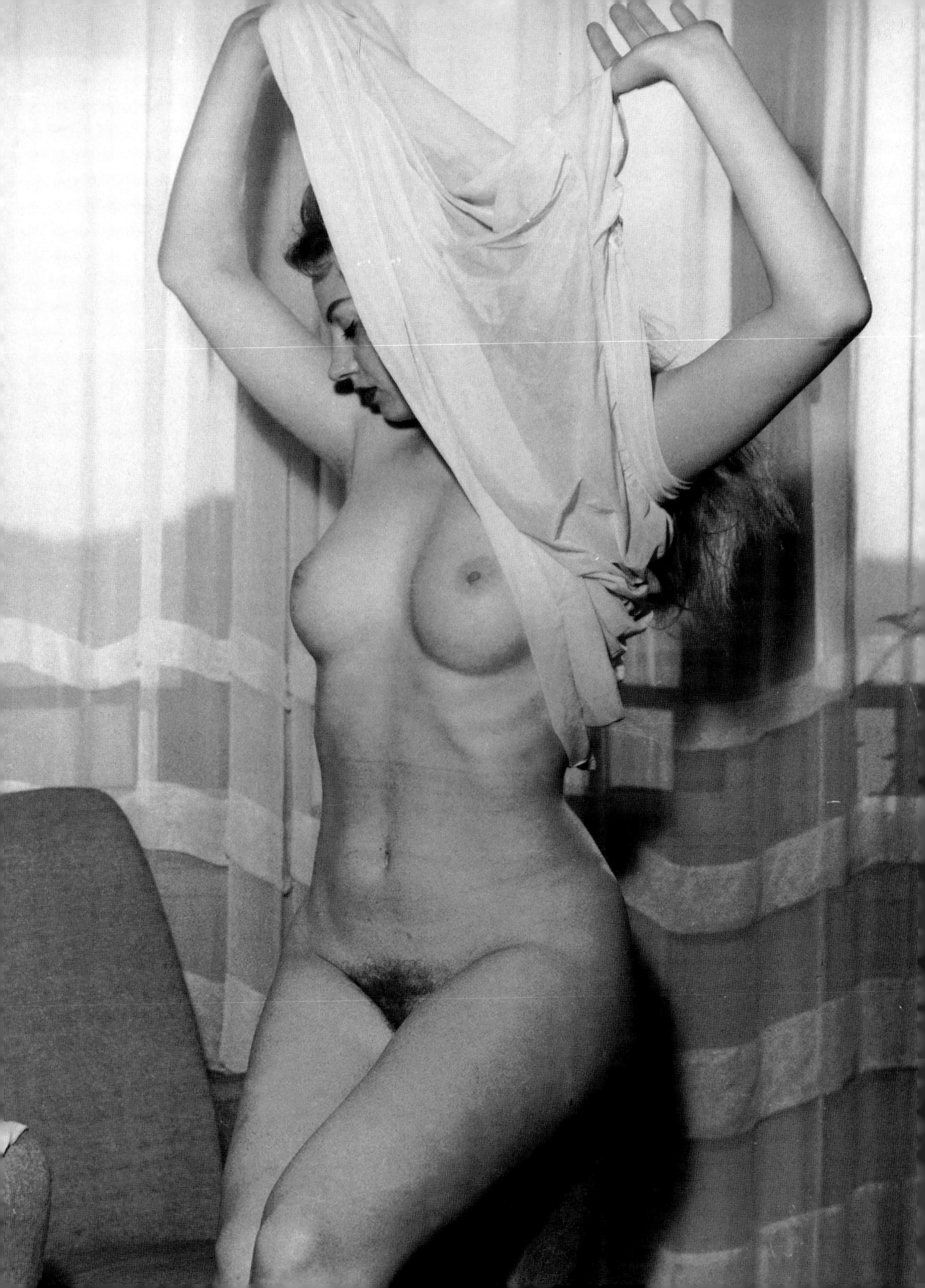

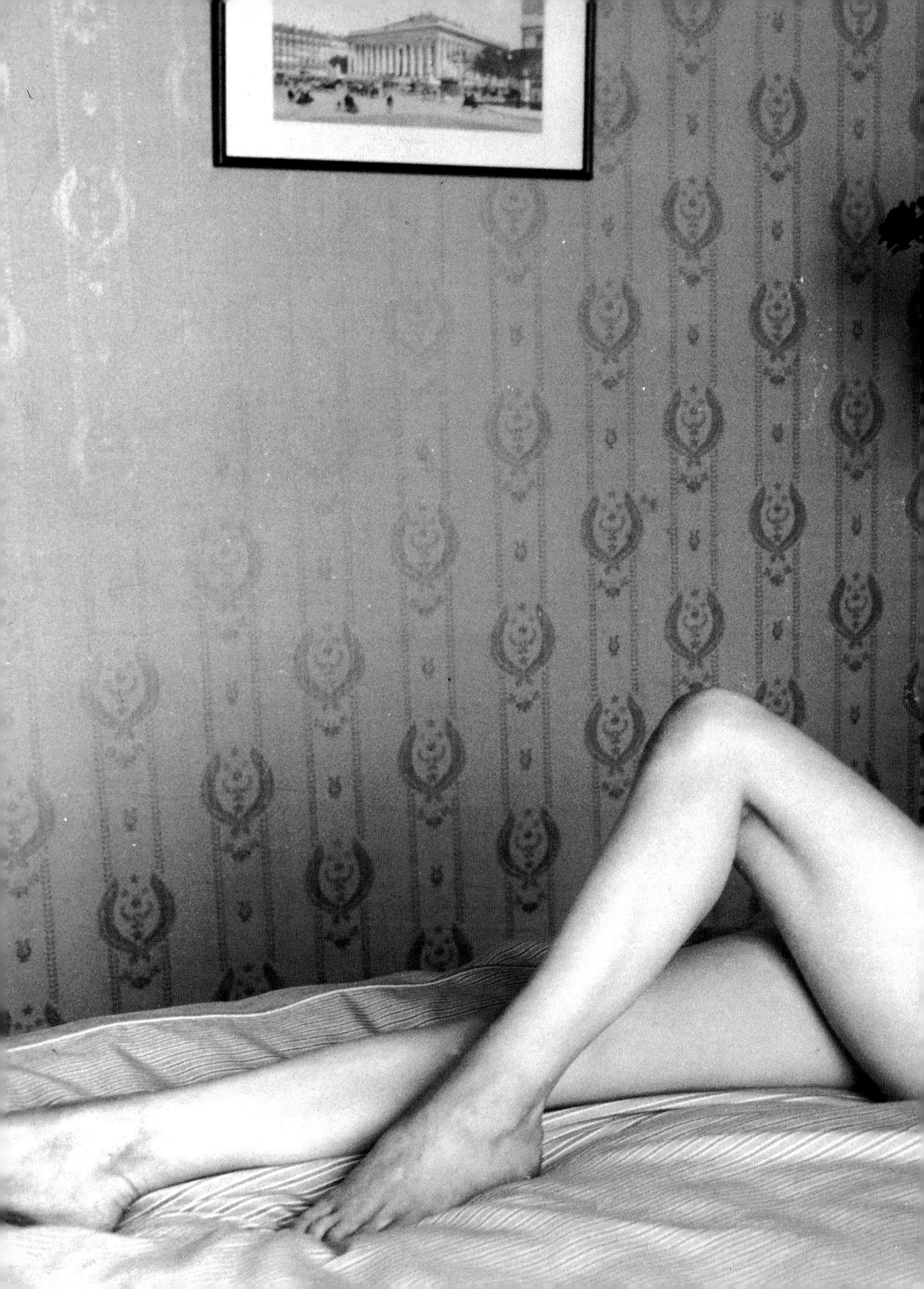

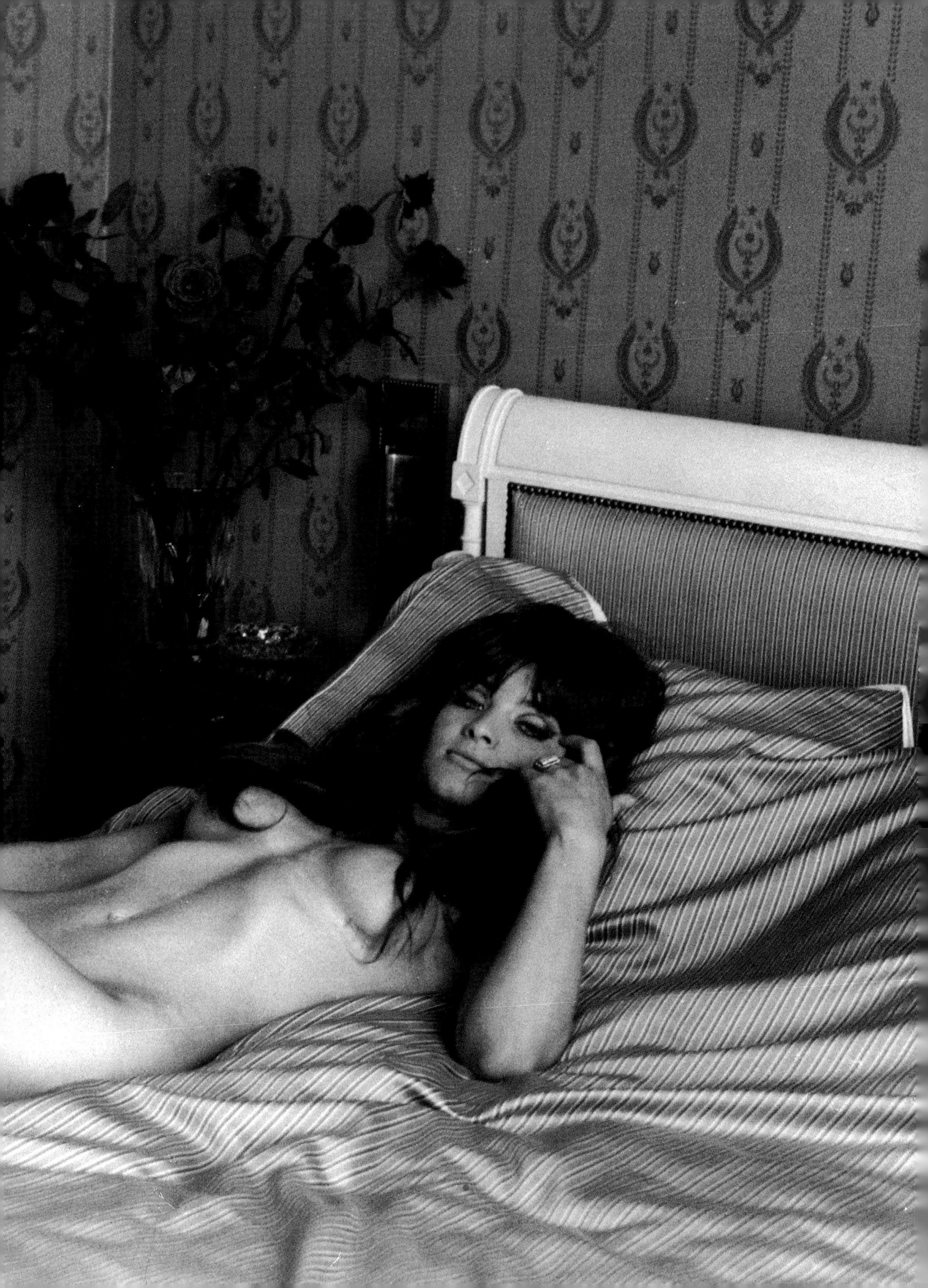

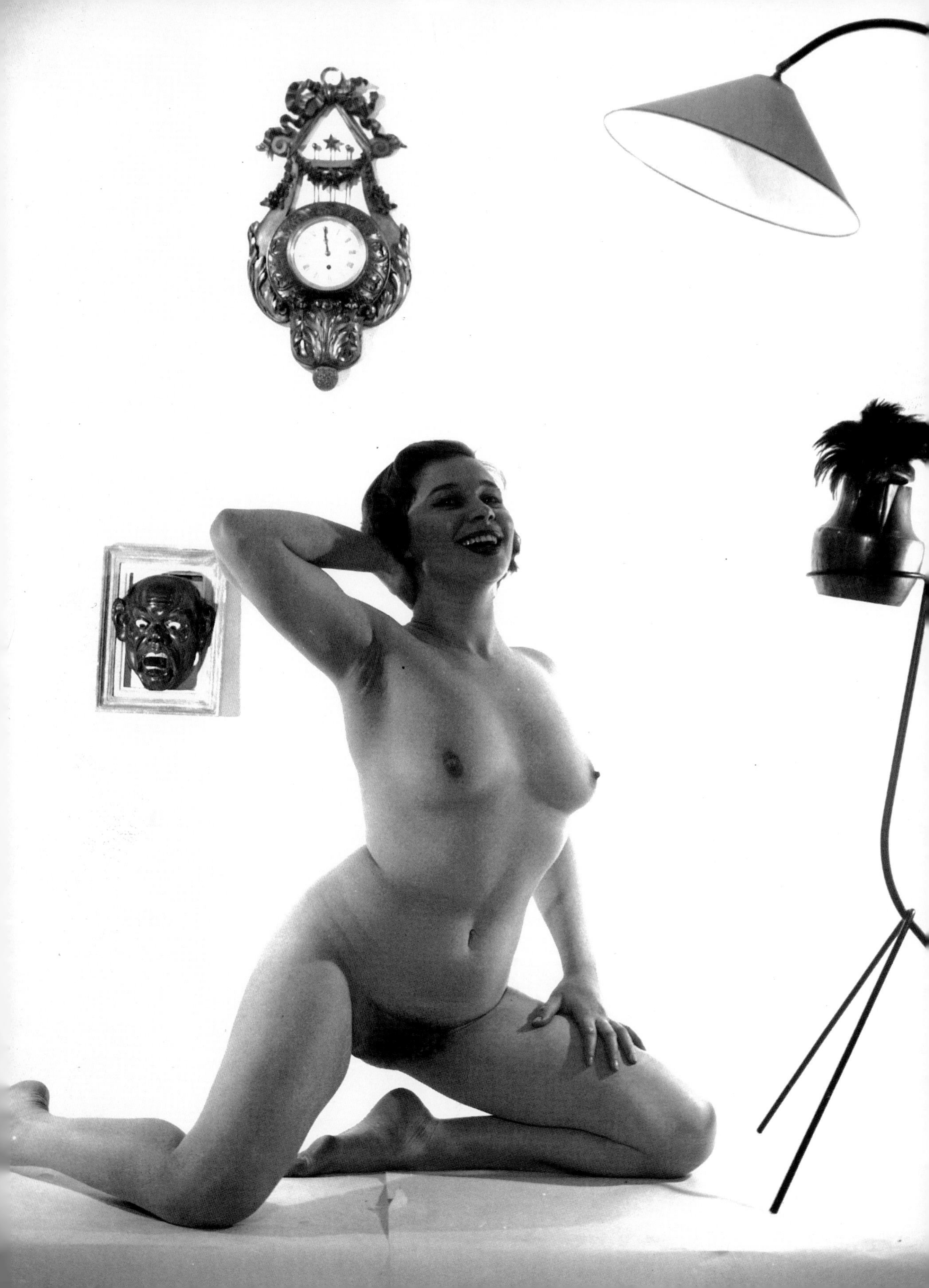

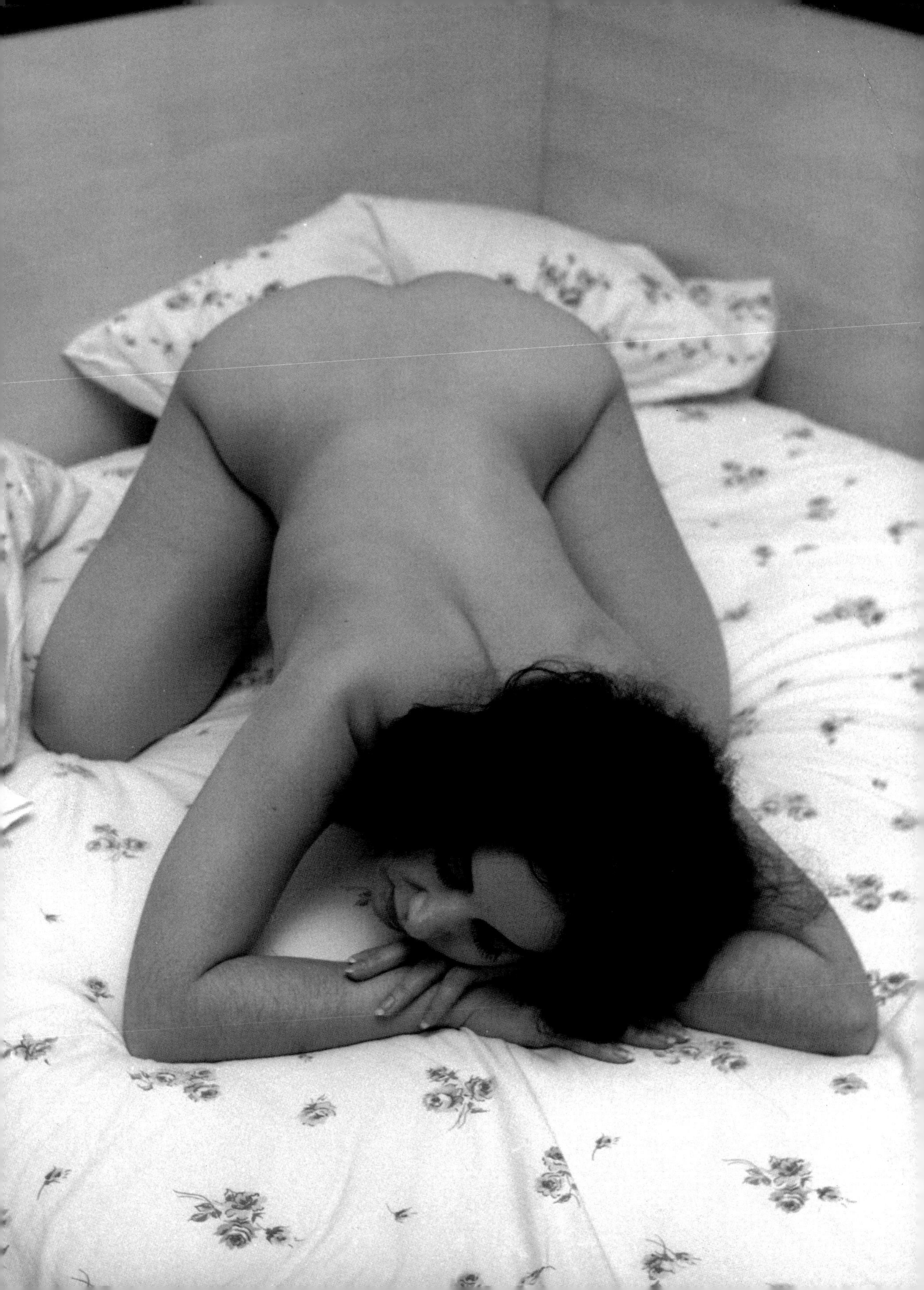

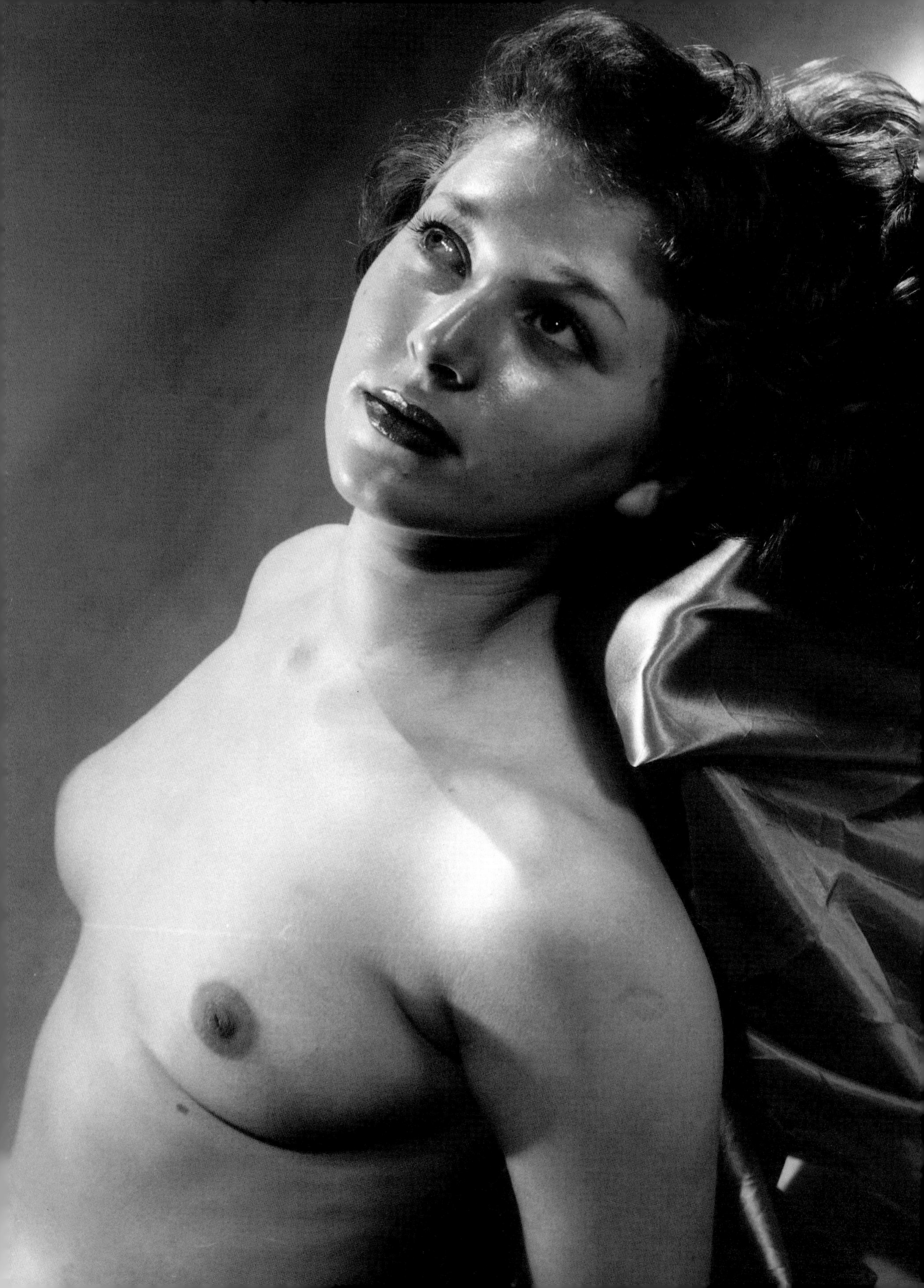

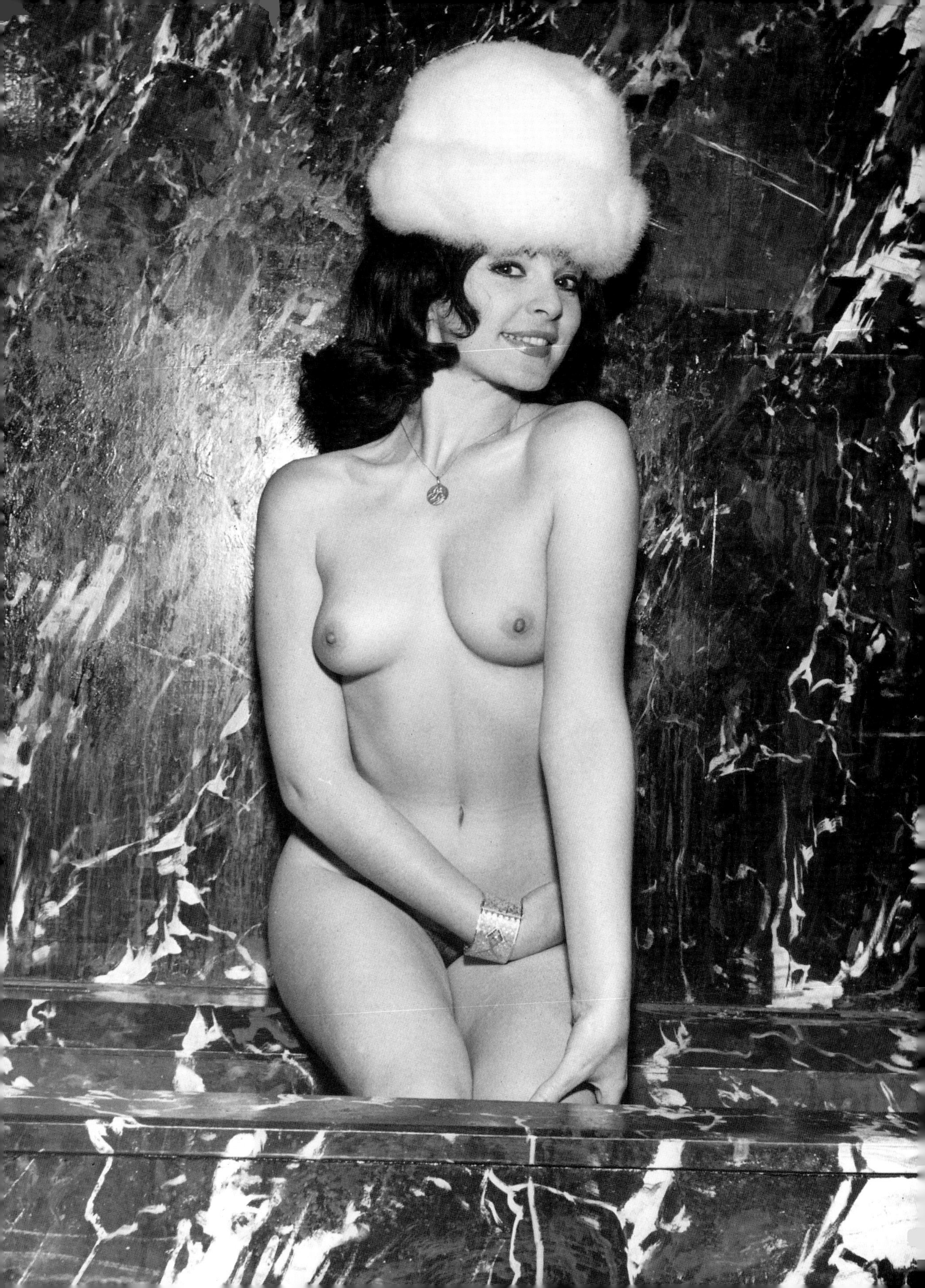

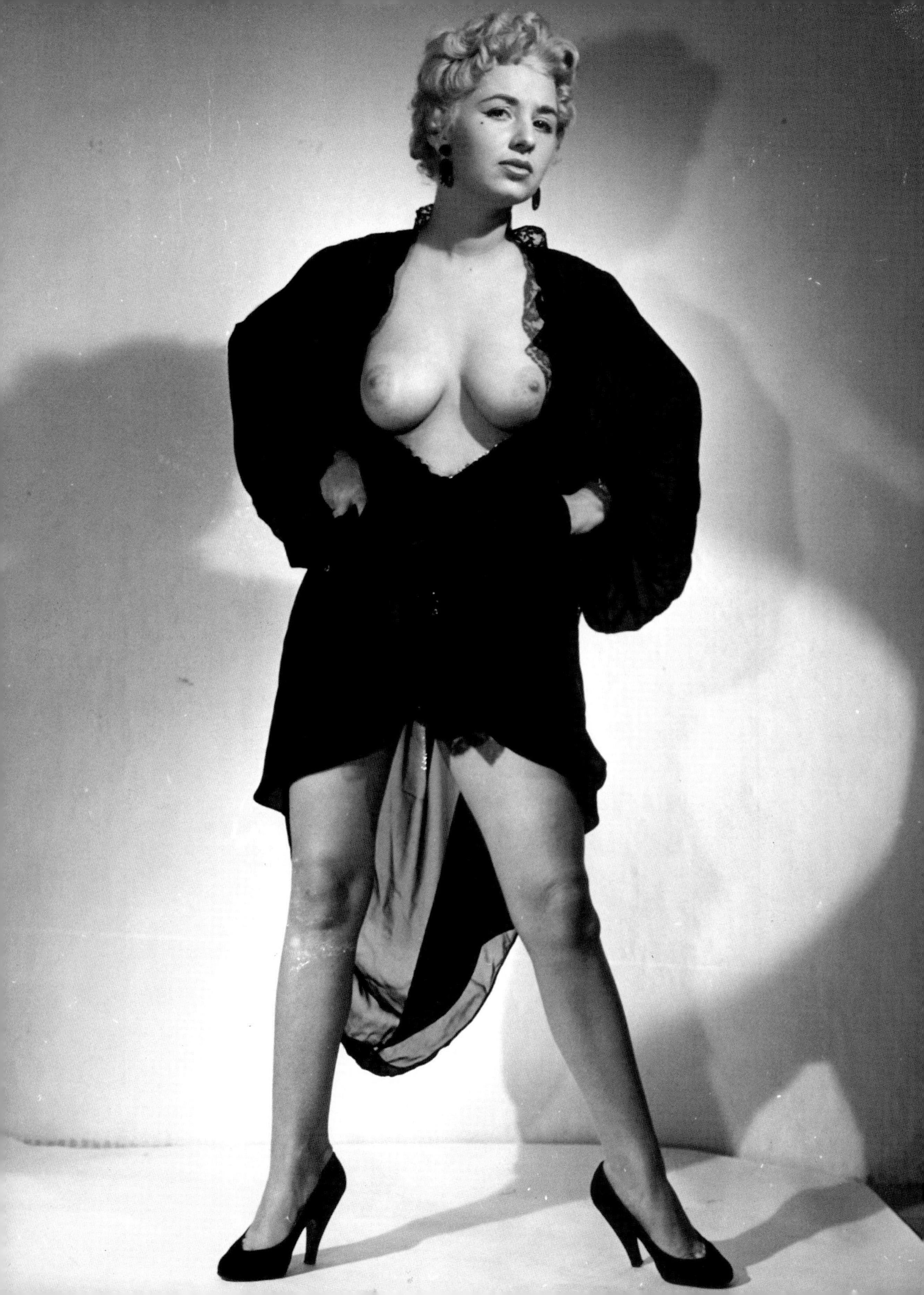

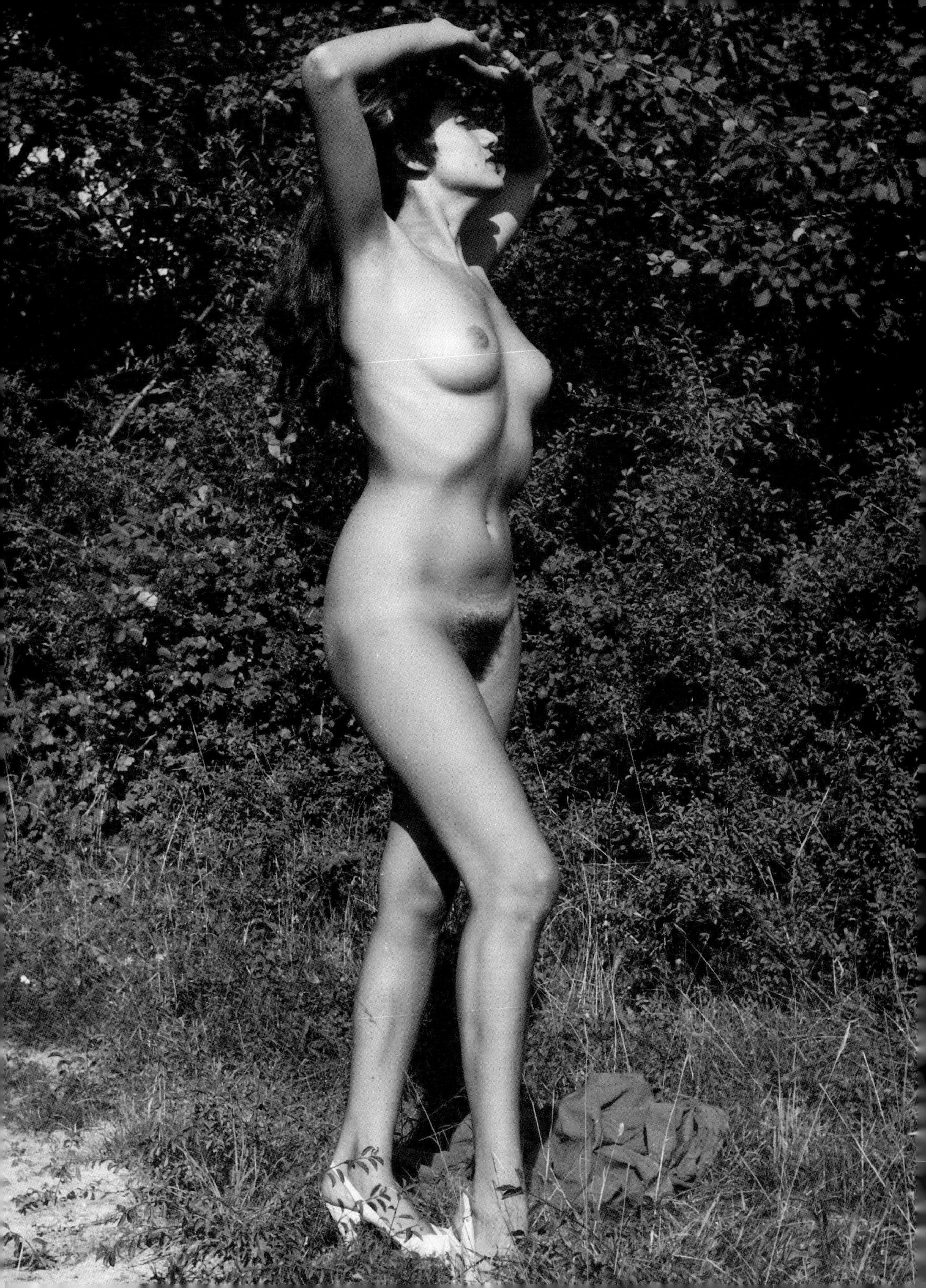

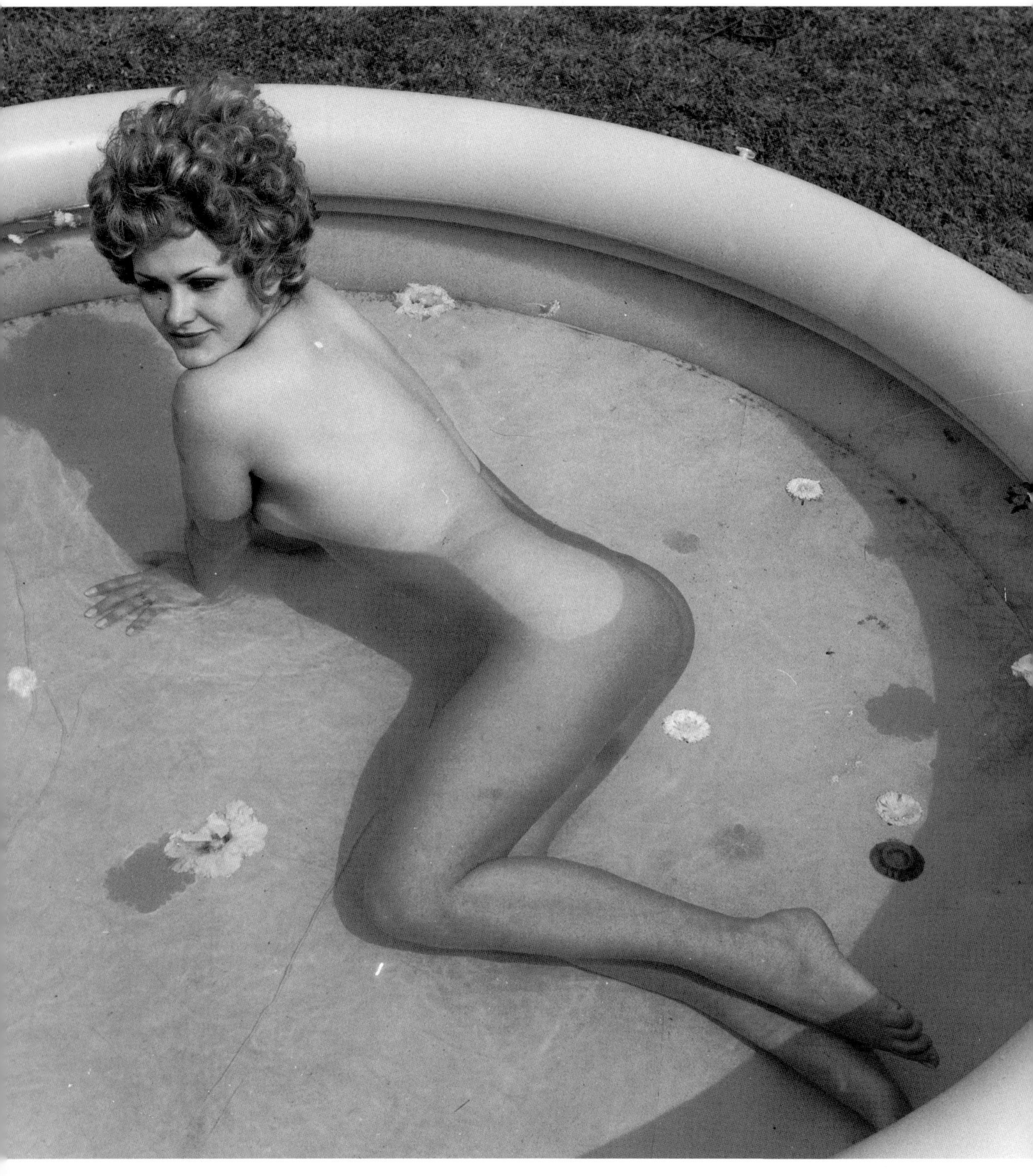

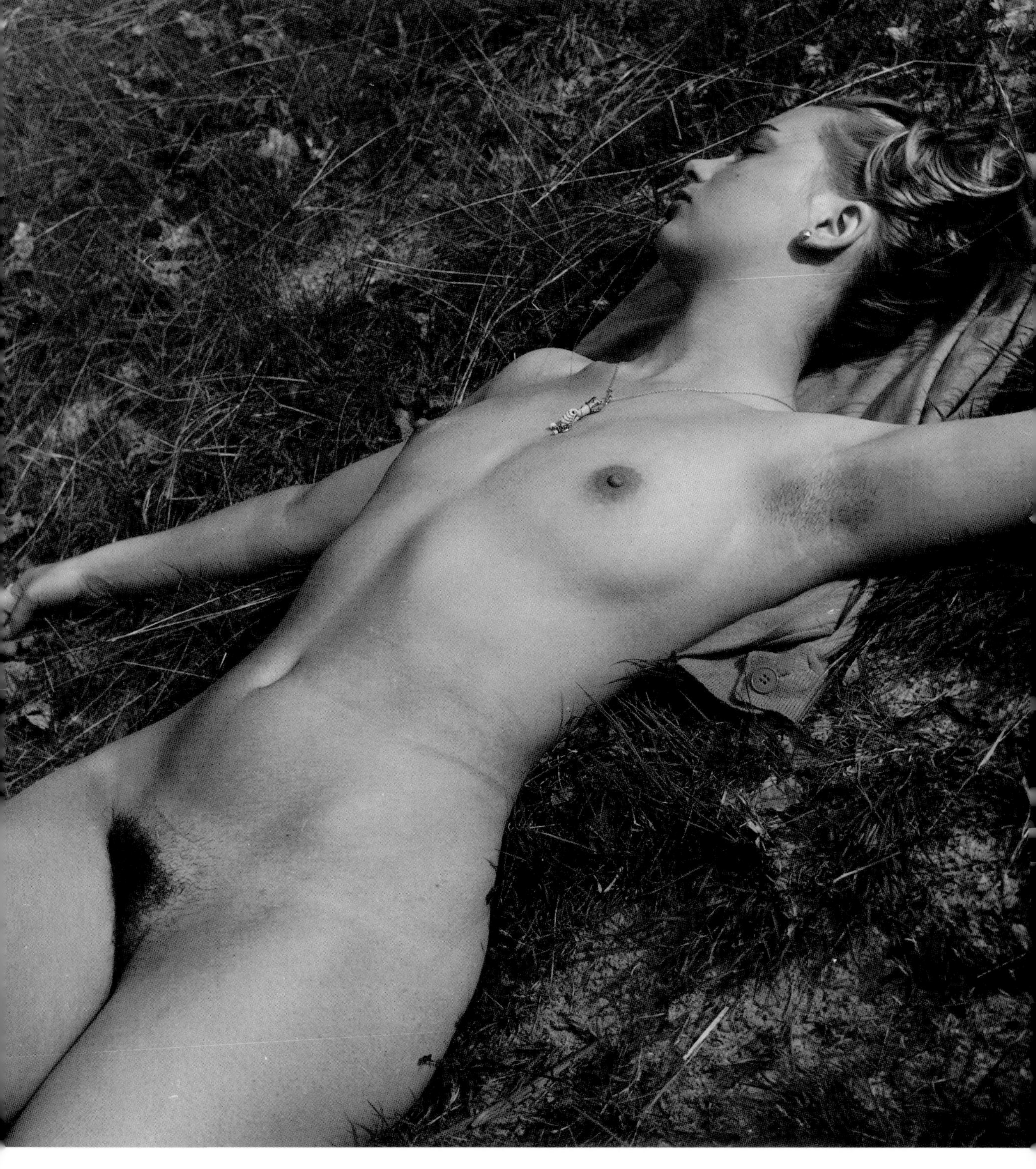

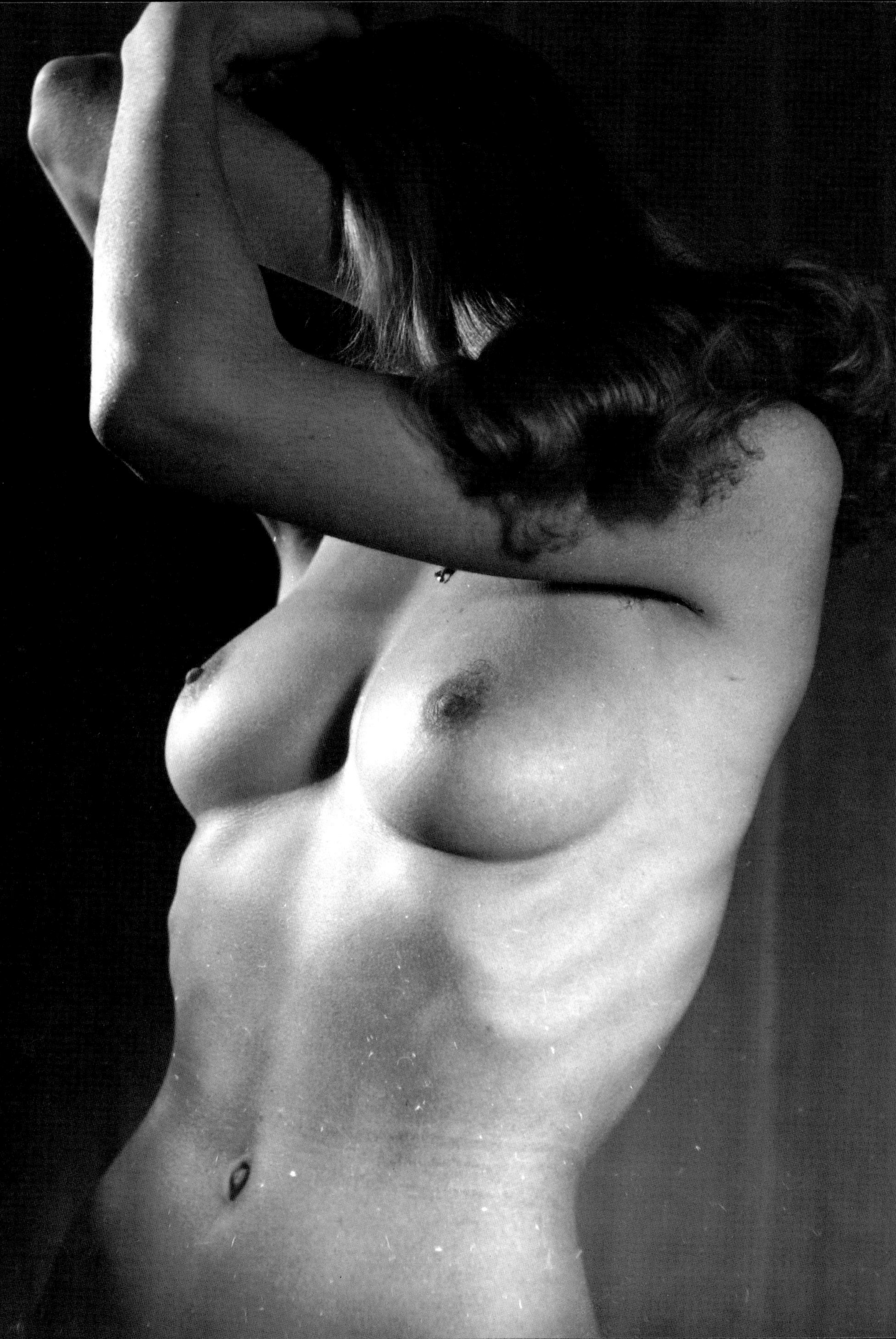

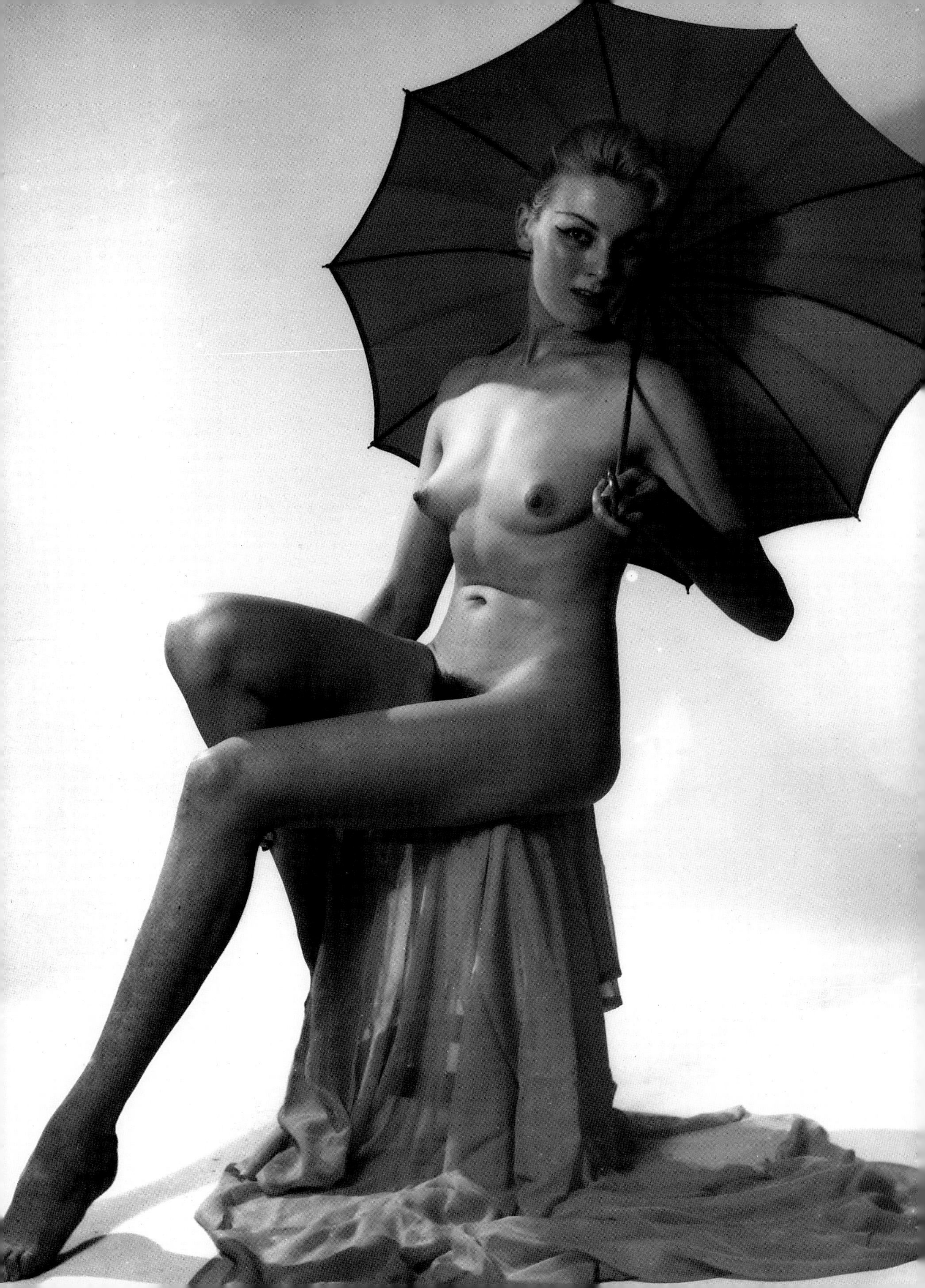

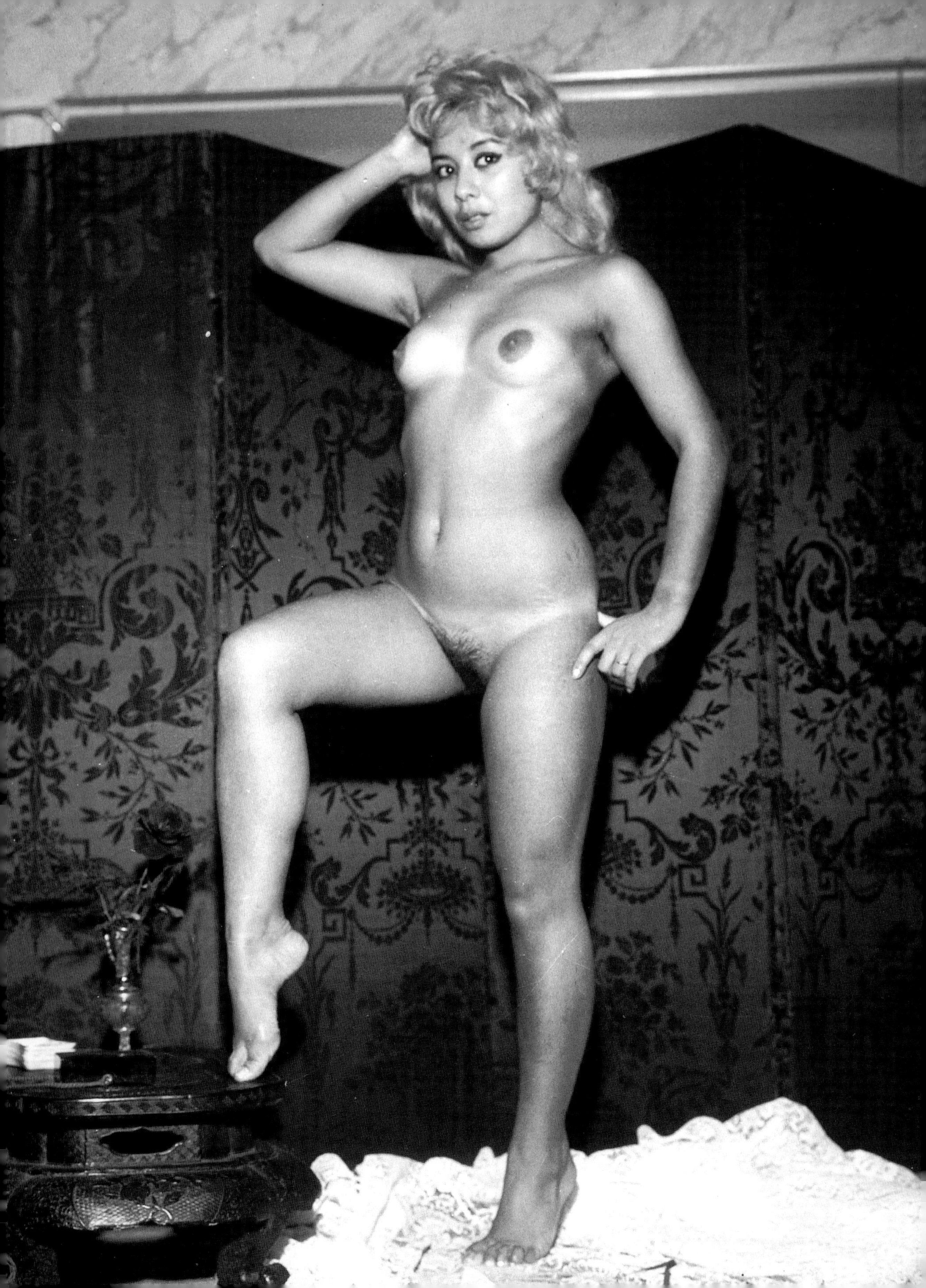

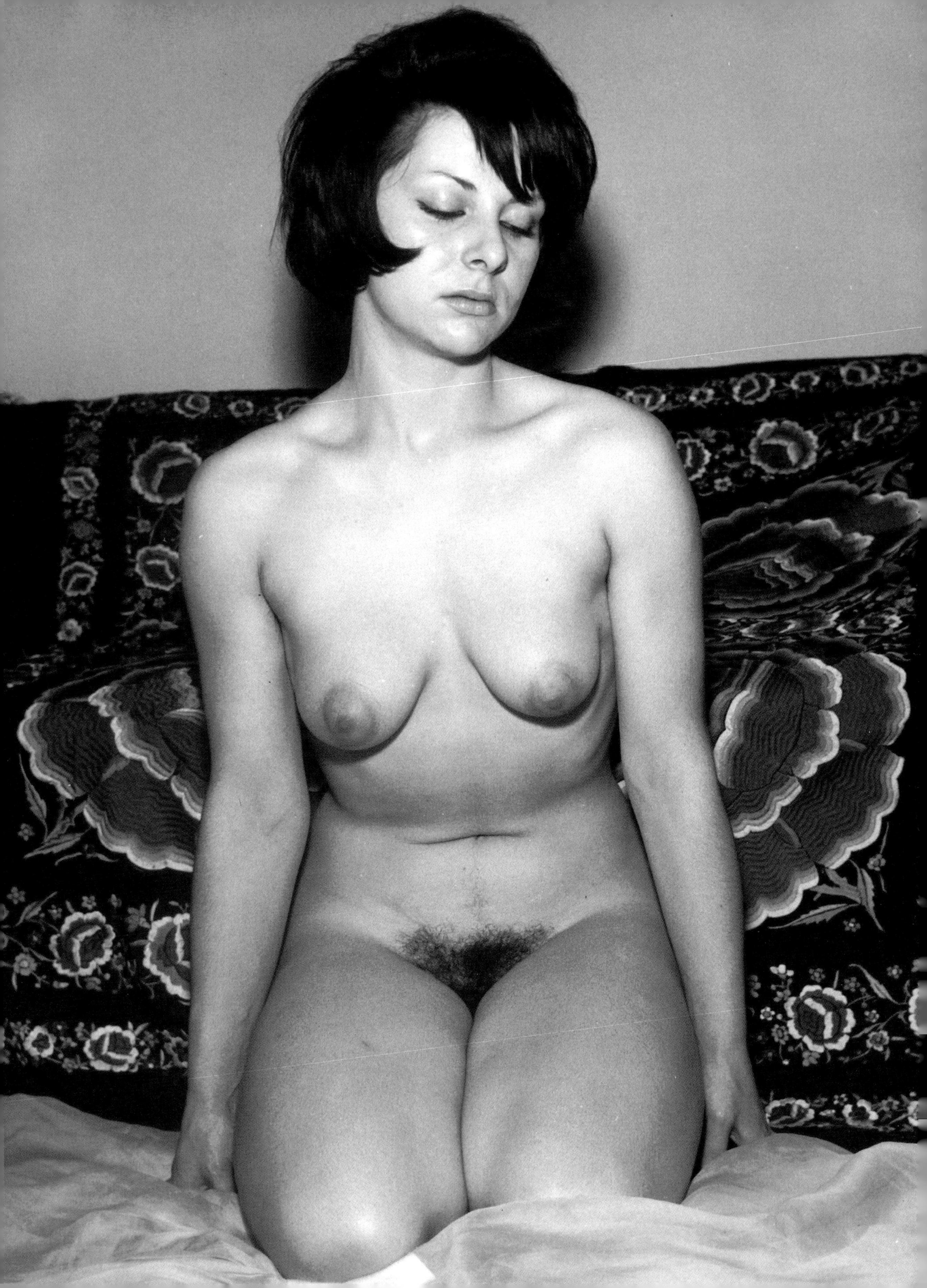

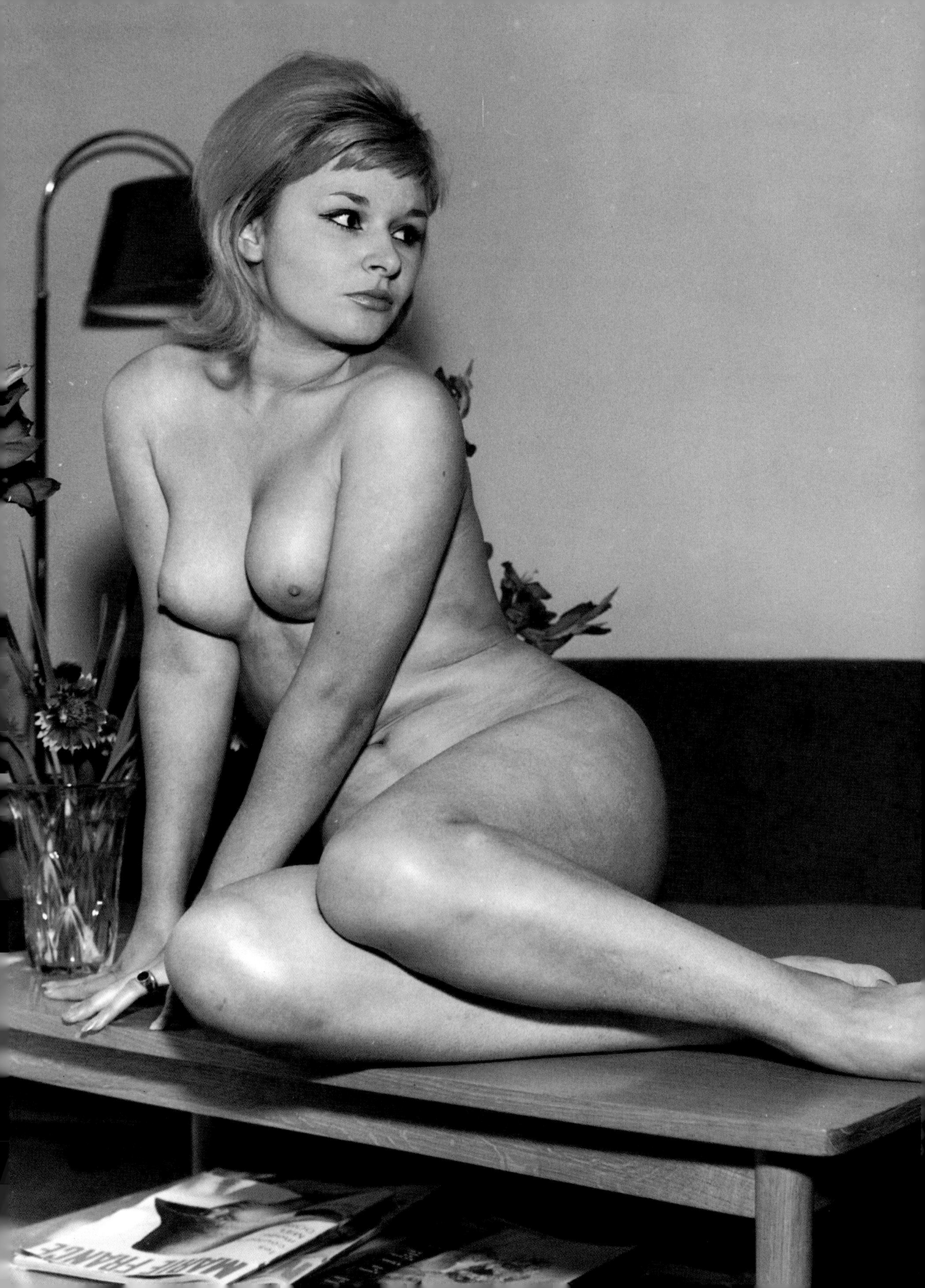

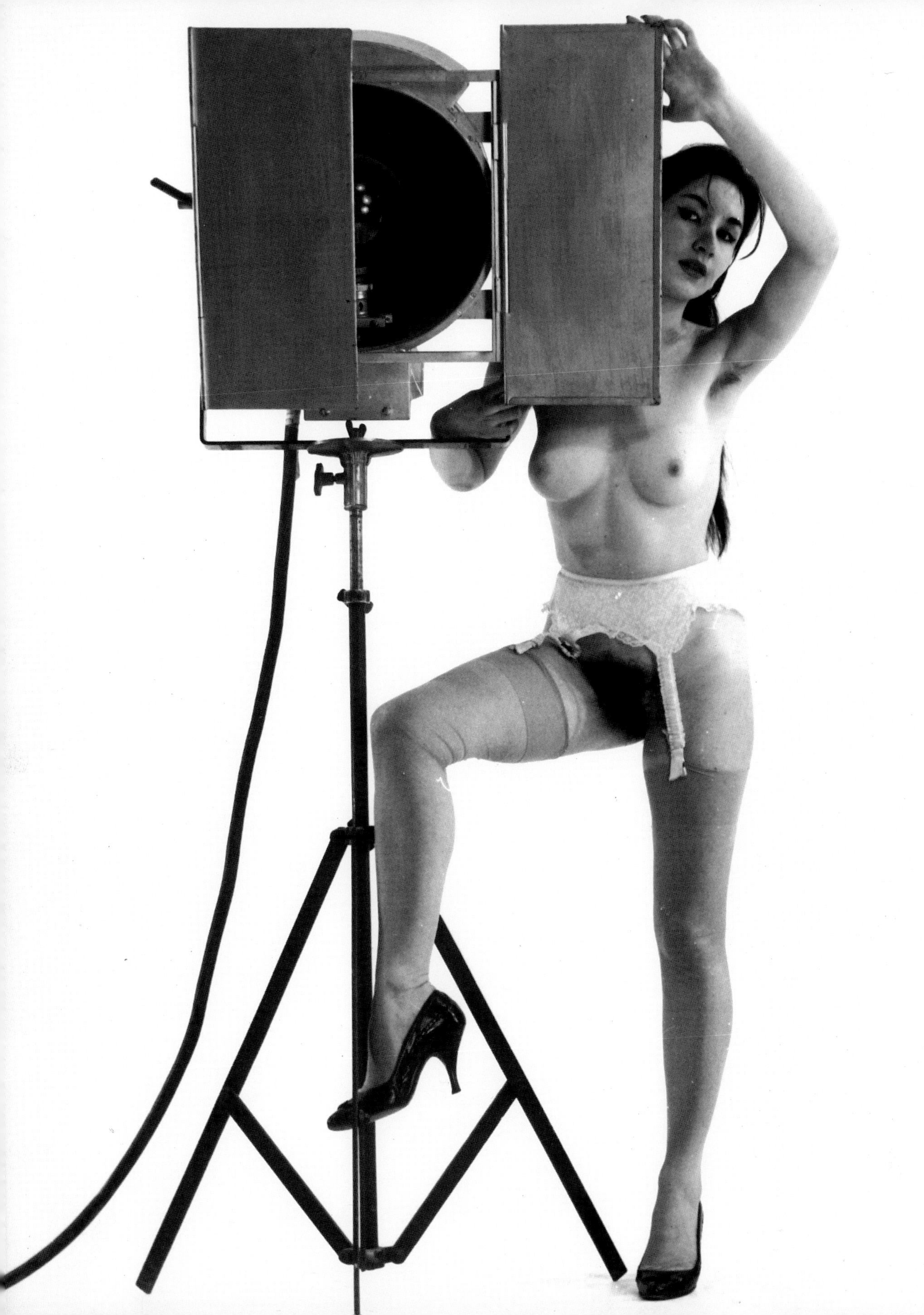

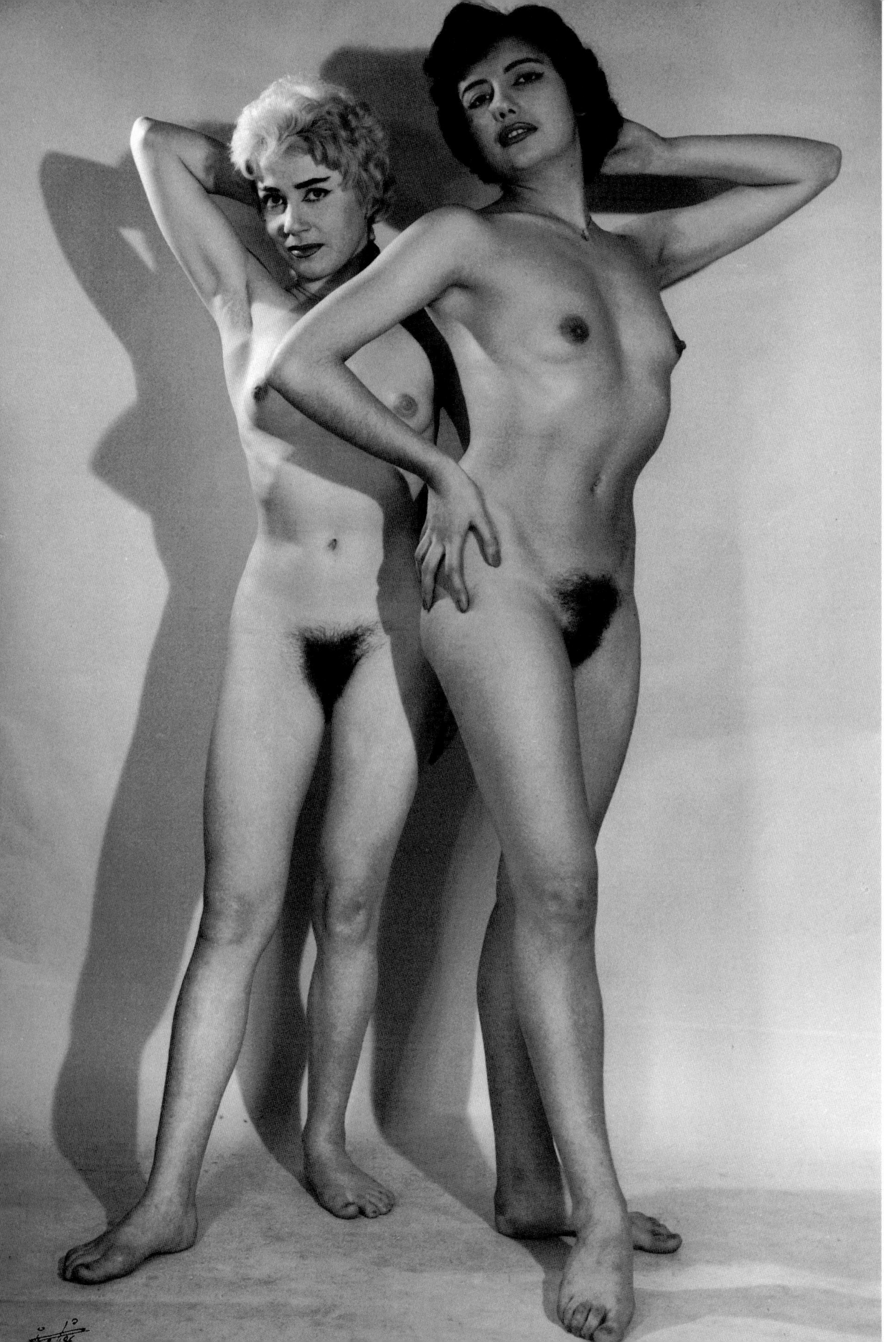

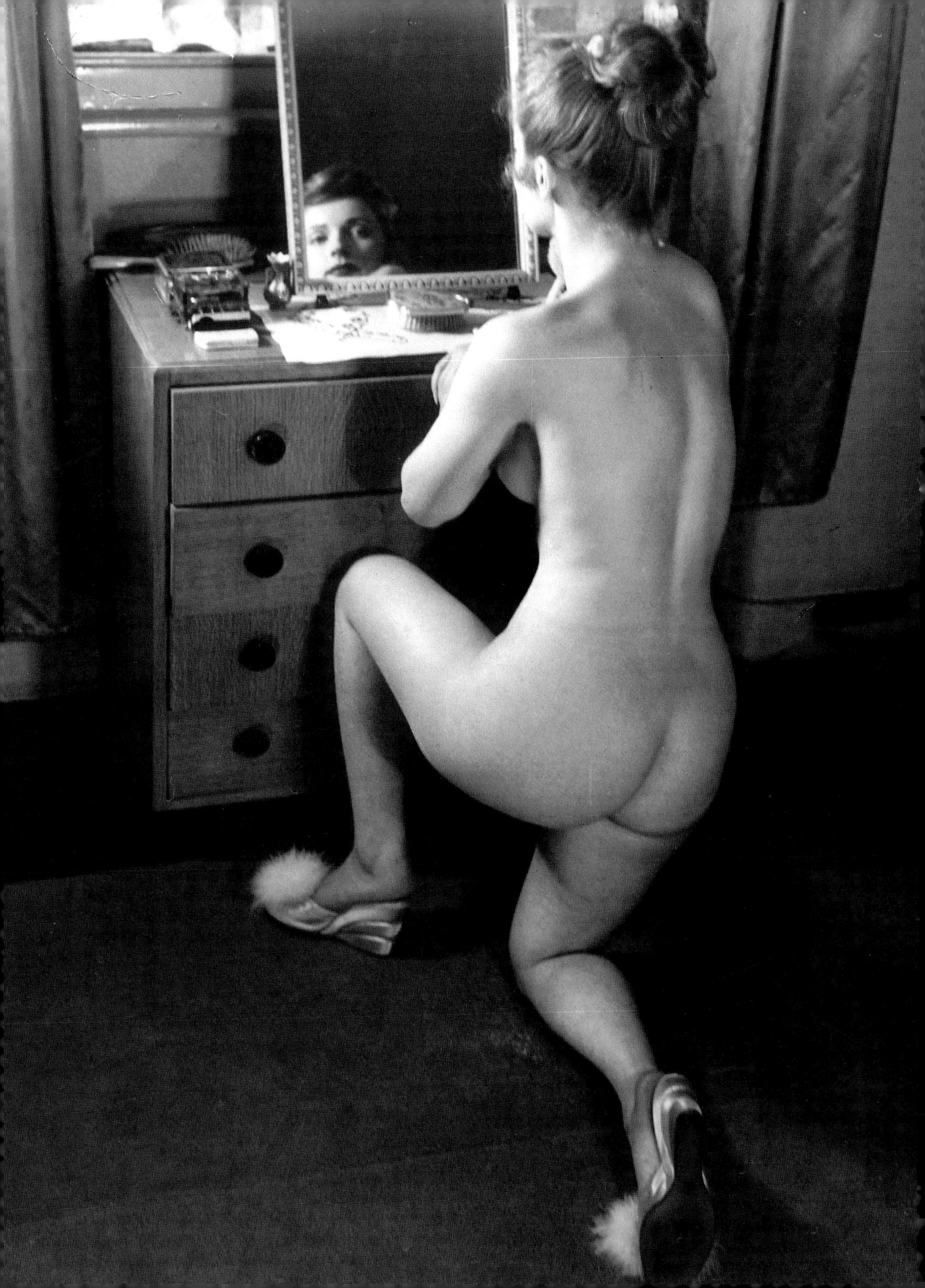

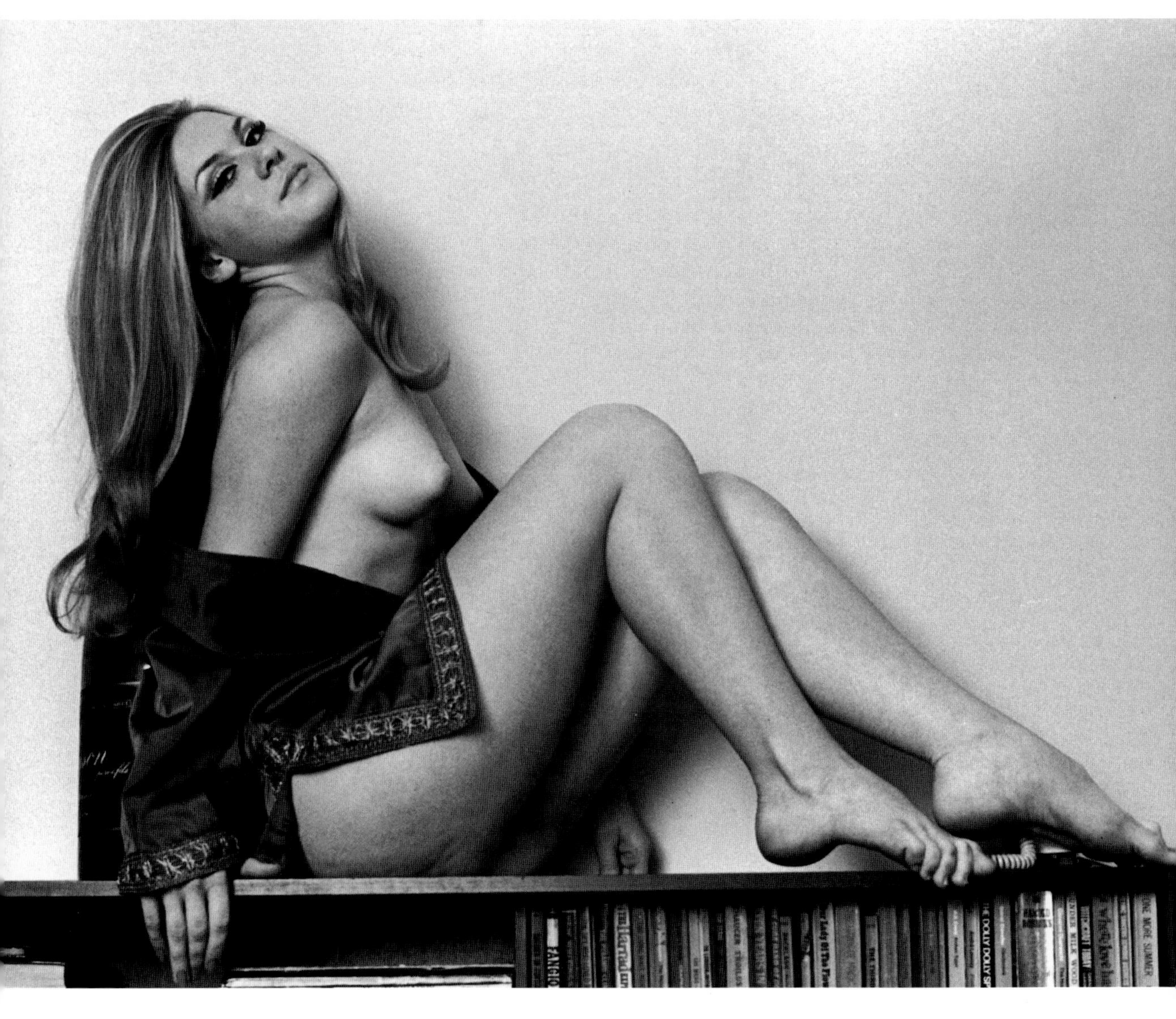

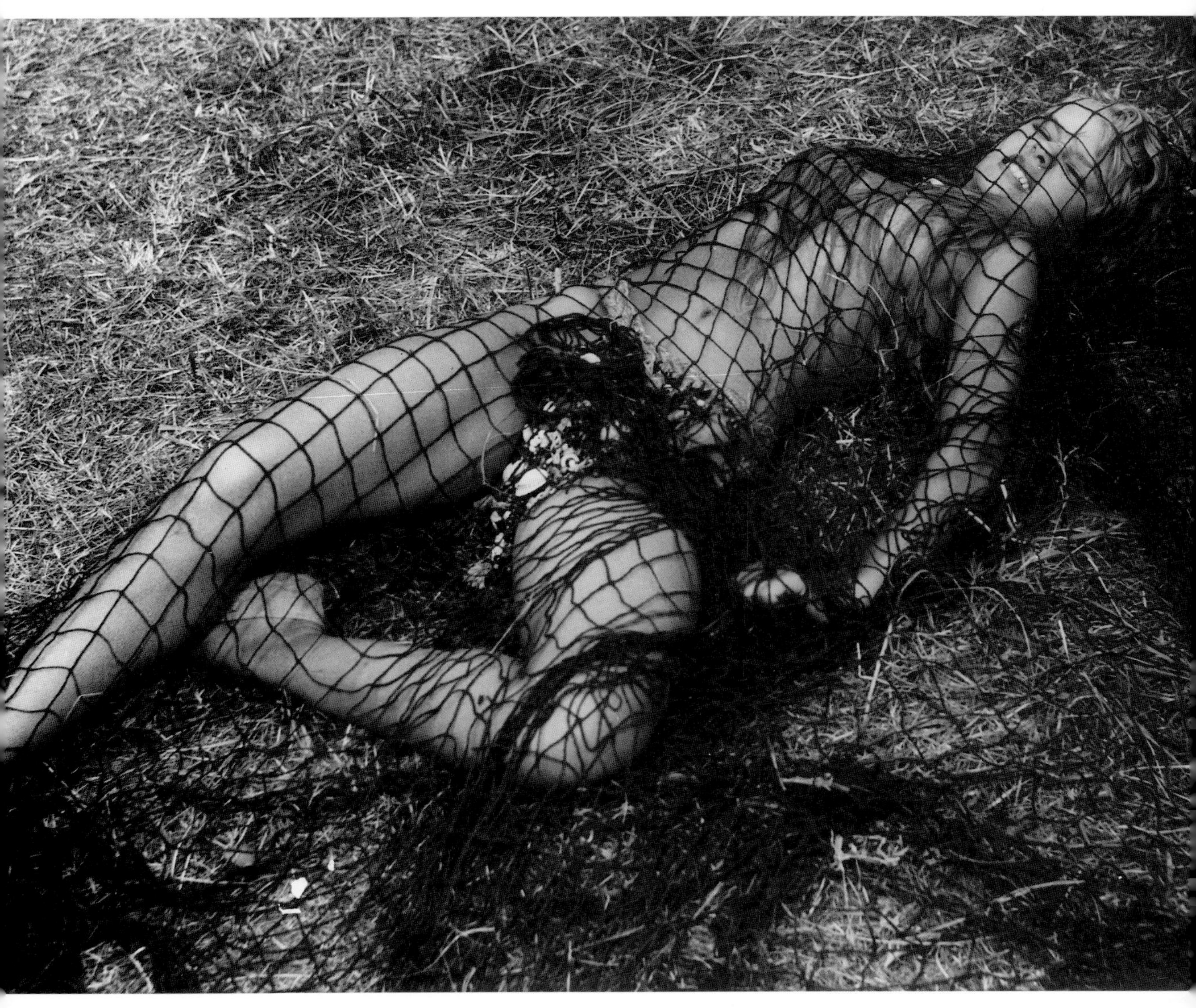

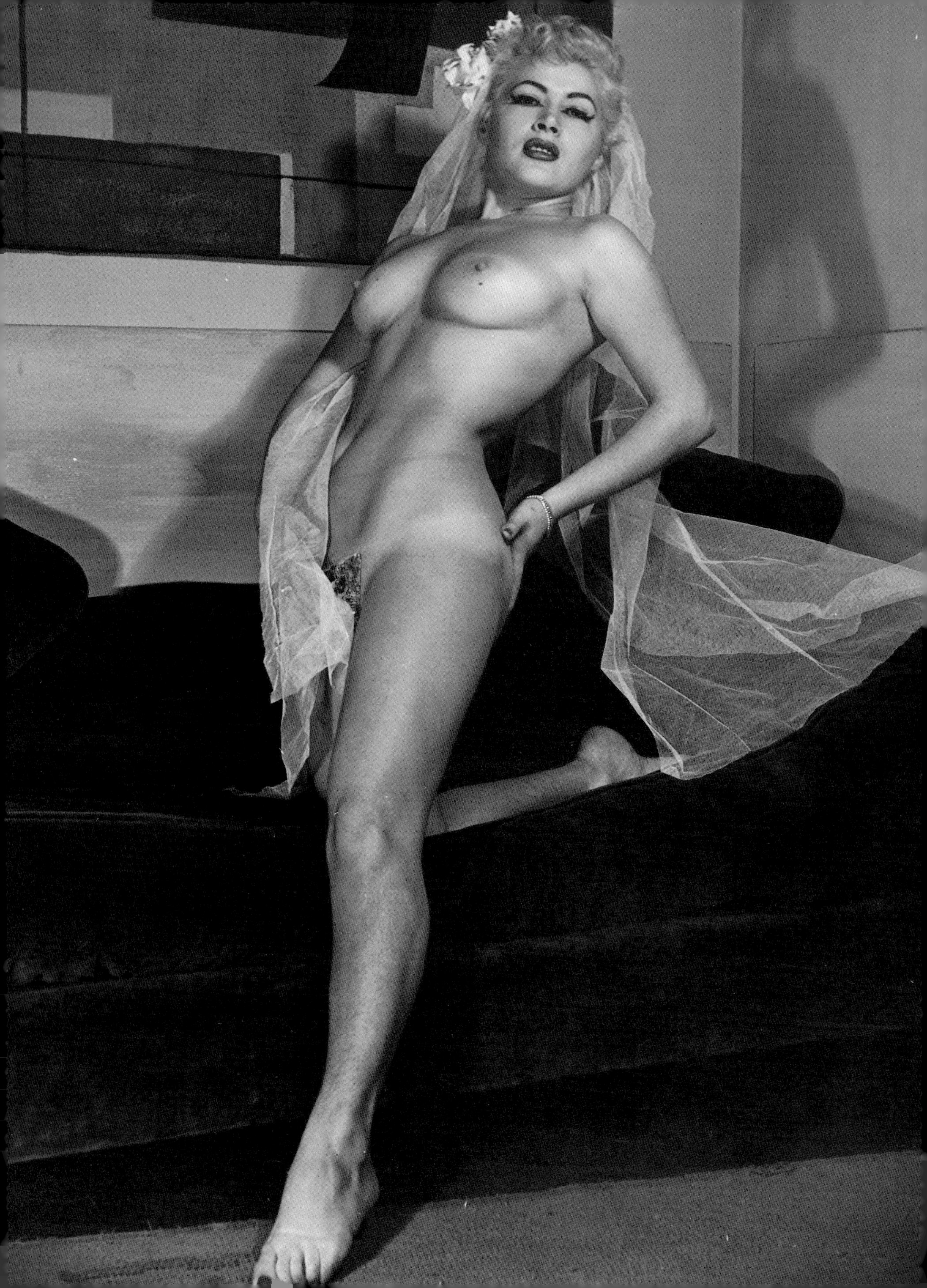

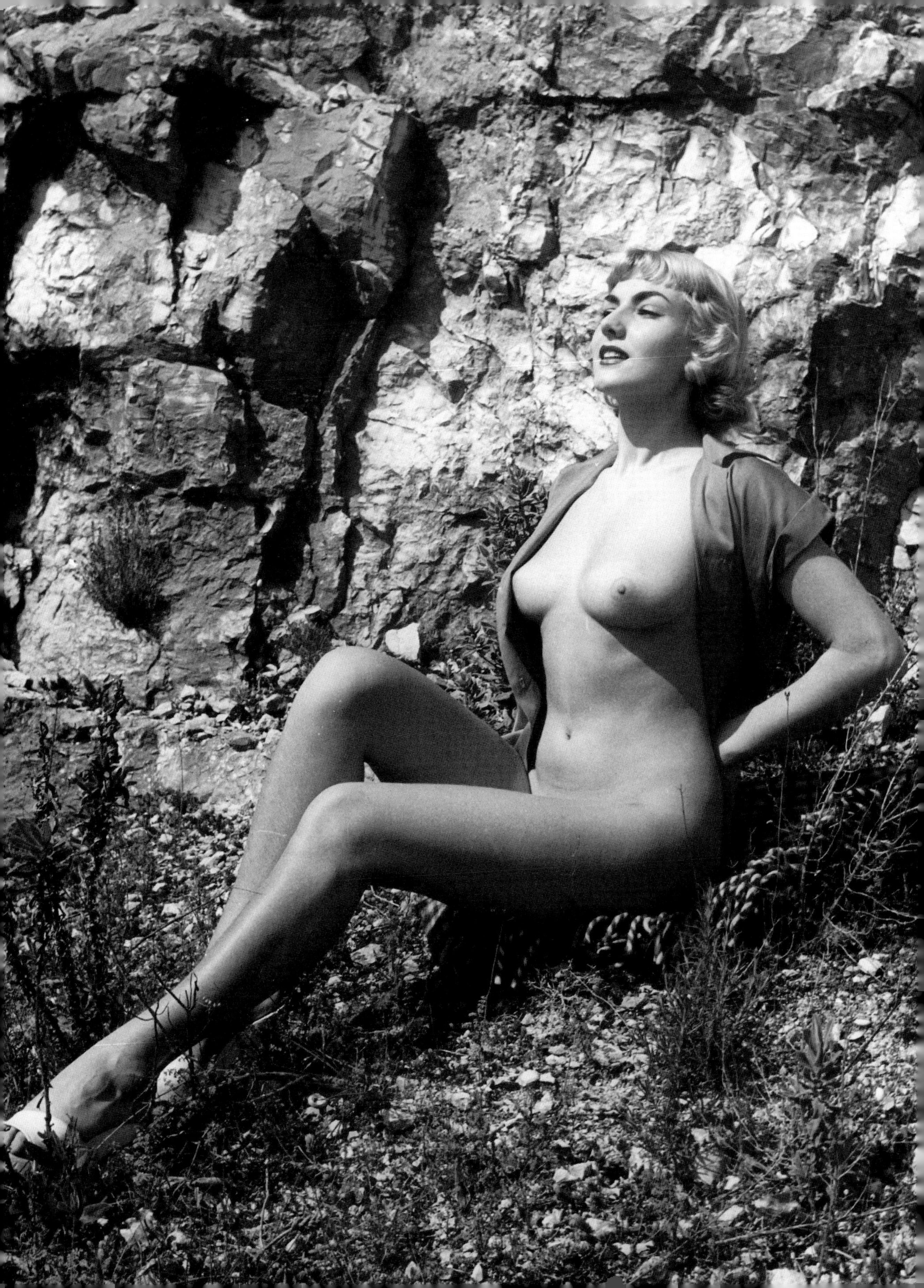

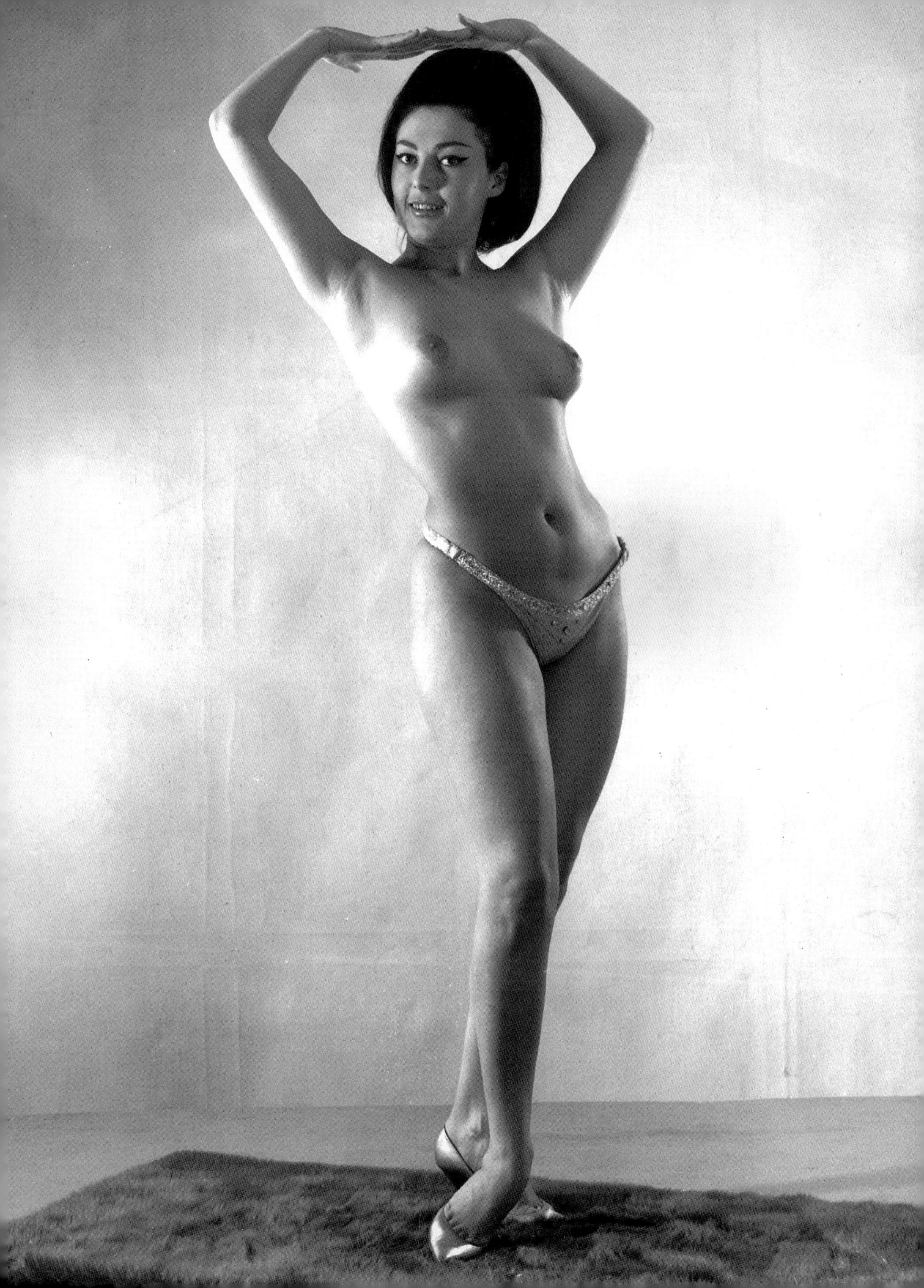

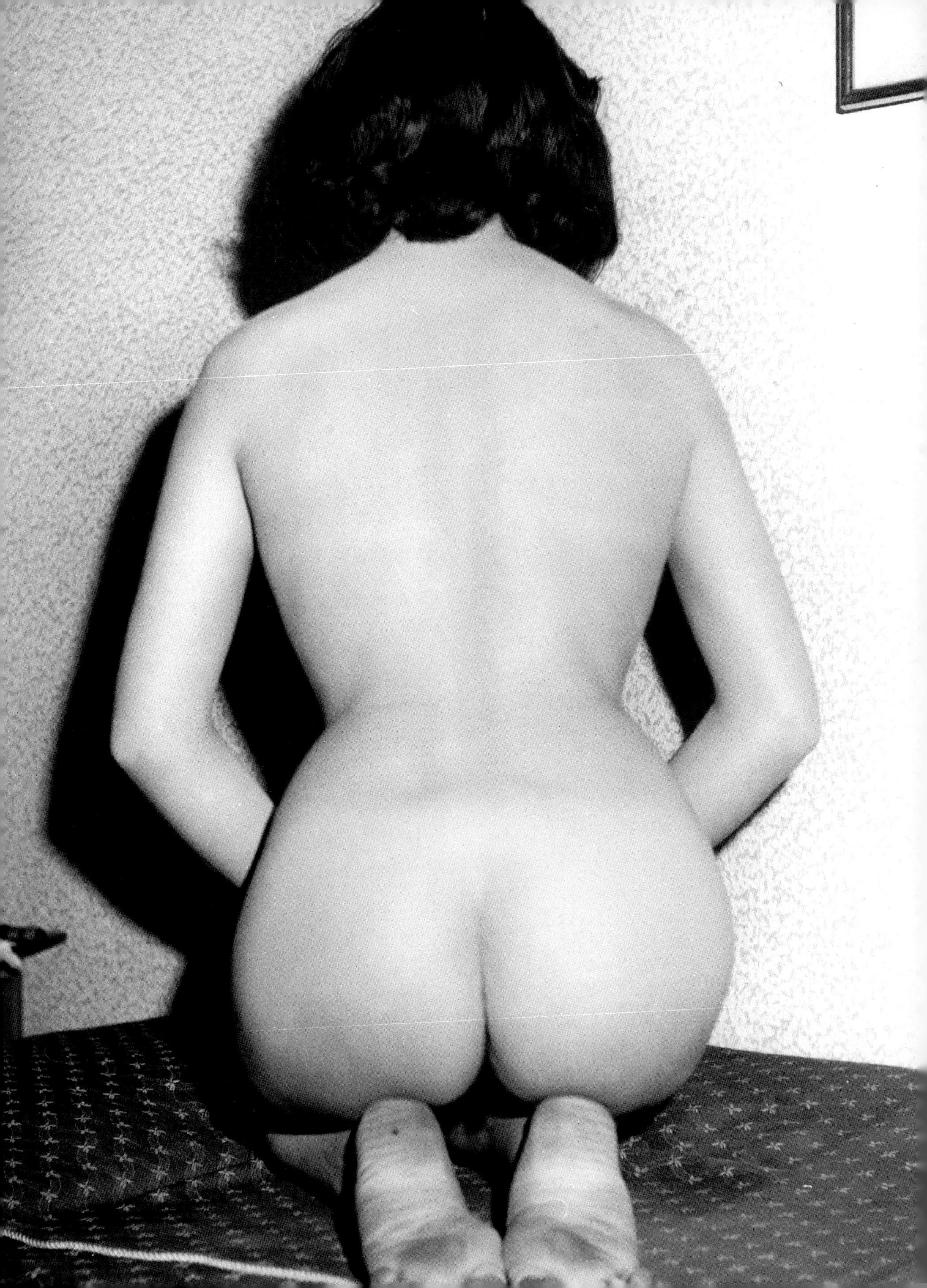

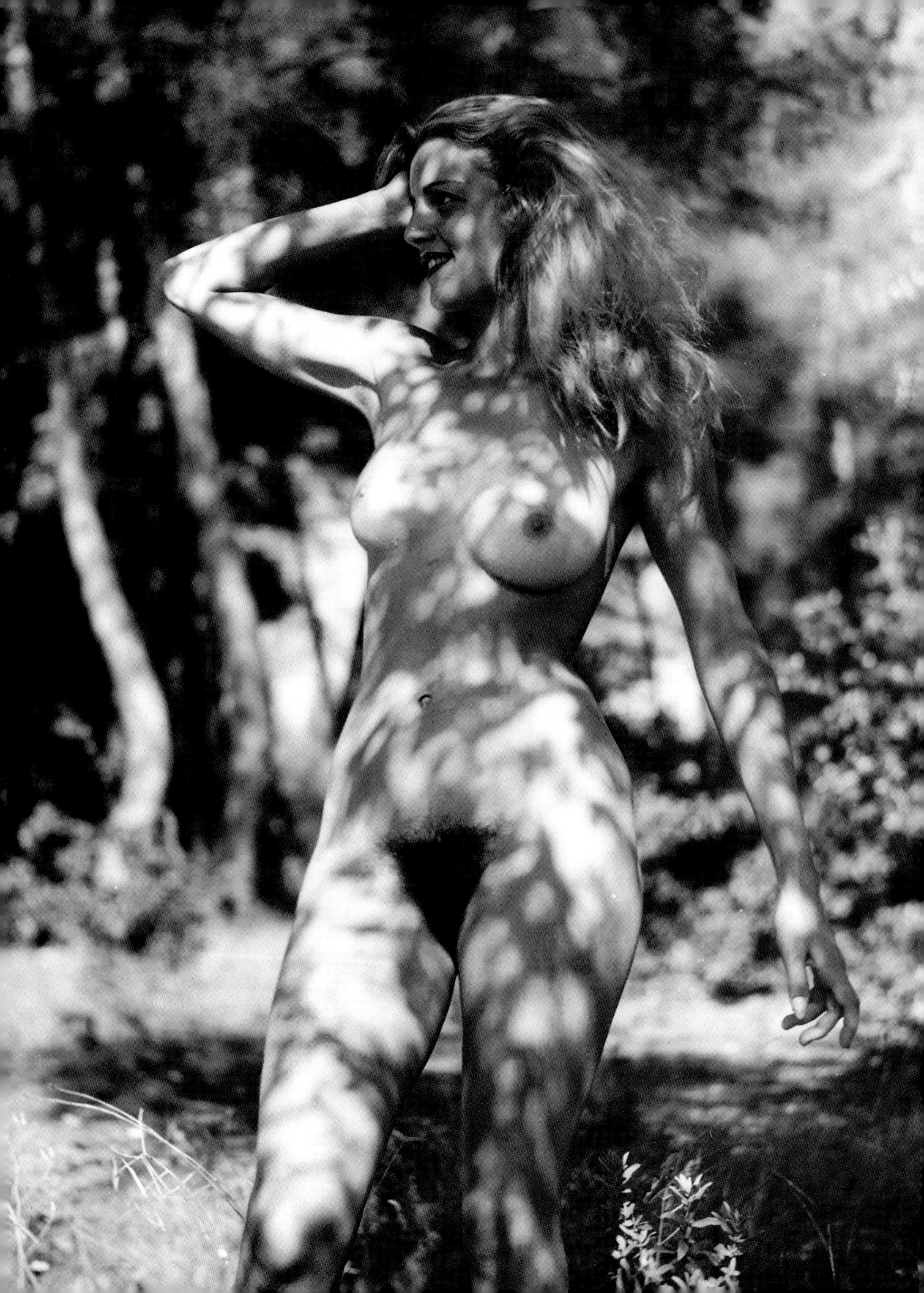

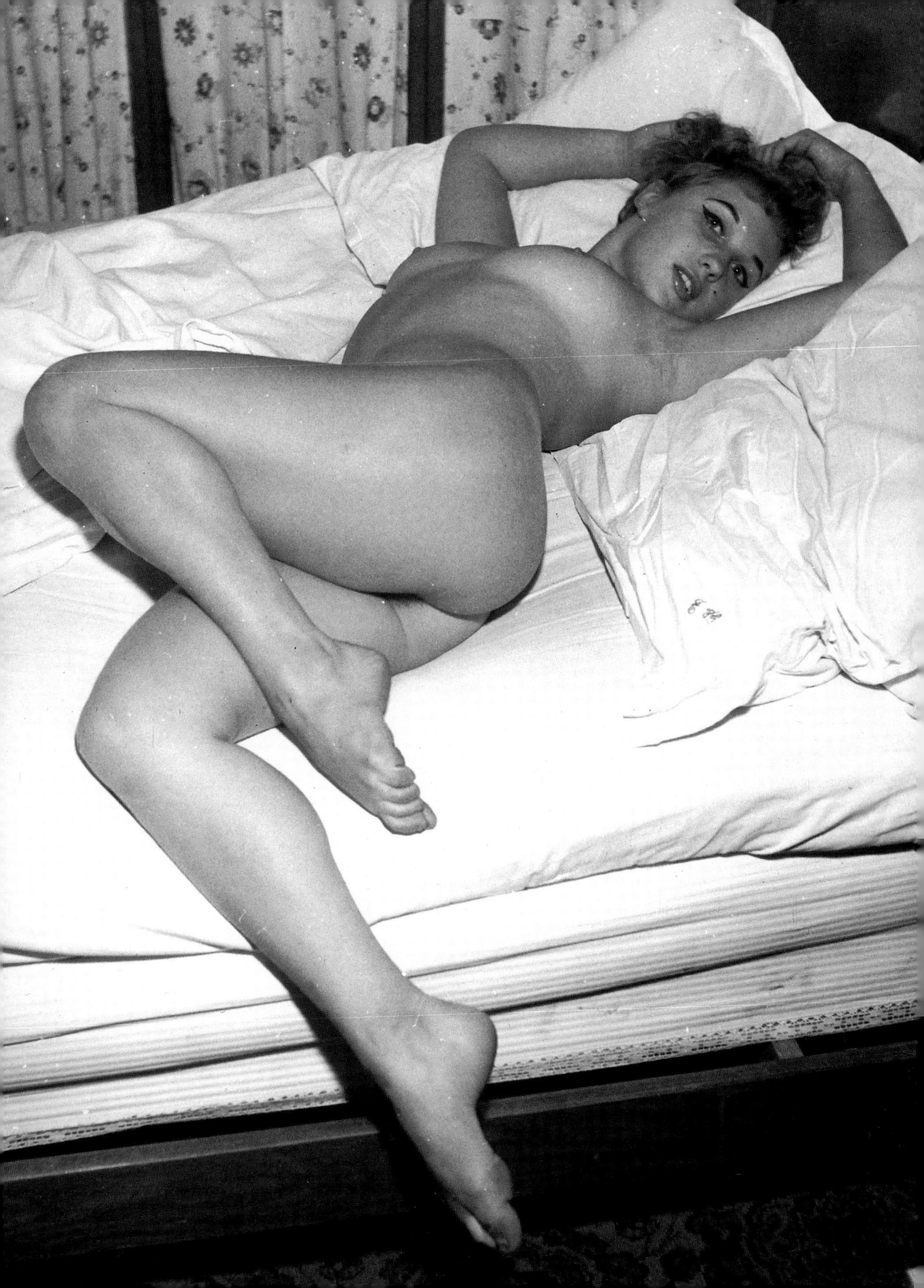

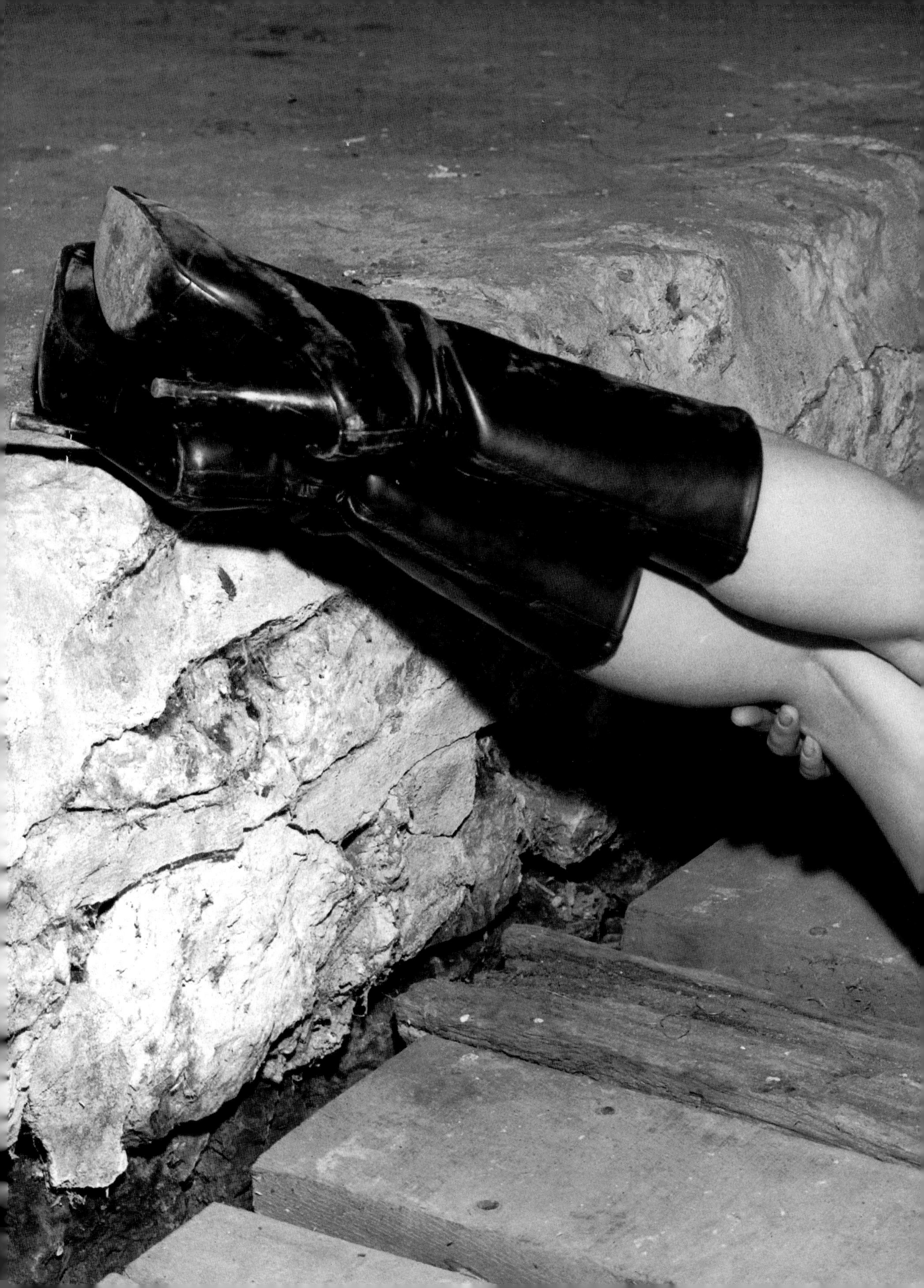

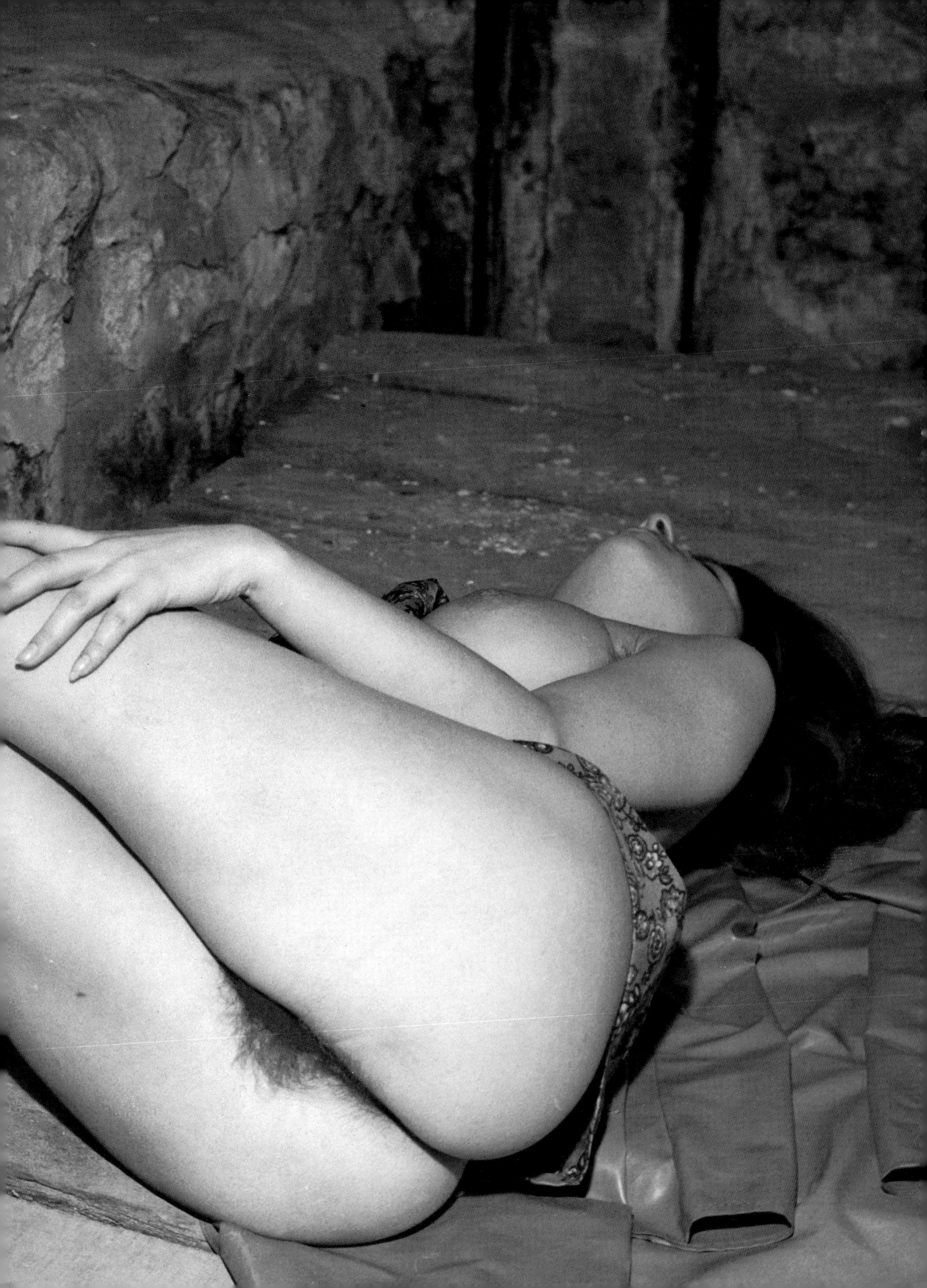

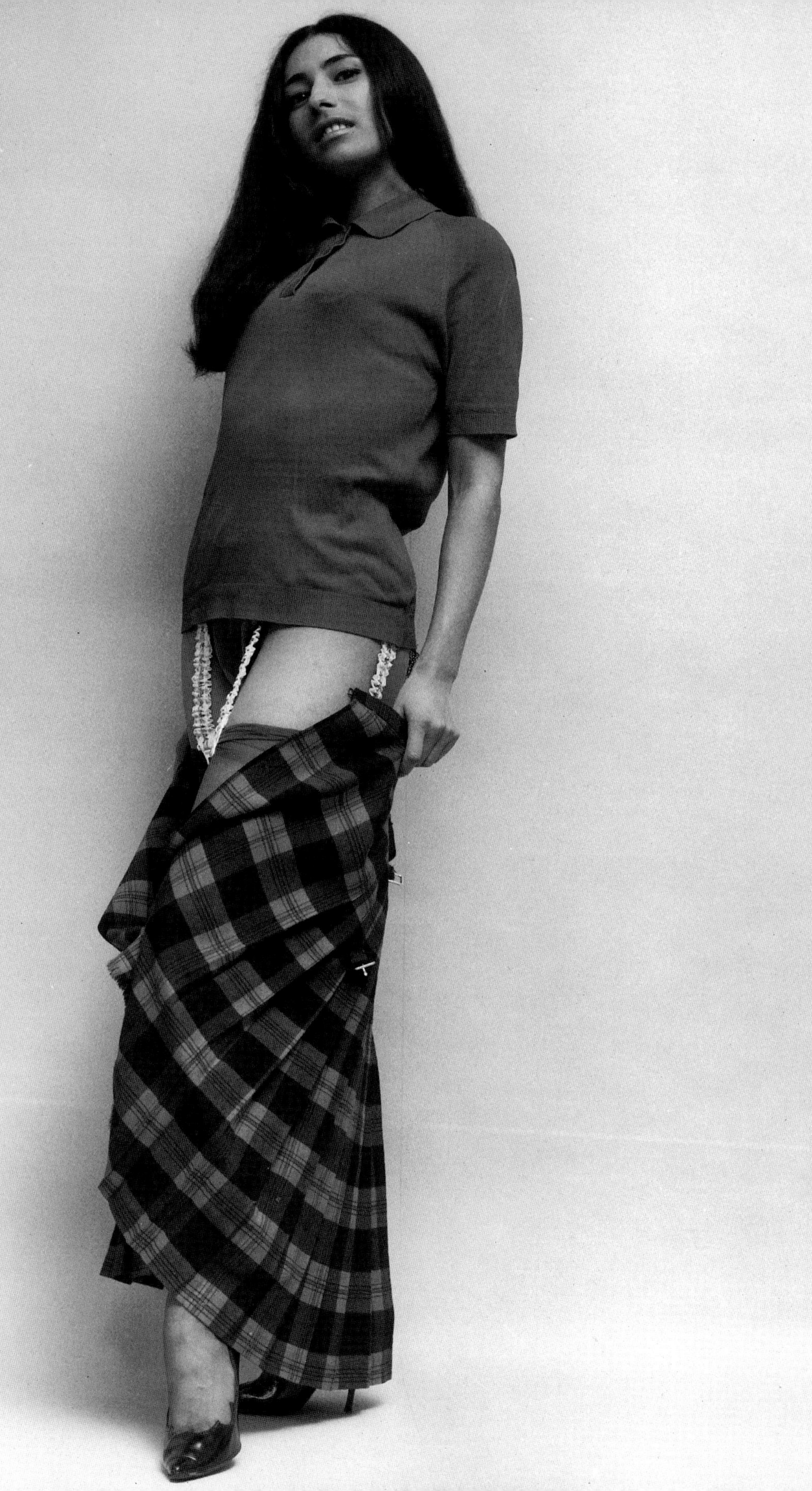

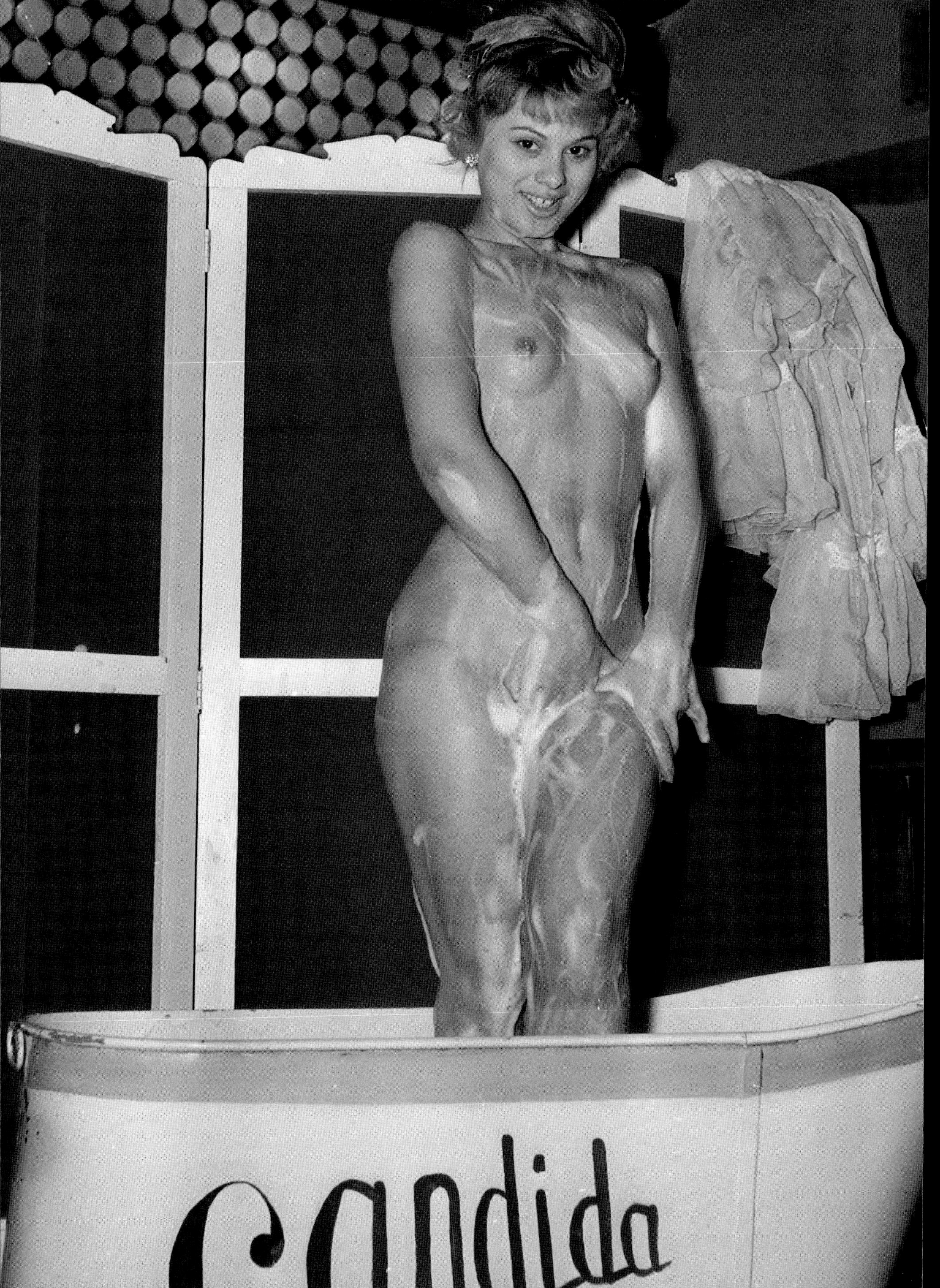

candida

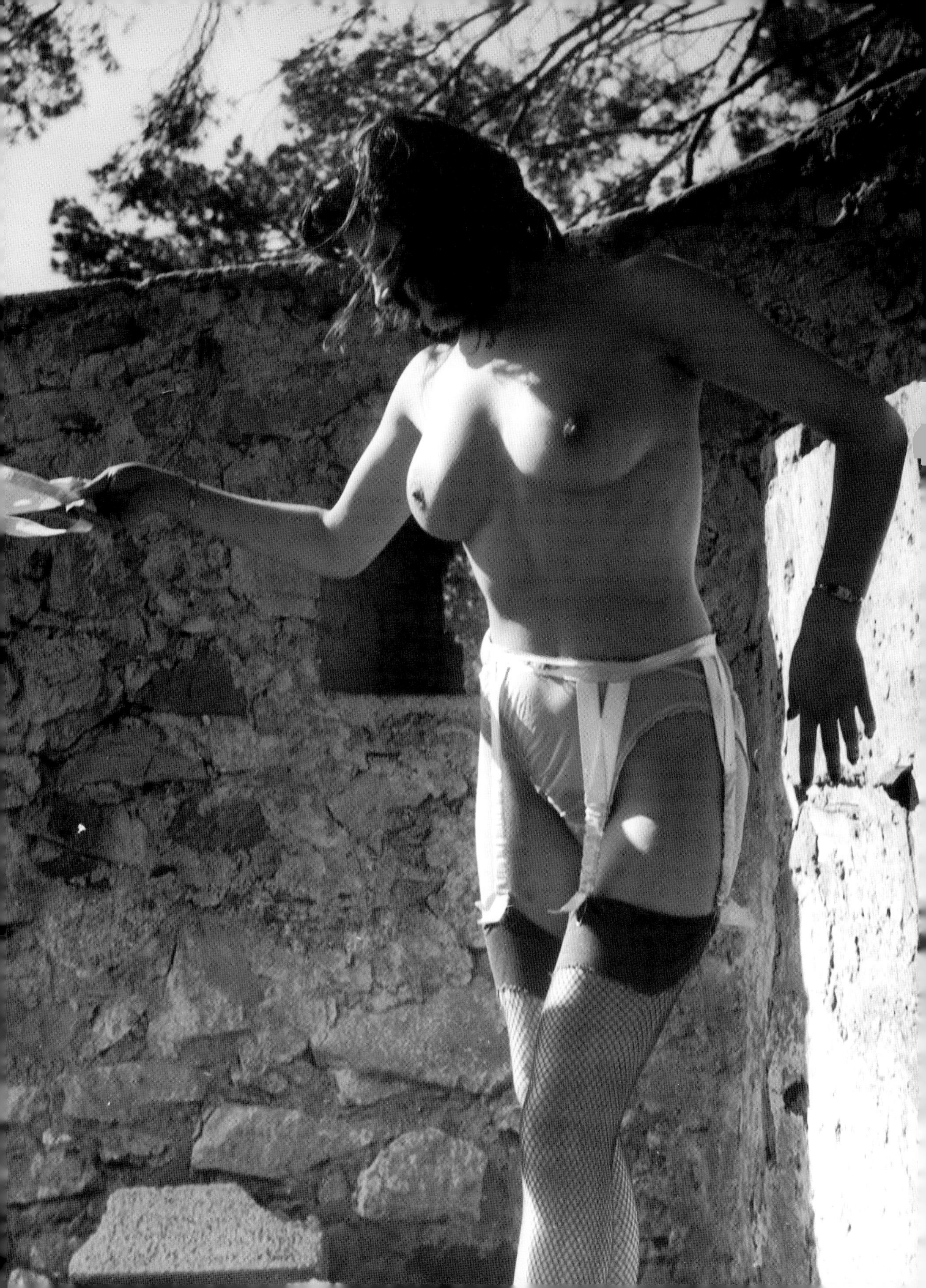

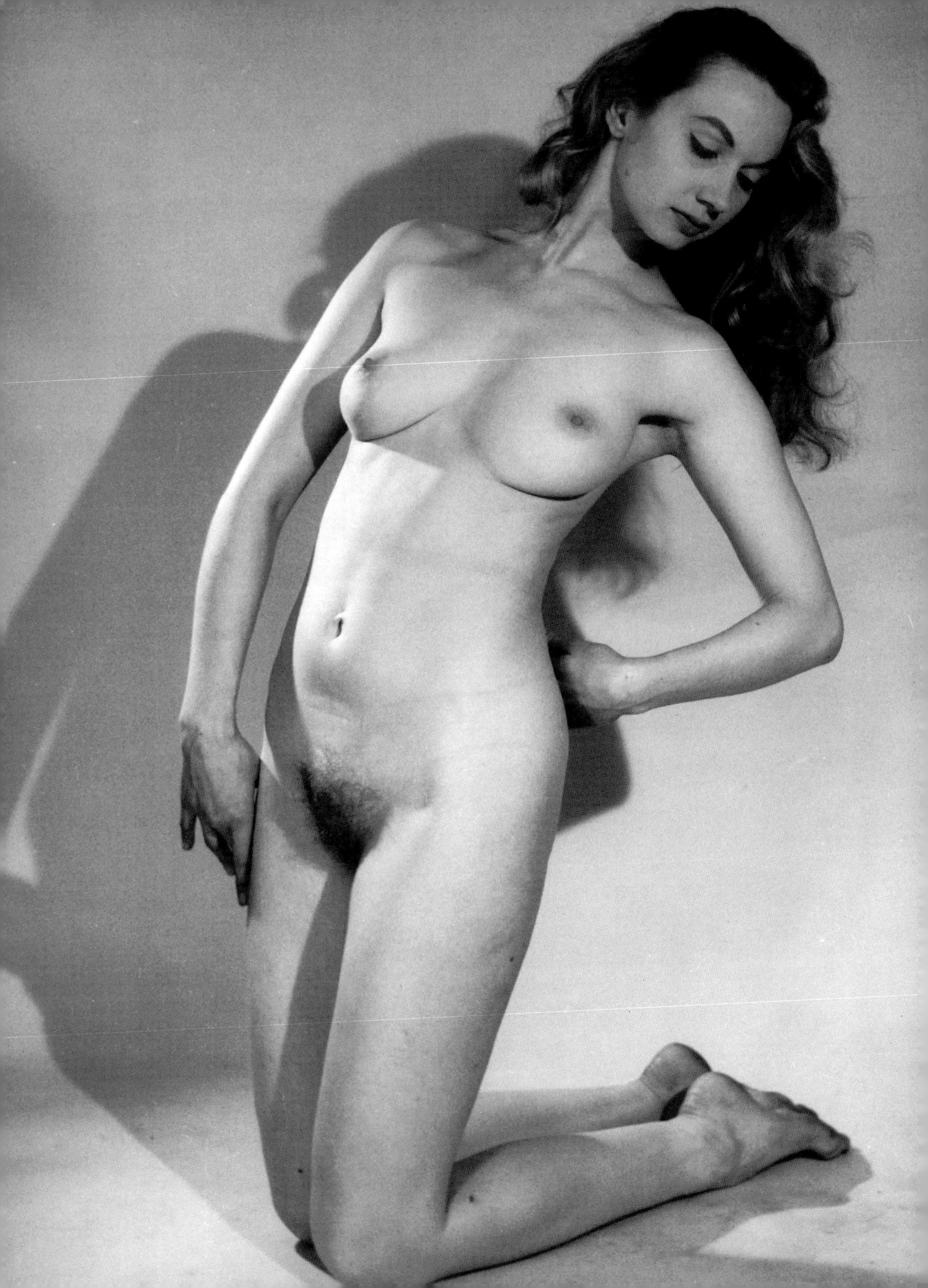

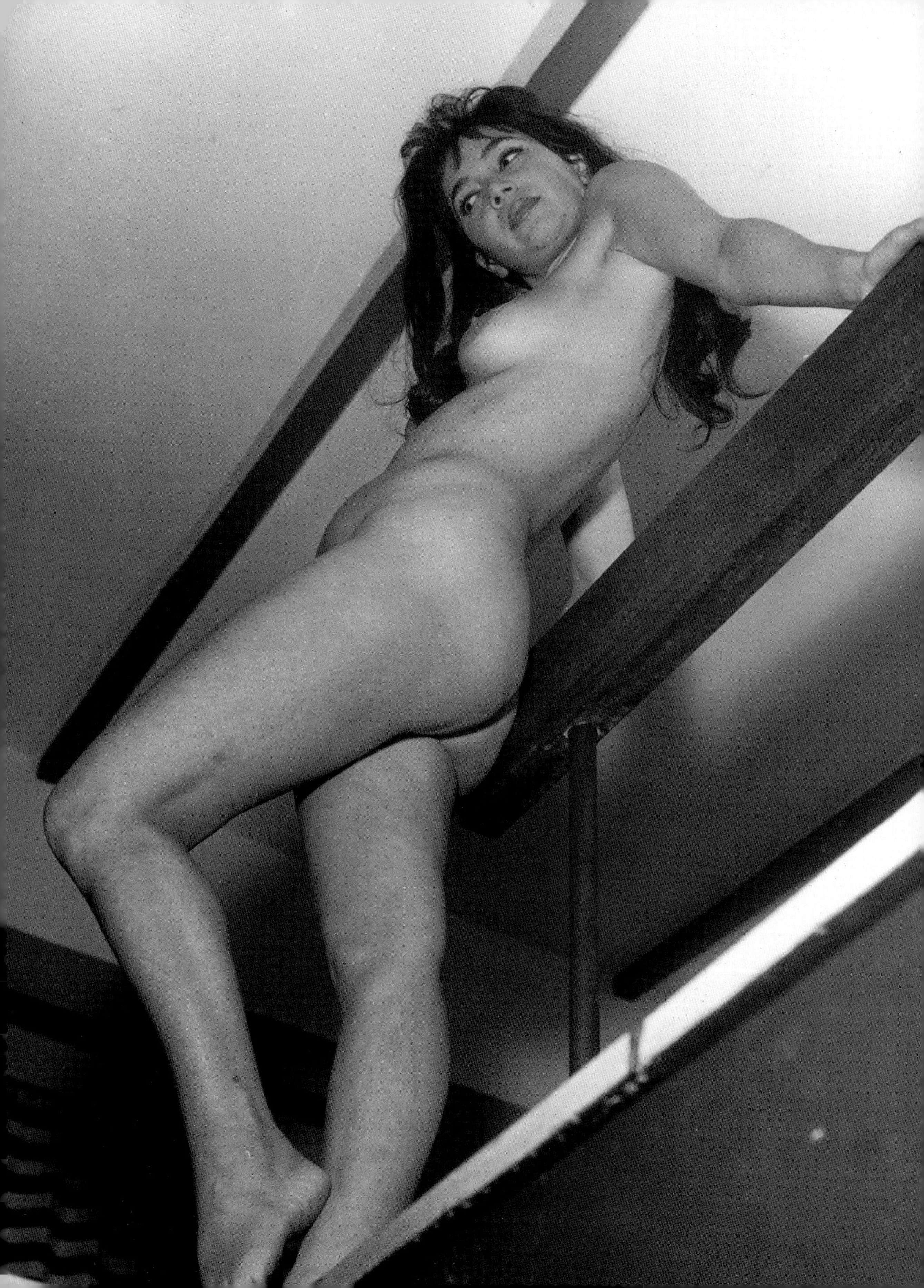

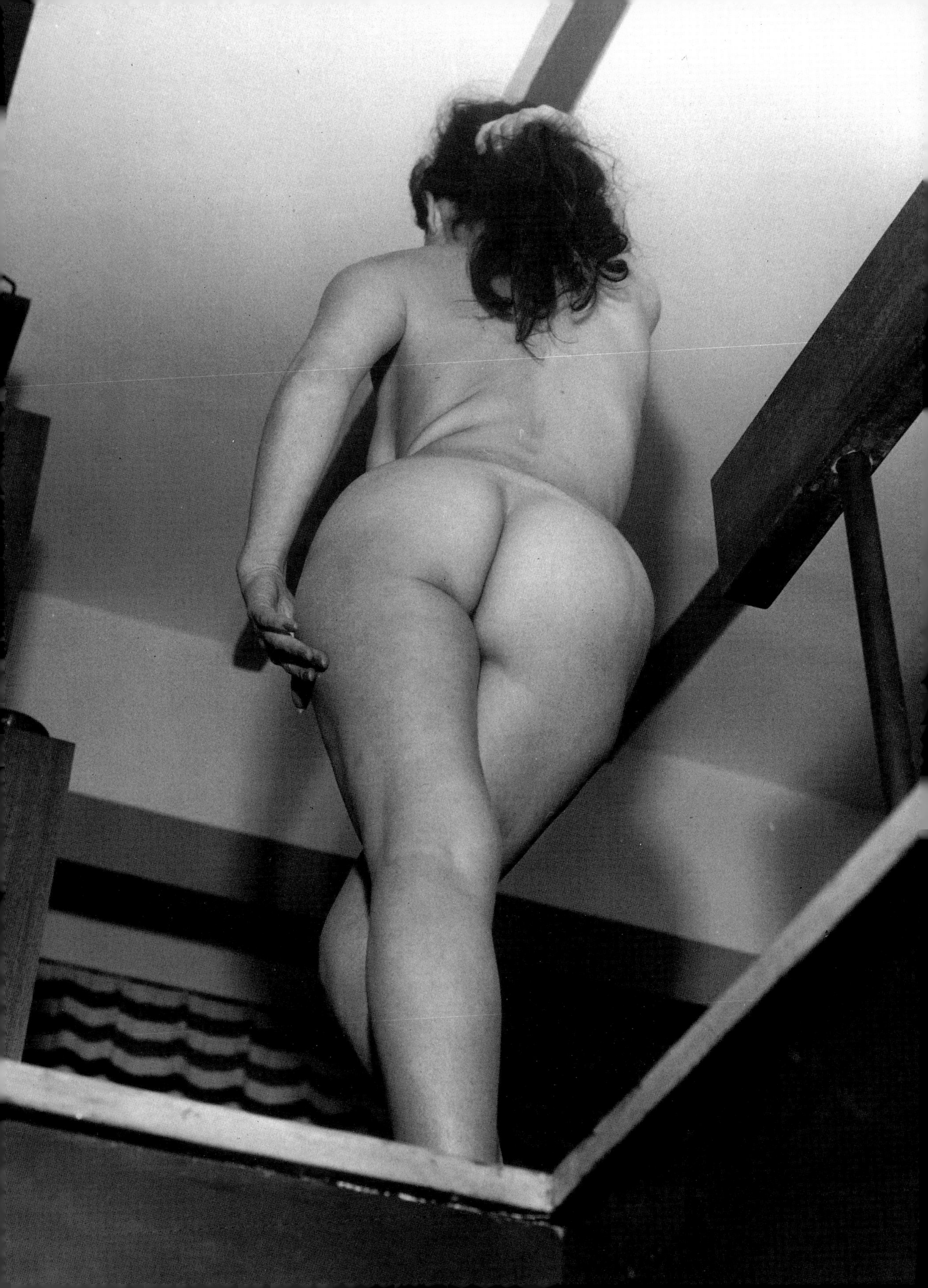

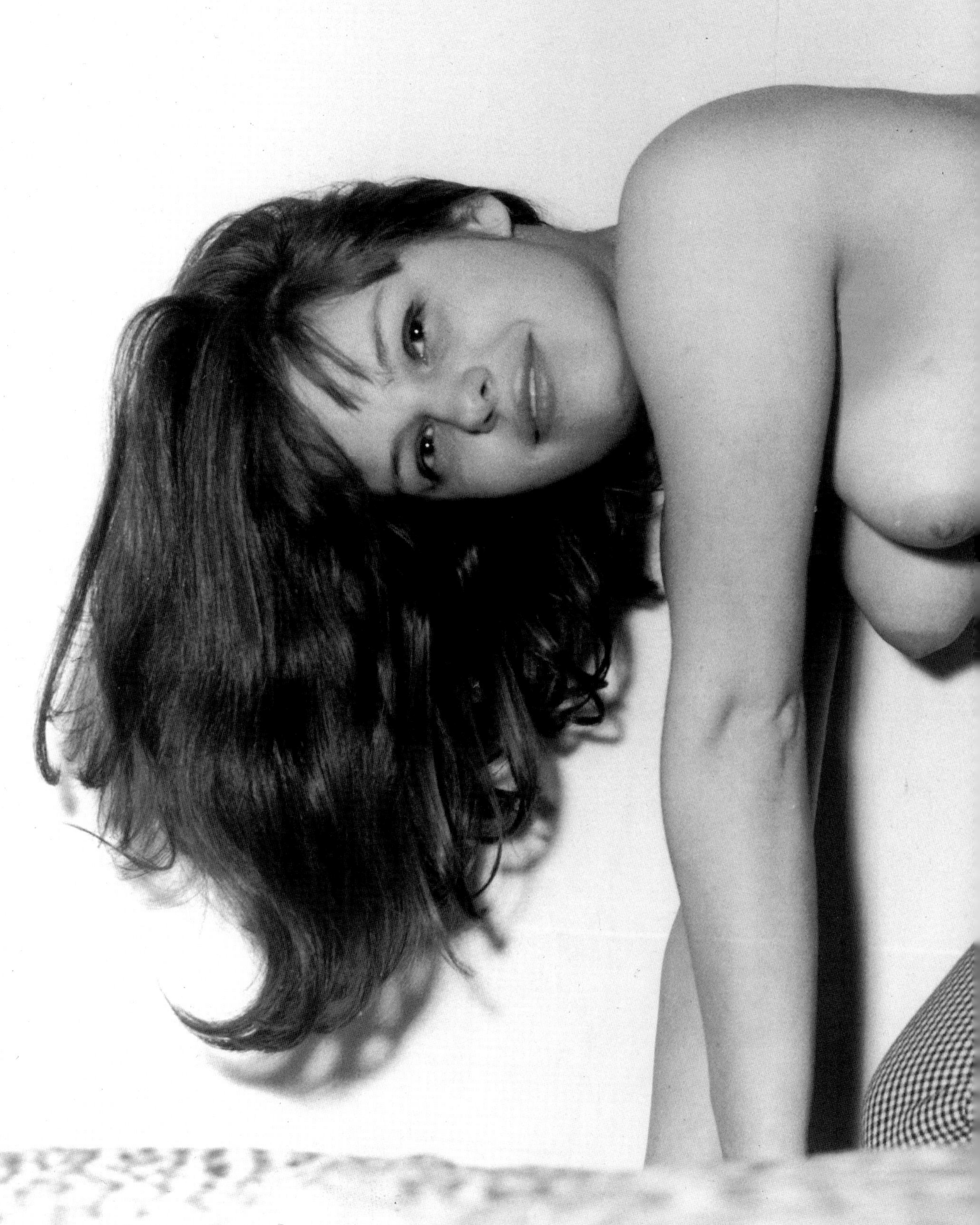

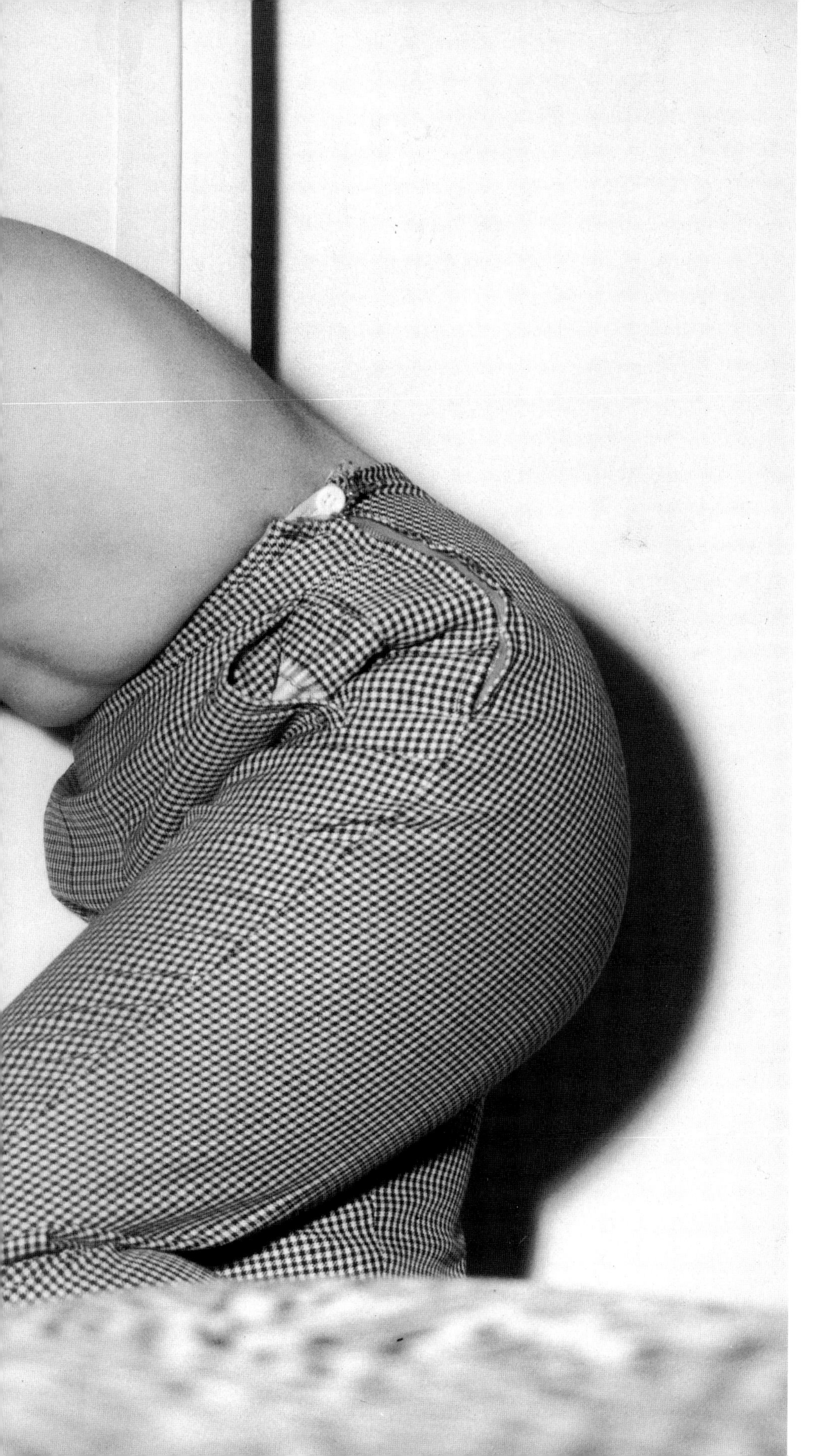

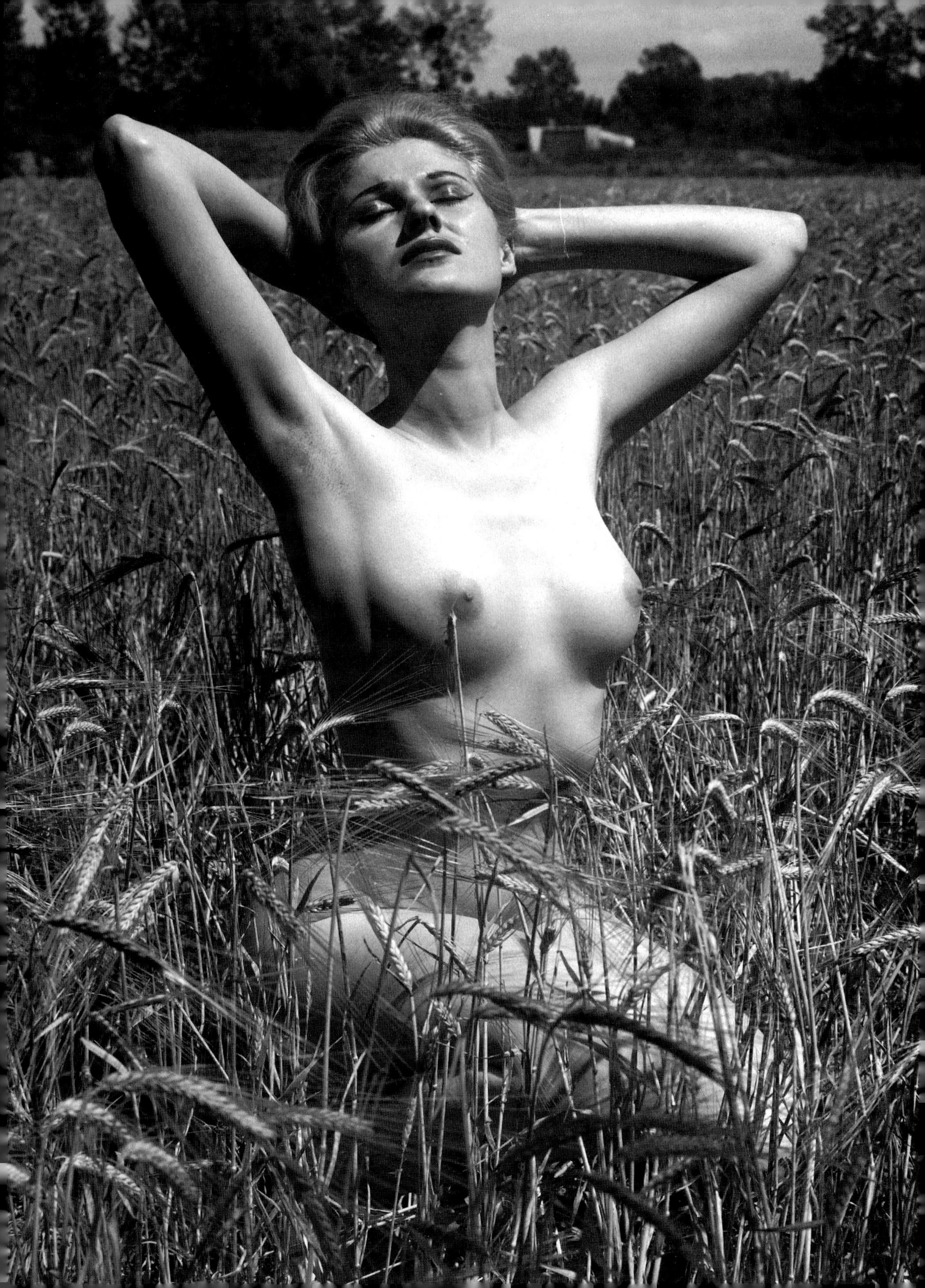

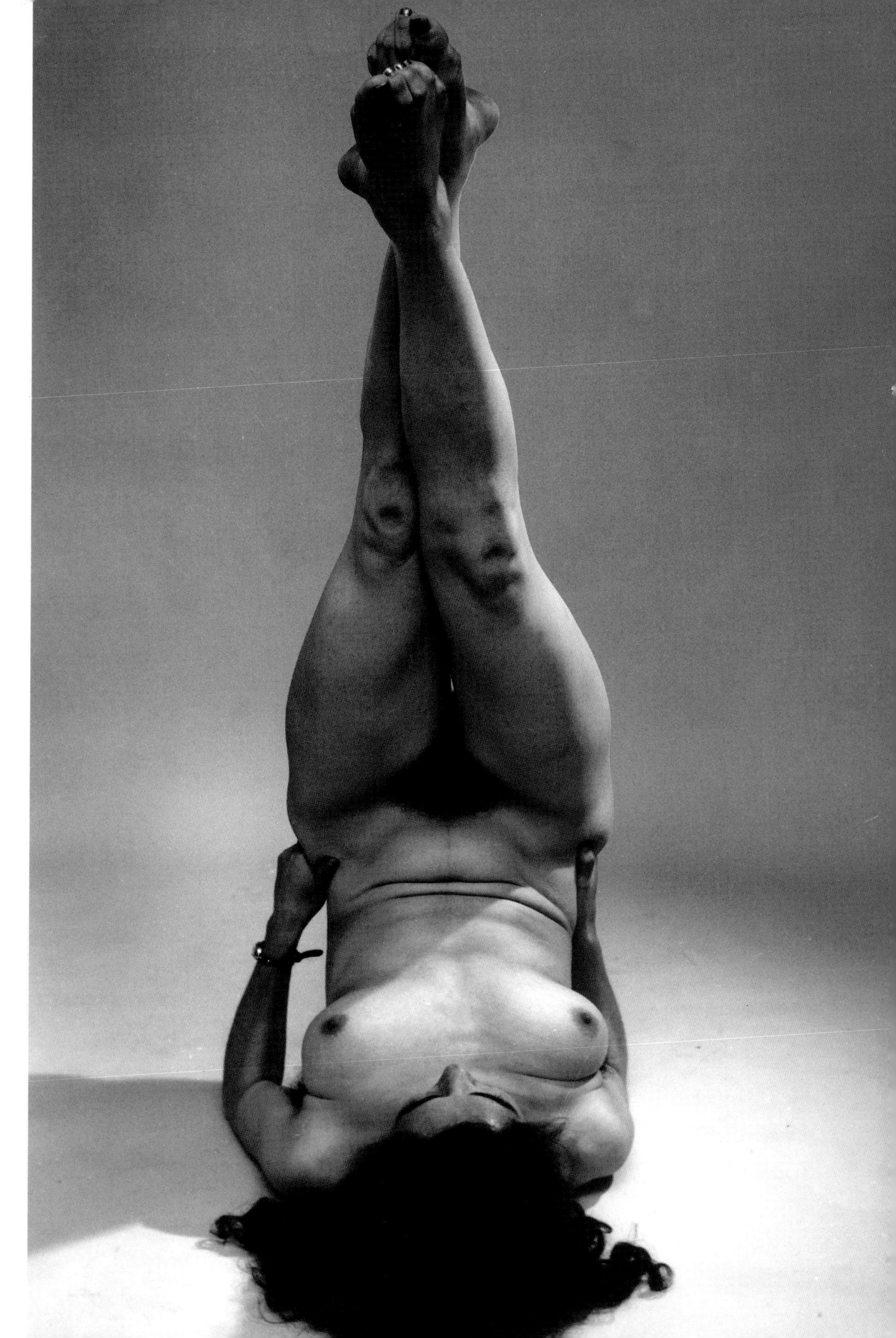

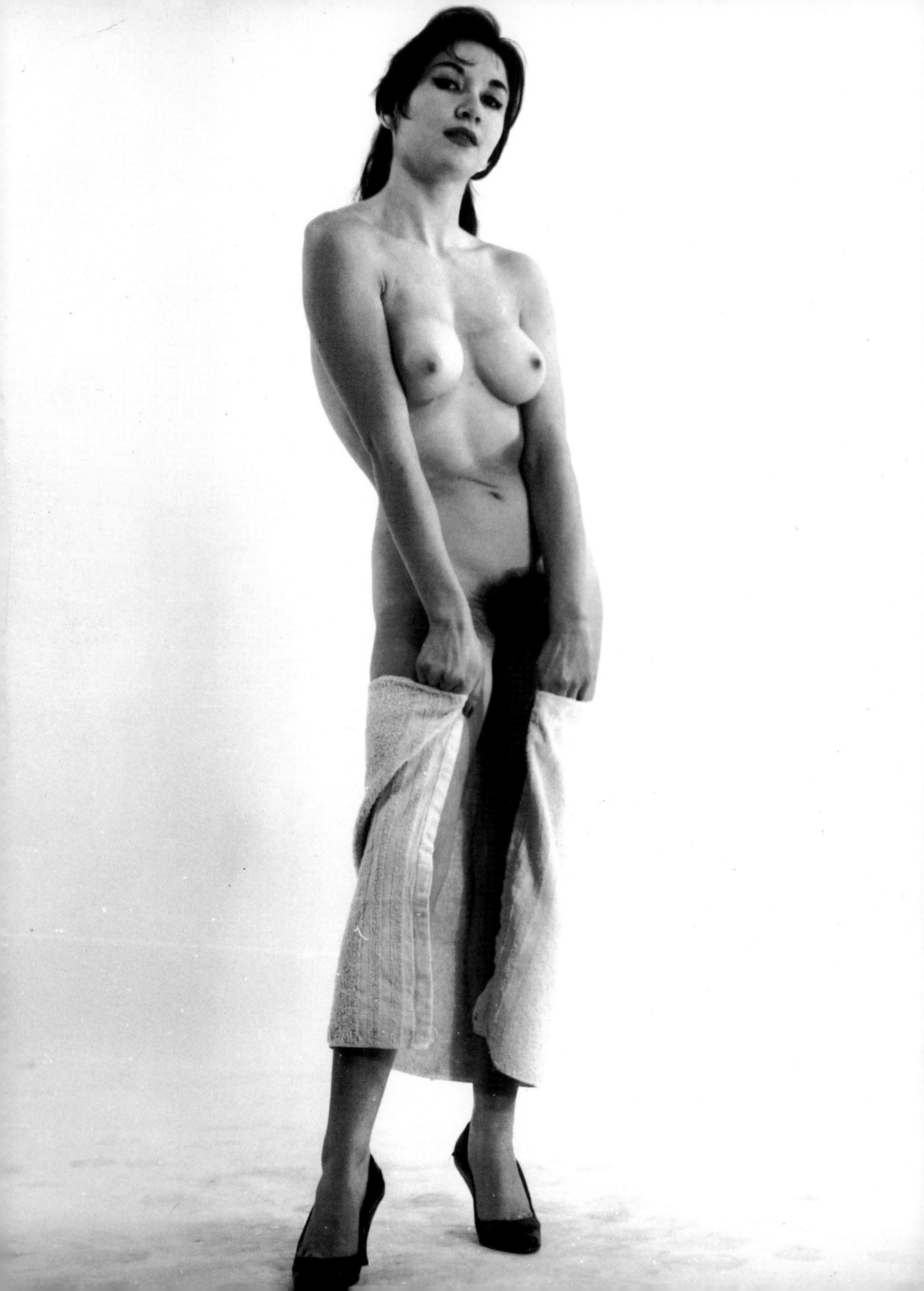

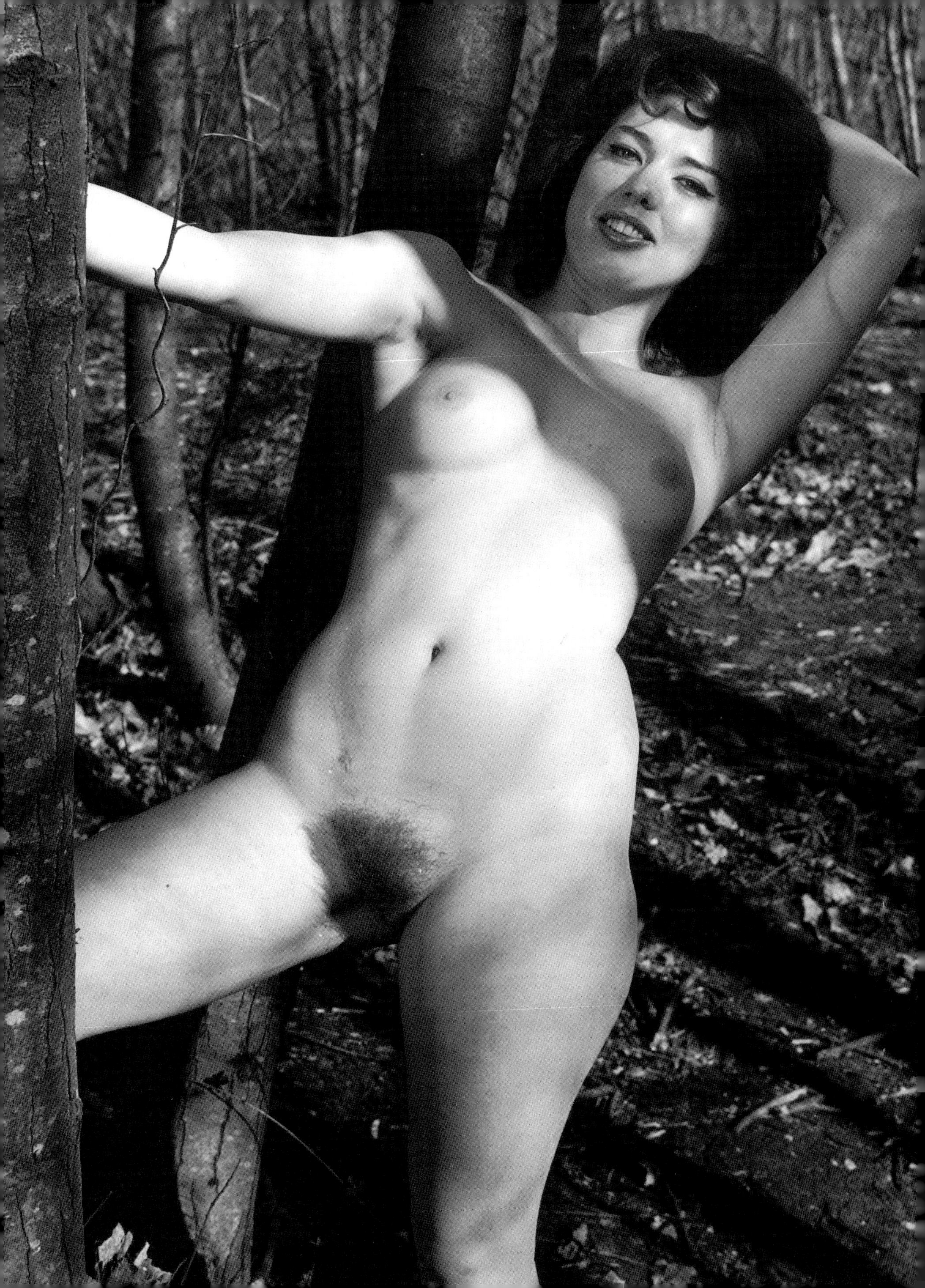

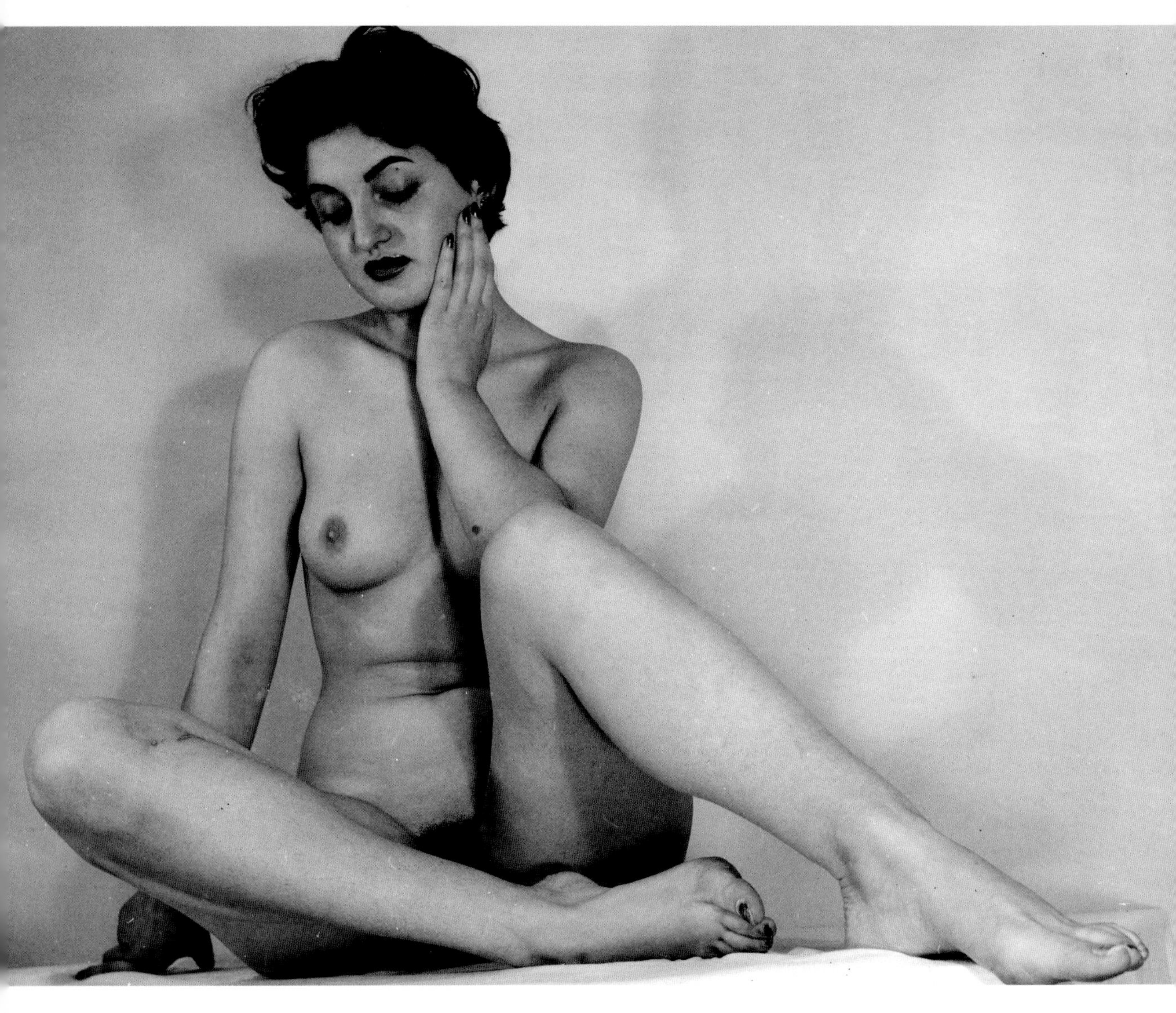

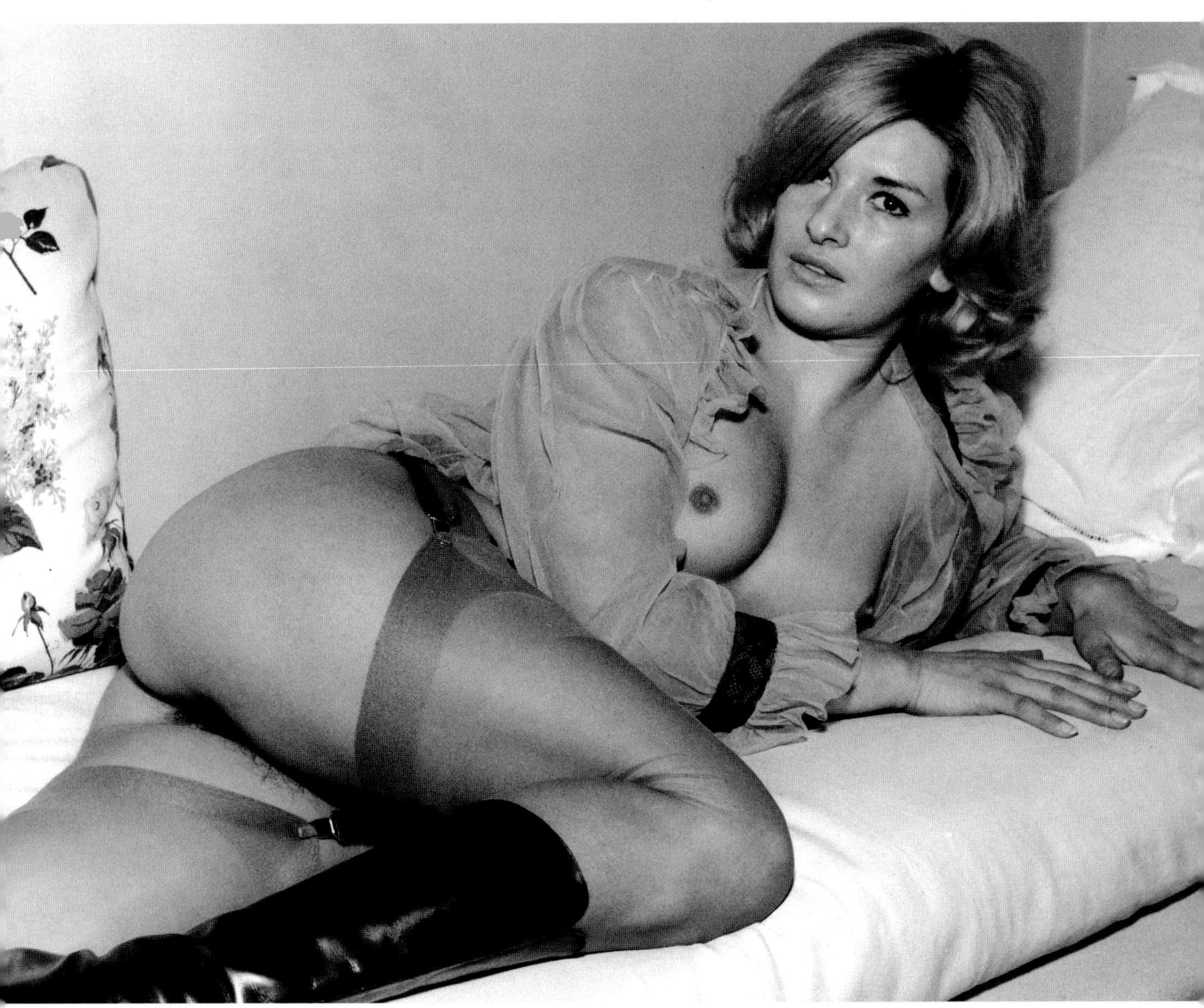

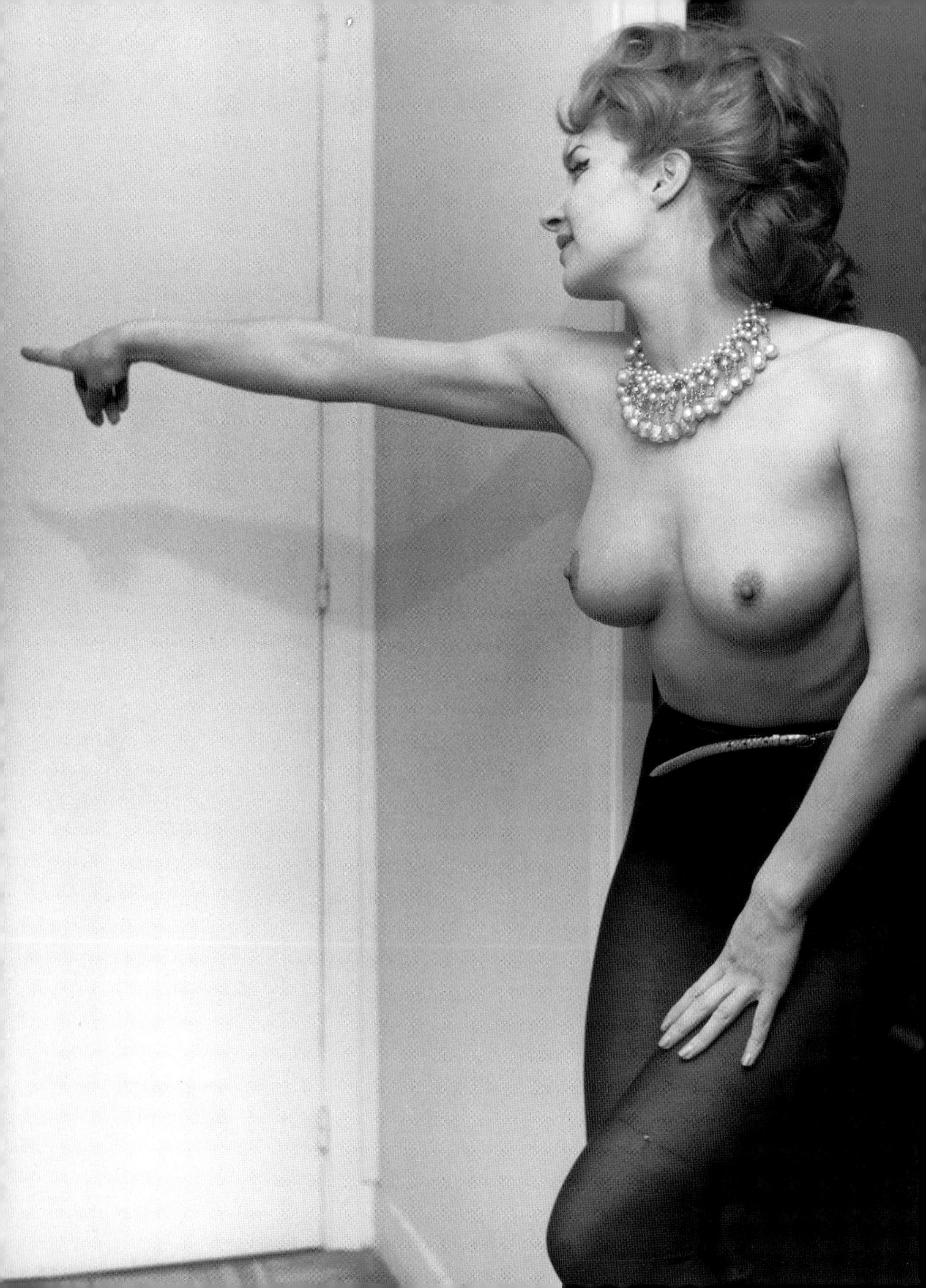

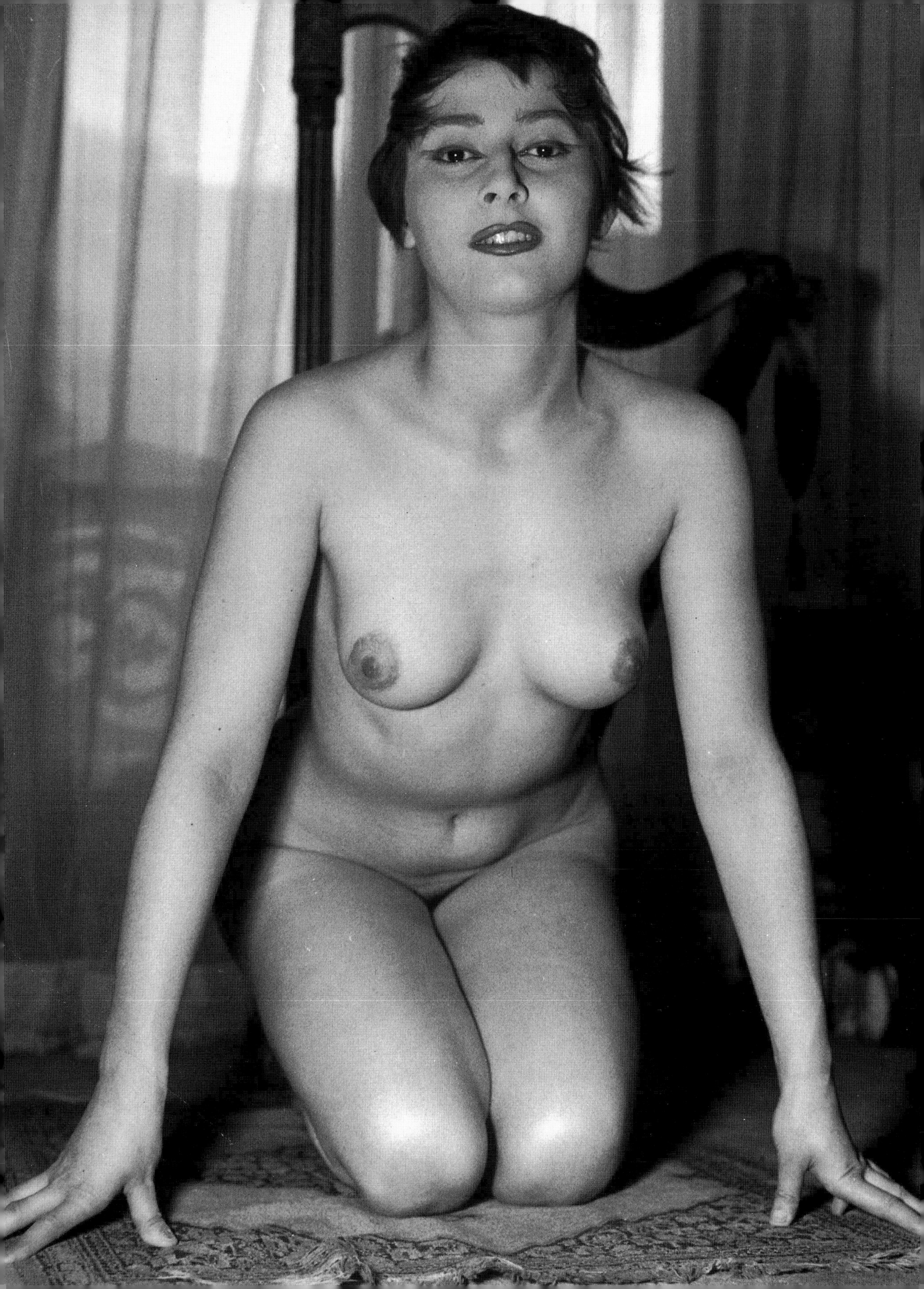

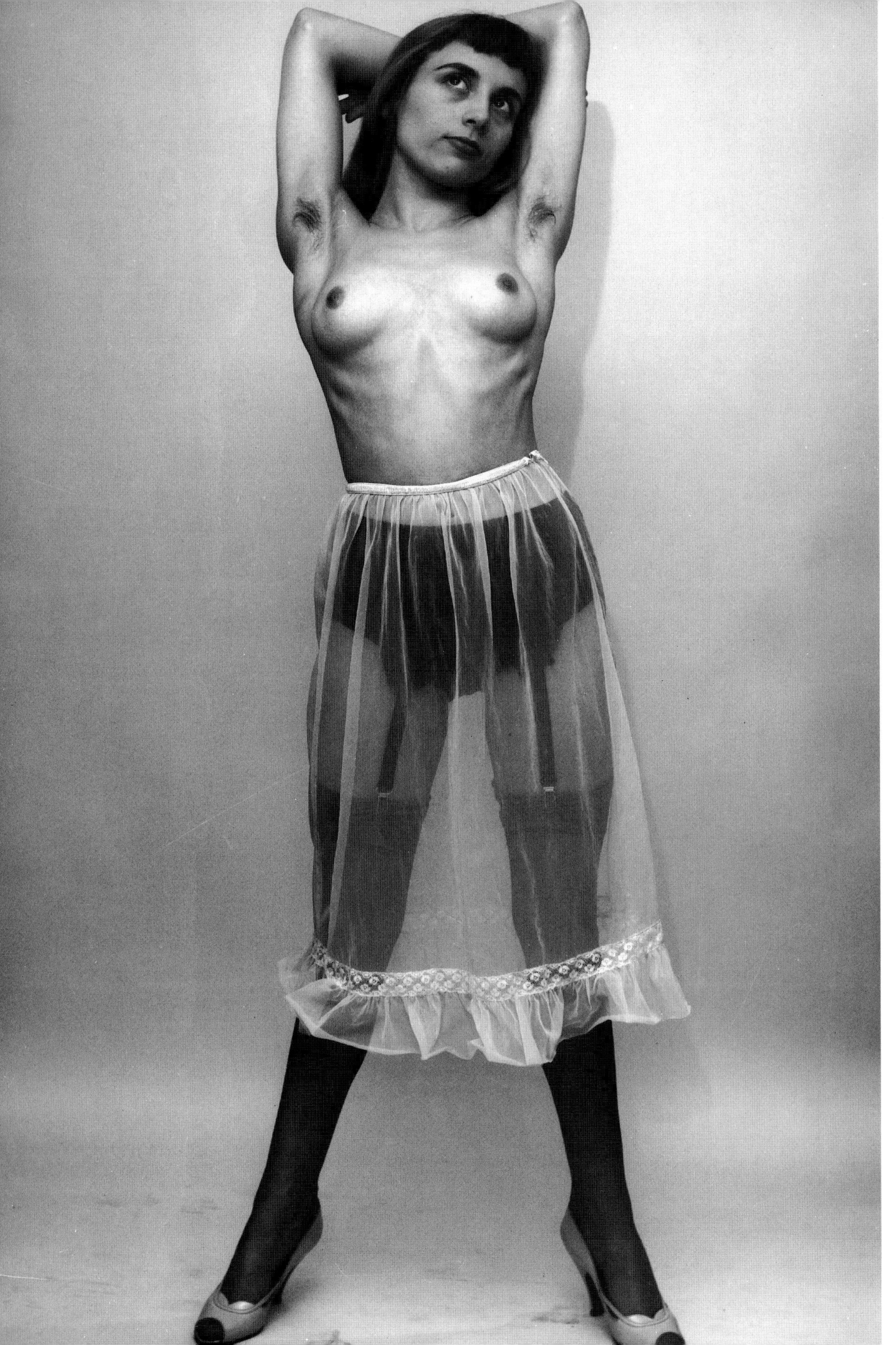

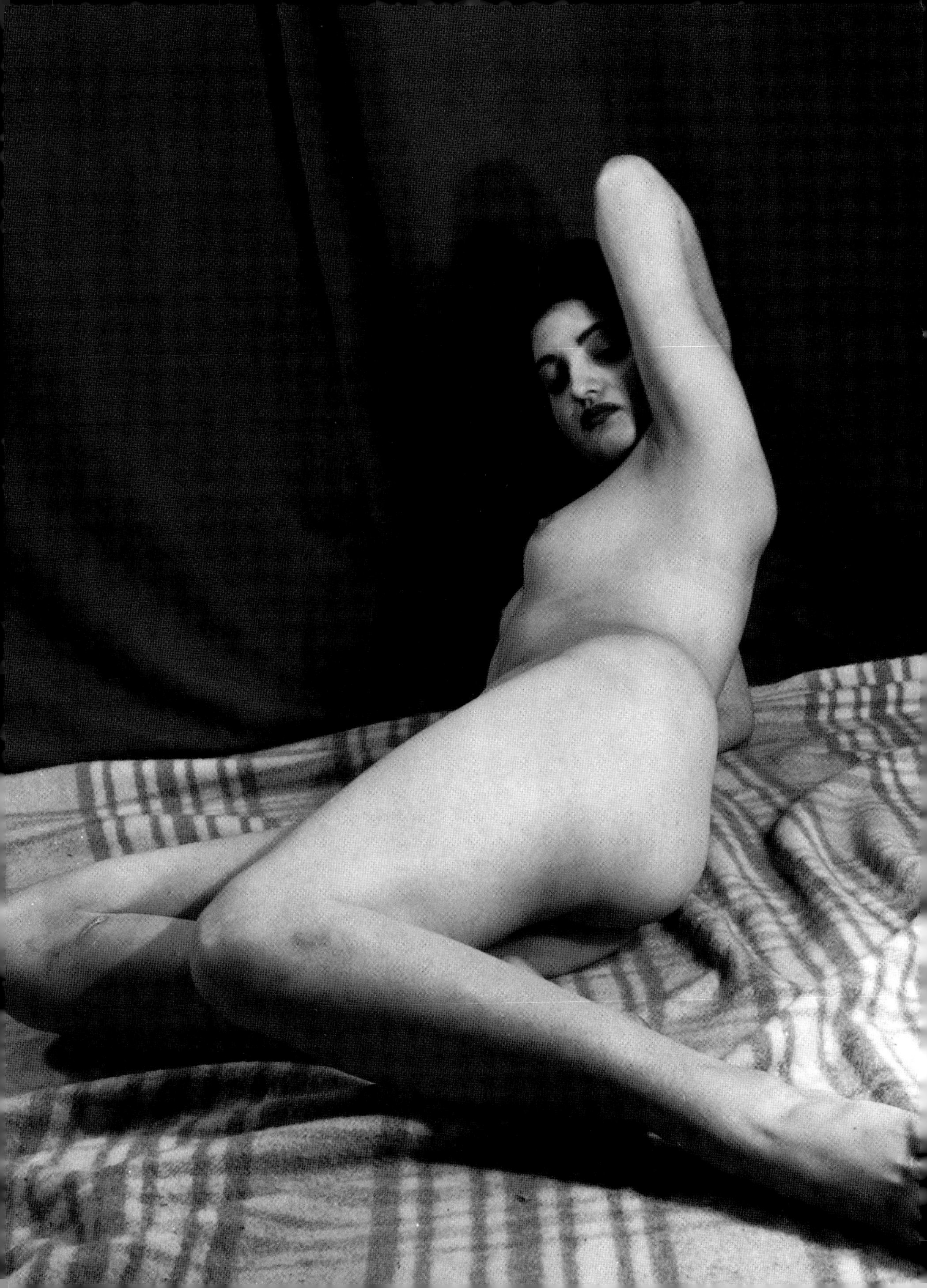

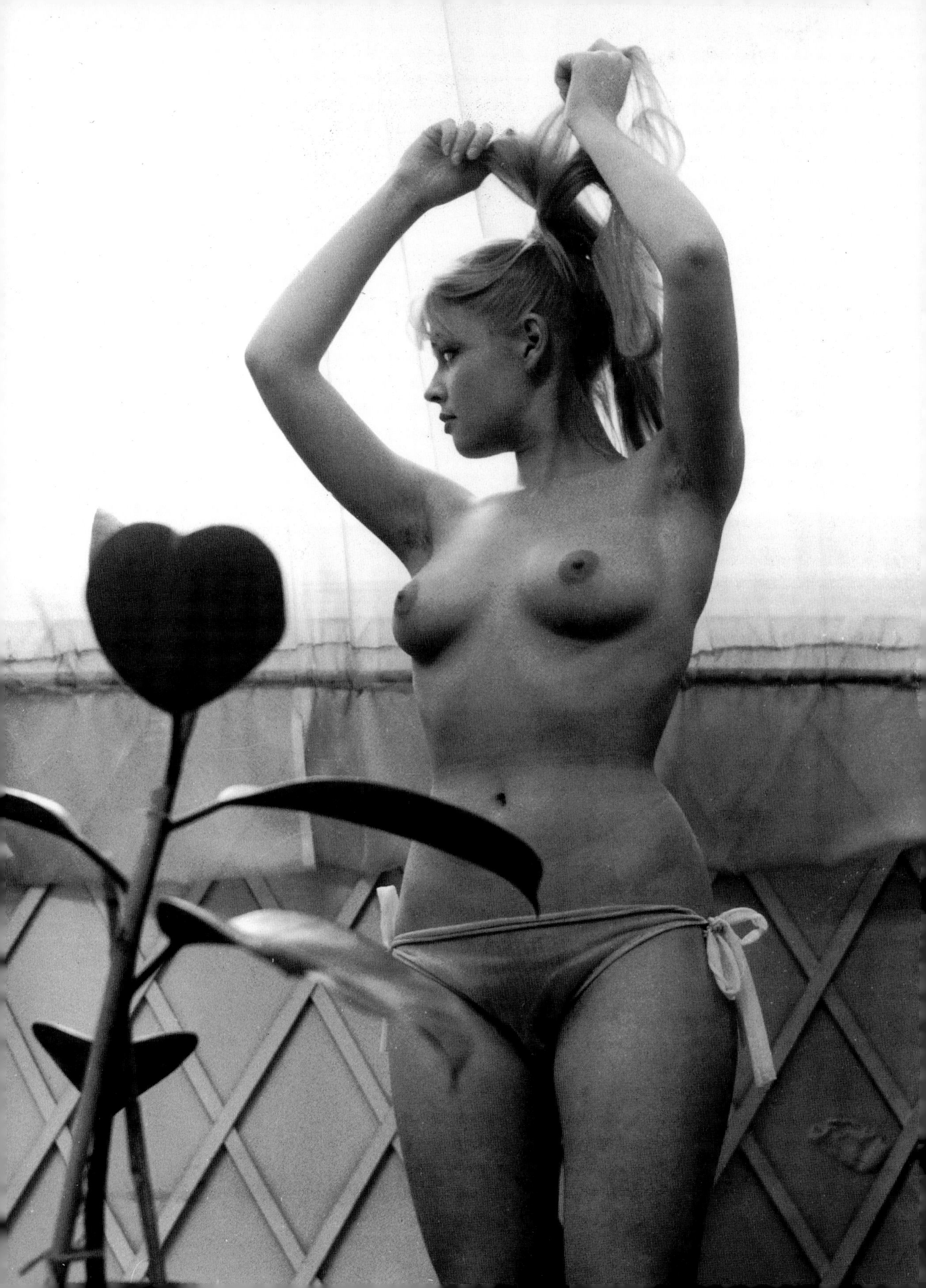

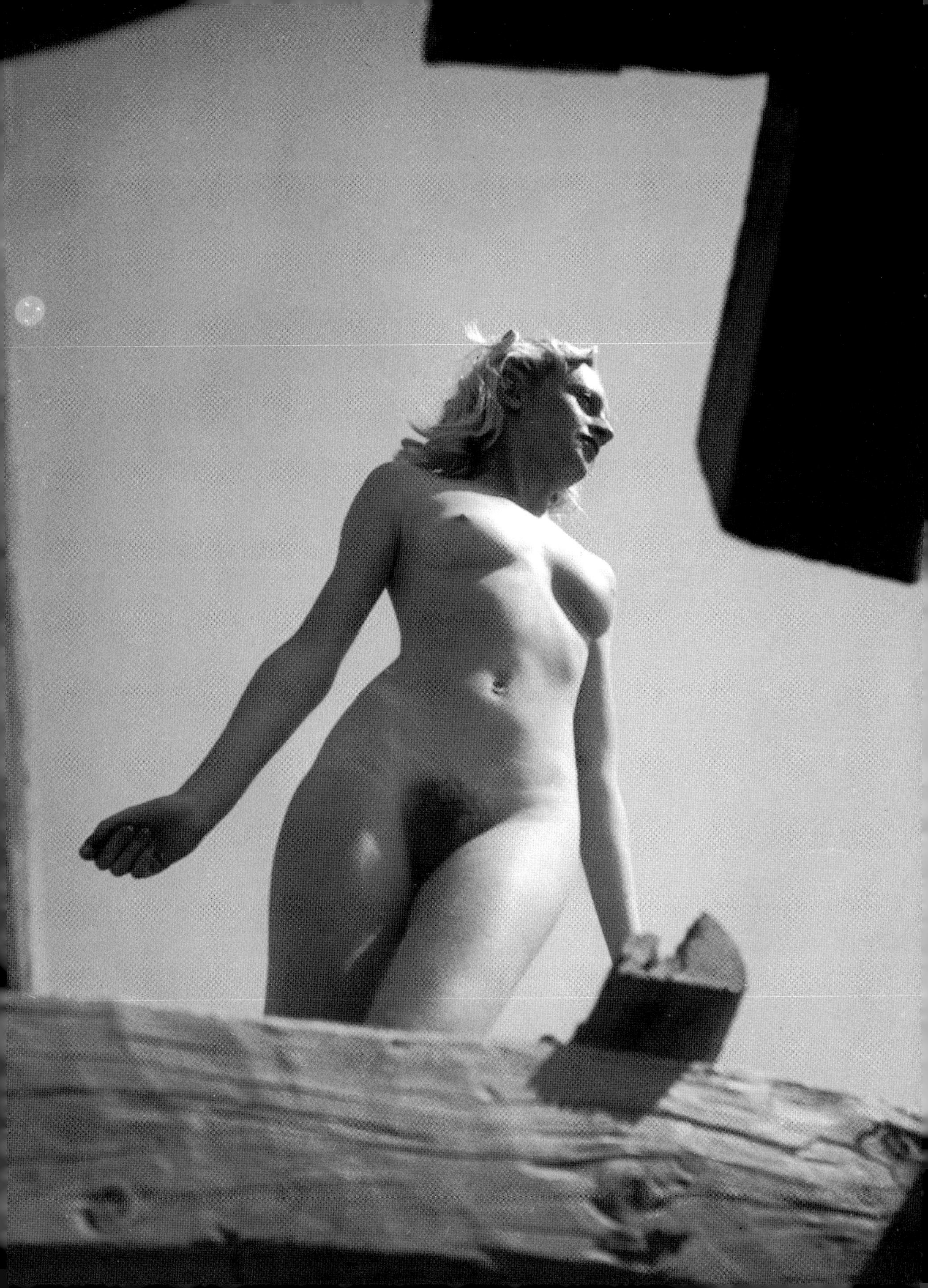

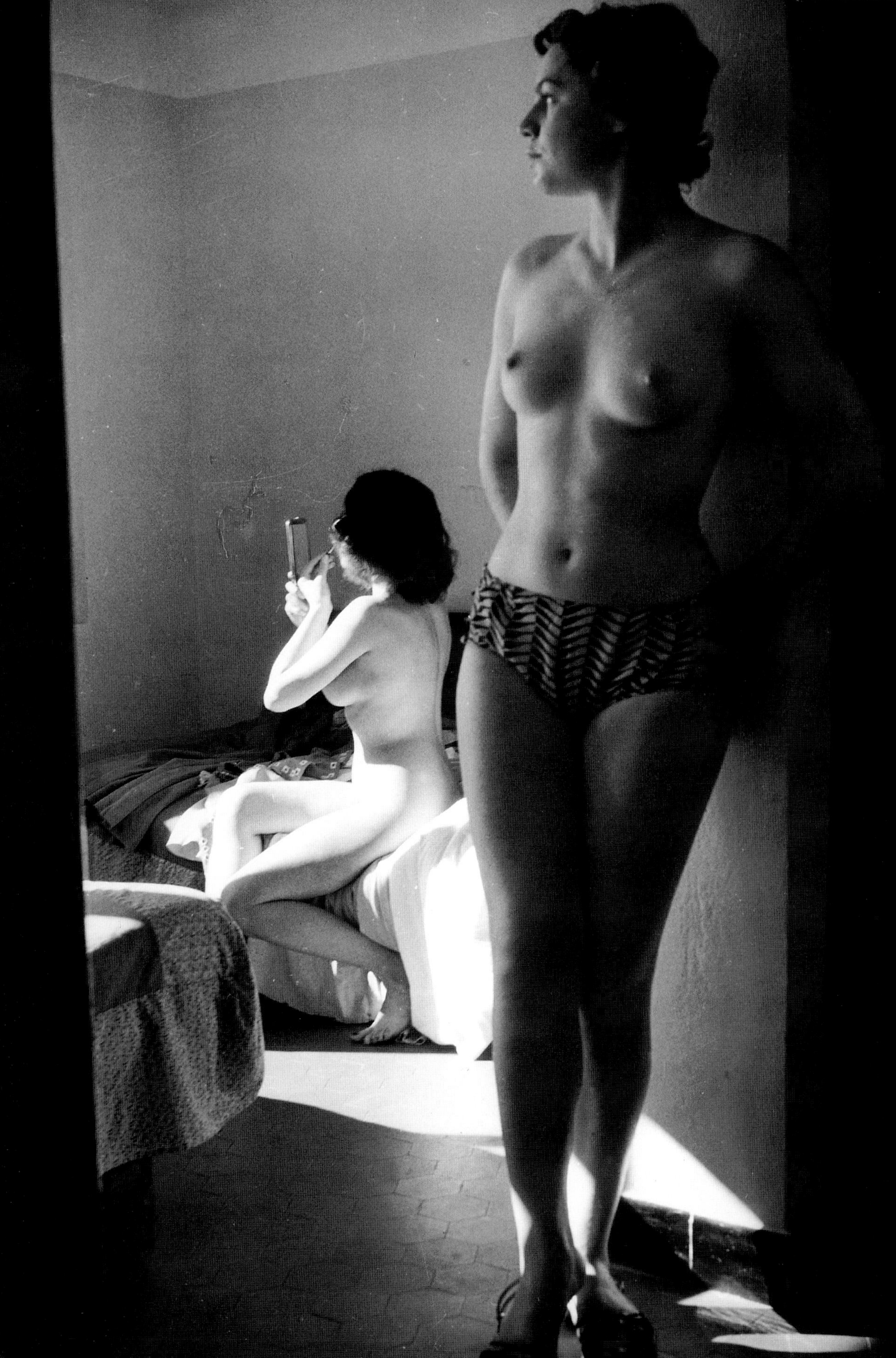

セピア色の記憶

私は男のスタジオで、全裸になってカメラの前に立っていた。モンマルトルにあるカフェのパートタイムの仕事が引けてから、ピガールをひとり歩いていた11月の肌寒い夜、男に声をかけられた。その男は写真家で、ヌード写真を専門に撮っていると言った。あなたのプロポーションはとても素晴らしい、顔立ちも魅力的だし、あなたのブルー・グリーンの瞳は、男たちを虜にする特別な存在です——と、おそらくはこの通りを行くすべての女にかけたかもしれないような、平凡ですり切れたようなお世辞をまくし立てた。名前はミシェルだったかクロードだったか憶えていない。どうせ偽名だろうから。私もドミニクと、適当に答えておいた。是非ぼくのモデルになって欲しいので、もし興味があるのなら、ぼくのスタジオに来てみないかと誘われた。その頃の私には時間はあり余っていた。ボザールの学生たちや、日曜画家のために裸のデッサンのモデル経験もあったので、ヌード・モデルには、何の抵抗も感じなかった。私は、首をかしげ考え込むような仕草をしながら間をおいて、無精髭がセクシーなその男の眼を見てウイと言った。

そのスタジオは、アラブ人や黒人の移民が多い18区の裏通りのアパルトマンの4階にあった。ソファーとベッド、大きなストロボ・ライトがひとつだけの部屋。その片隅に、男の作品らしい沢山のプリントが、無造作にピンで止められていた。私は、その男が持っていたアメリカのピンナップ・マガジンに載っているモデルたちと、同じポーズをとらなければならなかった。過剰に明るく健康そうなそれらは、眩暈がするくらいに、可笑しさと悲しみが同時にあふれていた。市井のヌード・モデルから女優への道を夢見ることにとりつかれた女たち。そのはかない欲望を秘めた、大げさな微笑や官能的な視線などは、私にはどうでもよかった。私にとってモデルは、退屈な毎日のアクセントでしかなかったし、いくらかの小遣い稼ぎに過ぎなかったから。私は小さなヒーターしかない部屋の寒さを気にしながら、アメリカン・ピンナップ風のポーズをとり、男はシャッターを切りつづけた。そのシャッター音が、部屋の冷たい空気のなかで軽やかに響いていた。そのことが、少しだけうれしかった。　　　　　　　　（大類信）

The photographs appearing in the French Nude Series 1 and 2 are,
by and large, vintage prints.
Neither photographer nor model was denoted and therefore this information has remained unknown to us.
Yet, we are deeply appreciative to the photographers and models of each
and every wonderful work for the possibility to compile these wonderful photographs.
They have our infinite gratitude.

VÉNUS-FRENCH EXOTIC GIRLS　ヴィーナス－フレンチ・エキゾティック・ガールズ

2000年3月25日初版第1刷発行

企画編集　　大類信
協力　　　　佐々木芳之
デザイン　　フィクション・インク
担当編集　　浦田善浩
翻訳　　　　アイバン・バルタニアン

発行人　　　菅谷誠一
発行所　　　グラフィック社
　　　　　　〒102-0073　東京都千代田区九段北1-9-12
　　　　　　電話(03)3263-4318（代表）(03)3263-4579（編集）
　　　　　　http://www. graphicsha. co. jp/
印刷／製本所　大日本印刷株式会社

定価はカバーに表示してあります。乱丁・落丁本は、当社にてお取替えいたします。
本書掲載の写真・文章の無断転載・借用・複写を禁じます。

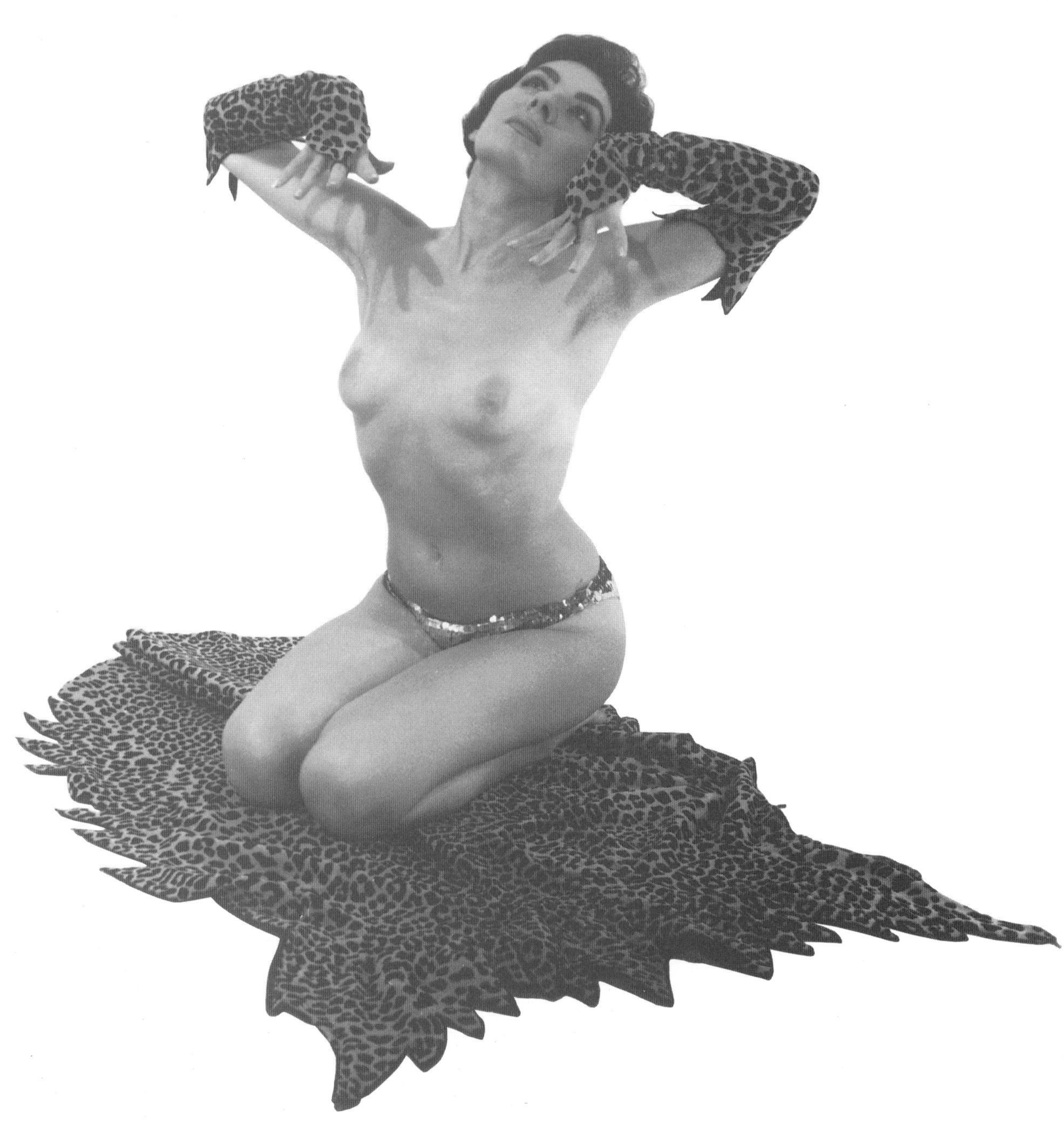

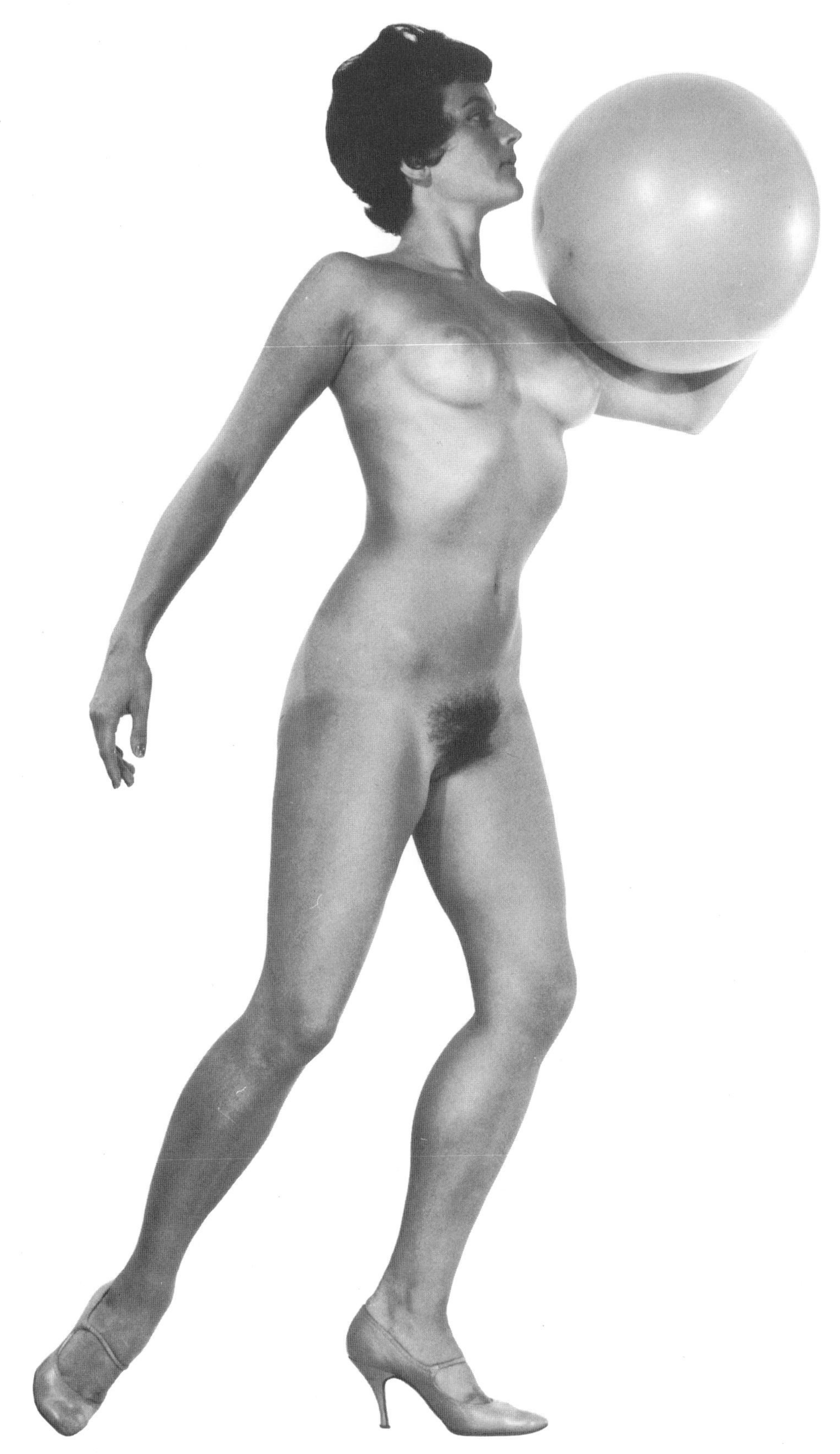